蔡仁厚 著

# 中國哲學史

上冊

臺灣學生書局印行

# 書題語

一、本書依循當代新儒家的學術方向，貫穿數千年的思想腳步，一程一程走下來。其中的敘述容或有疏漏不盡處，但其詮解與論議，則皆本乎義理，務期勿陷偏失。

二、若或不以為然，則請敞開心靈之門，與書中所表述的列列先哲，覿體相見，交感相通，則隨時皆可能引發共鳴，亦未可知。

三、由於連年因循，臨老方來著筆，而視力趨弱，無法多查資料，只寫成上下兩冊，實感意有未至，力有未盡，悔憾何及！

蔡仁厚　己丑新春八十生辰

中國哲學史 II

# 自序

這部書，雖然只寫成上下兩冊（原先是想依順五個階段而寫成五大冊），但就其分卷分章分節的內容看來，大體上是依循當代新儒家（主要如牟宗三先生等）所開顯的思想架構與義理規路，而進行表述。

民國以來，由於知識分子對自己文化傳統的隔閡與無知，常以為中國文化是一停滯不進的封閉系統。其實，在二千多年大開大合的發展中，中國文化本就不斷有義理的開新。牟先生除了在《中國哲學十九講》有精確的疏導，另外也在一次演講中，舉述了中國歷史上的十大諍辯：（見《牟宗三晚期文集》三七一—三八三，聯經，全集本第二十七冊）

**第一、儒墨的諍辯：**

二帝三王之時，沒有思想之分歧。到春秋之末，儒家思想建立，而後乃有墨家對儒家挑戰。通過儒墨的諍辯，使儒家在哲學文化之發展中，取得正統的地位。

**第二、孟子對告子「生之謂性」的諍辯：**

孟子反對「生之謂性」，而主張「仁義內在」。牟先生說，孟子的主張是一個「偉大的洞見」。能了解「仁義內在」，就能了解道德之所以為道德，儒家之所以為儒家。

**第三、魏晉玄學家之「會通孔老」：**

兩漢是經學，在思想上並無特出之表現，因而也沒有思想上的問題。到魏晉道家思想復興，而儒道的衝突遂不可免，但孔子地位不能撼動，於是乃有王弼「聖人體無」之說，向、郭注莊也提出「迹本論」。其實，大教的會通，永遠都是新鮮的問題，而問題的提出正表示思想境界的新開發。

**第四、言意之辯：**

這是名言能否盡意的問題，也是永遠新鮮的問題。從老子「道可道，非常道」，到魏晉人言盡意或不盡意，再到西哲維根斯坦所謂「凡是可以說的，就清楚地說；凡是不可說的，就保持沈默」，也仍然是這個問題。這類的問題，永遠常新，值得思量。

**第五、神滅不滅的問題：**

佛教傳入中國，而有輪迴之說，梁朝范縝反對輪迴說，乃作「神滅論」，而引起一場大諍辯。牟先生指出，此一論辯並未發展成型。如今重加反省，便知此一問題並不簡單，既可與儒家三不朽、耶教靈魂不滅相對較，而相互之間的差異，也必須審識明辨，故仍值得注意。

**第六、天臺宗「山家」「山外」關於圓教之諍辯：**

這是天臺宗內部很專門的問題，對人類智慧亦非常有貢獻。山家山外之爭，也可說是天臺宗與華嚴宗之諍辯（因山外是以華嚴宗之思想講天臺圓教）。其焦點集中在圓教問題，這是哲學上最高深最終極的問題，西方哲學尚未能觸及此一理境，可見其理論之深微。牟先生指出，圓教之義理，無論就中國文化本身之價值，或就中西文化之比較而言，皆有重大意義。

**第七、陳同甫與朱子爭漢唐：**

宋明儒內部的討論，集中在內聖之學（如中和參究、朱陸異同），而此一論辯則屬外王問題。朱子站在道德立場，故貶視漢唐事功，他所持的是道德判斷，不是歷史判斷。陳同甫則讚許漢唐事功，他只著眼於英雄生命以論歷史，也不算歷史判斷。依黑格爾，要真正接觸歷史，必須從知性理性進到動態理性。朱子是知性的理性型態，陳同甫是感性的直覺形態，這二者是對立的，而皆不能在了解歷史時引進歷史判斷以真實化歷史。只有在動態理性中（即曲線辯證的理性中），始能引進歷史判斷。（因為在動態的理性中，知性與直覺之對立已被消融故。）

**第八、王龍溪與聶雙江的「致知議辯」：**

這是王門弟子對王陽明「致良知教」之了解的爭辯。對於一個教義的本質是否真懂，必須在層層轉進的論辯中，看他的思路是如何前進的，再審視他措辭的輕重本末，纔能考驗出誰是真有所得，誰是真能相應。這是批判真偽的試金石。誰是王學的正嫡，誰是王學的偏歧，皆可以在此一論辯中分判出來。

**第九、周海門與許敬菴「九諦九解」之辯：**

「九諦」代表許敬菴的主張，主要是對王陽明四句教首句「無善無惡心之體」起疑惑，因而對王龍溪天泉證道之宗旨亦一併辯駁。周海門（龍溪弟子）順九諦作答辯，名曰「九解」。此一論辯不僅關乎王學，也關乎儒家與中國文化。老子當初講「無」，是從作用層上說，而作用層上的無，實乃「共法」，為儒釋道三家所共許，這是屬於「如何」的問題。凡實踐工夫達到某一水準，一定會接觸到這個理境。須知分別是非善惡，是屬於「是什麼」的問題，而「如何」面對是非善惡以表現好惡，使好惡皆得其正，這纔是成就道德價值的關鍵所在。故《尚書・洪範》也有「無有作好，無有作惡」的話，作意（有意）的好惡，乃是偏好偏惡，所以必須「無」掉。道家所講的「無」，正是在此特顯勝場。因此，作用層上的無，既無須反對，也不能反對（因為是「共法」故）。

我們不能一見到「無」字，就以為來自佛老，說它不合聖人之道。這個禁忌主要是朱子造成。此不僅妨礙人了解道家之「玄理」與佛家之「空智」，對於弘揚儒家也甚為不利。在道家，只有「如何」這一層的問題，而沒有「是什麼」的問題，儒家則兩個層面同時兼備。周海門與許敬菴的論辯，其重要性即在有助於我們了解此中義理的分際，以開出哲學的理境。（我對九諦九解之辯，曾全文加以疏導，見《新儒家的精神方向》（學生版）頁二三九—二七六。）

以上九大諍辯，都發生在過去的歷史中。但這些論辯所代表的意義，則不可以陳迹論。其中實顯示生命的智慧和生命的方向。只要一加反省，它就能開啟我們的生命，觸發我們的靈感，彰顯我們思想的光輝。

## 第十、中國文化暢通的問題：

魏晉時代的課題是會通孔老，宋明時代的課題是對治佛教，我們這個時代又當對付那些問題呢？總起來說，就是中國文化如何暢通的問題。但這個問題不是誰與誰諍辯，而是所有中國人共同面對的問題。

牟先生認為，中國文化之不能暢通，其首要的障礙是大陸為共產主義所征服，所以當前文化使命的首要大事，就是破共（不說反共，而是破共，即破斥馬列唯物的魔道，纔能使民族生命恢復暢通。至於馬列與儒家之間的辨異、對話，自可秉持開放的態度。）第二個使命，是如何消化西方文化，而其重點是在宗教方面，儒道佛三教，都是東方宗教的型態，與西方基督教的型態有根本上的差異。所以「辨耶」便成為當前文化使命中第二件工作。中國文化不容許篡竊，我們反對以馬列代孔子，也反對以耶穌代孔子。

至於文化使命的第三件事，則不屬於消極的破與辨，而是正面的「立本」。本不立，則一切都將落空。立本，是要維護中國的文化傳統，要順由中國文化發展的主脈，來恢復中華民族立國的大本。順立本而來的第四件事，就是「現代化」；現代化不是洋化，我們要求現代化，但必反對洋化（若洋化，便將失其本）。

以上四件事，都是中華民族「自盡其性」的事。人要盡其性，民族也要盡其性。民族不能盡其性，則既不足以言建國，更談不上文化的開創和新生。

寫到這裡，或者有人會覺得奇怪，寫自序為什麼要提這十大諍辯呢？我的回答很簡單，因為我們不能只在文獻材料上講哲學史，而是要在民族文化生命的脈動上來講哲學史。這十大諍辯，正是順就文化生命的大動脈，而來講述我們哲學史裡面重大的關節。所以先作簡括的提揭。

我這樣寫書序，雖然有點特別，但化特異為平常，又一直是我生命表現的基本形式。我想要討論的有關哲學史的問題，其實在本書卷首的「緒論」中，已大致有了相當持平的說明。至於我的書究竟寫得如何，我想靜待讀者的評判，應該是比較好的態度。

蔡仁厚　戊子農曆重陽
於東海大學哲研所

# 中國哲學史（上冊）

## 目 次

## 第一卷 先秦時期：中國文化原初形態之百花齊放

## 第二卷　兩漢魏晉：儒學轉形而趨衰與道家玄理之再現

## 第二章 董仲舒的學術思想……三四三

# 中國哲學史（下冊）

## 第三卷 南北朝隋唐：佛教介入——異質文化之吸收與消化

# 第四卷 宋明時期：儒家心性之學的新開展

## 第三章 程明道的造詣與地位……六一三

## 第五章 胡五峰開湖湘學統……六七三

## 第七章 象山學是孟子學……七一九

## 第八章　朱陸門人後學與元初諸儒……七四七

## 第九章　王陽明致良知教……七七三

# 第五卷　近三百年——文化生命之歪曲、沖激與新生

# 緒論

我以中國哲學史的教學者與撰述者之立場，對中國哲學史所涵蘊的問題，提出全面性的疏導和說明。其中含有：⑴對中國哲學史的基本認識，諸如中國哲學的源流系別，中國哲學的特質，與中國哲學優、缺、得、失之評判。⑵中國哲學史的「分期」。分期不明確，即表示欠缺恰當相應的理解，故分期甚關重要。⑶對中國哲學的教與學，諸如說話的立場，生命的感通，智慧的契接，都應該有所措意。⑷現況的省察，諸如中國哲學通史的檢討，中國哲學斷代與專題之研究等。⑸中國哲學的前瞻，也即中國哲學現代化與世界化的問題。凡此，皆應兼顧並重，提出說明。

## 一、從兩本書說起

對中國來說，「哲學」乃是二十世紀的新詞。數千年來，中國傳統學術的內容綱領和學門分類，早已形成規格。譬如「經史子集」。「經」有章句與義理之分，「史」有編年、紀傳、記事本末之別，「子」又分為諸子百家，「集」則人各一部，包羅尤其駁雜。但中國學問，總是以「生命」（人、人生、人事）為中心，而不同於以知識為中心的西方之學。近百年來，西方文明挾其強勁之勢不斷沖激東方，使得中國文化招架不住，於是國人只好自居落後，而奉西方為先進。單單「哲學史」這個部份，便使得中國「倒架子」了。

二十世紀的前半世紀，有二本較有代表性的中國哲學史出版，一是胡適的《中國哲學史大綱》，一是馮友蘭的《中國哲學史》。

胡氏的書只寫到先秦階段，我們無從知曉它全部的內容。現在只能就其書「以老子開頭」這一點加以檢討。胡氏說老子是「革命家」，是「徹底的反對派」。然則——

1. 老子這個反對派，他反對的是什麼呢？

2. 如果說老子反對「聖、智、仁、義」（所謂絕聖棄智、絕仁棄義），那末，「聖智仁義」算不算是一個價值系統中的價值標準呢？

3. 如果算，它是誰創立的？它有沒有發生過正面的作用呢？

4. 一個能起作用的價值系統，是否也含有一種哲學思想呢？

5. 如果不能否認它也含有一種哲學思想，為什麼加以割截，而不予理會呢？

也許有人說，胡氏書中列有「詩人時代」一節以代表老子以前的思潮，但胡氏所敘述的其實不是什麼思潮，而只引用《詩經》裡不滿社會狀況和政治現實的詩句，以表示詩人們怨怒的情緒而已。依胡氏書中的敘述，似乎中國的歷史文化，一開頭便是黑暗混亂，一無是處。在此，我們不禁要問：《詩經》裡面是否也有從正面表述清平政治的詩篇？是否也有讚頌先王功業和聖賢德教的詩篇呢？事實上當然有，而且還不在少數。然則，胡氏何以一句都不提呢？而且，《老子》以前的文獻，也不止是一部《詩經》，《尚書》裡面也有哲學性的觀念，為什麼一概加以抹煞呢？

一本哲學史，對於這個文化系統「創始階段」的思想觀念，不作一字一句的正面說明，而開天闢地第一個哲學家竟然就是「反對派」；這無論如何，都是一種不及格的寫法。馮友蘭的哲學史倒改向正面了。馮著《中國哲學史》先講孔子，而且對孔子以前有關「宗教的、哲學的」思想，也有所說明。不過，馮氏的哲學史，卻有更大的問題。

馮氏將中國的哲學史極其簡單地分為「子學時代」與「經學時代」，他如此分期所顯示的意思，主要有三點：

1.他以西方哲學史的分期為模式，來劃分中國哲學史的階段。

2.他以漢代以前為「子學時代」，這是民國以來一般的說法（其實並非妥當。因為諸子之前還有上古三代）；以西漢董仲舒一直到清末為「經學時代」，則是馮氏個人的判斷。他認為西漢以來各個階段的哲學思想，所表現的精神都是「中古的」，相當於中世紀的經院哲學。

3.基於第2.點的判斷，於是他顢頇地認為，中國哲學史沒有「近代」。

西方「文藝復興」所開啟的，是一種「反中古」的精神方向。從哲學方面來說，就是不願意使哲學成為「神學的婢女」，而要求恢復希臘傳統中哲學獨立的地位。在中國方面，宋明理學也是自覺地要求恢復先秦儒家的慧命，以重新顯立儒家在中國文化中的主位性。如果類比西方來說，宋明儒者「不滿意兩漢經生之學，不滿意魏晉的玄學清談，不滿意佛教執中國思想界之牛耳」；這種精神方向，正與西方近代哲學「反中古」的精神相類似，怎麼反而說宋明儒者的精神是「中古的」？而胡書認為宋代以來的儒學，是中國的「近代哲學」，倒顯示出他對歷史文化的通識。

馮氏以西方哲學的進程為標準，妄判中國哲學史沒有「近代」，正所謂「只知有西，不知有東」，不免有「出主入奴」之嫌。我們不可忘記，中國文化是一個獨立的系統。（無論哲學思想、道德倫理、文學詩歌、音樂戲劇、繪畫雕刻，以及生命情調，生活方式等等，都顯示中國文化的原創性、獨立性）。中華民族有自己的文化問題和思想問題，有自己文化生命所透顯的原則和方向。因此，你只能說在中國哲學史上沒有出現「西方式」的近代哲學，而不能說中國哲學沒有近代。中國哲學的近代，為什麼一定要以西方哲學史的近代為模式呢？（至於說，近代西方哲學很有價值，值得借鏡學習，則是另一個問題。那是中國哲學的路向問題，必須另說另講。）馮氏顢頇地認為中國哲學自西漢以下二千年中所表現的精神，都是「中古的」，拿來和西方中世紀的經院哲學（神學）等同並觀，這就表示他對中國文化生命開合發展的「脈動」根本沒有感受，對中華民族的哲學智慧和哲學器識，也欠缺相應的了解。

另外，在文獻運用上，馮氏也有「牛頭不對馬嘴」的情形。例如他根據託名南嶽慧思的《大乘止觀法門》講天臺宗。陳寅恪氏的審查報告，已指出此書為偽託。但馮氏似乎不服善，仍然用這本與天臺開宗的智者大師不相干、而又不合天臺教義的偽託之書，來講天臺宗的思想。這樣，就顯得基本的知識真誠也有所不足了。

馮書比較有價值的部份，是對名家的講述。他對惠施、公孫龍乃至荀子正名篇所做的疏解，都有他的貢獻。不過名學並非中國哲學的重點，我們不能通過名學來了解中國的傳統思想。至於中國哲學的主流，馮書的講述則大體不相應，不中肯。（譬如他說「良知」是一個「假設」，便是顯例。）

但馮書寫於八年抗戰之前，在那個時代，中國學術界對中國哲學的反省疏解還不夠深入，對「魏晉玄學、南北朝隋唐佛學、宋明理學」這三個階段的學術思想，也還沒有充盡明徹的了解。所以，馮氏的哲學史寫得不夠中肯，不夠相應，並不完全是他一個人的責任，而也是那個時代的客觀之限制。

## 二、對中國哲學的基本認識

### ㈠中國哲學的源流

六經（詩、書、易、禮、樂、春秋）是中國文化思想的「源」，六經以下的諸子百家，則是中國文化思想的「流」。平常提及六經，都認為是儒家的經典。其實，六經本是屬於整個中華民族的，並不必然地屬於儒家。只因為墨家、道家、法家以及名家、陰陽家，都不願意繼承文化的老傳統；只有孔子，他不但自覺地承述六經，而且賦予六經以新的詮釋和新的意義，這才使得六經成為儒家的經典。同時，也因而確定了孔子「繼往開來」的地位。所以，更確切地說：孔子以前，是中國哲學的「源」；孔子以後，是中國哲學的「流」。

孔子以前，是二帝（堯舜）三王（禹、湯、文武）的聖王之統，那是王者的禮樂之教。孔子順著這個禮樂之教的方向而進一步創發仁教，使禮樂之教中的「生活的形式規範」，內轉而為「生命的自覺實踐」，這就是孔子的創造，也可以稱之為孔子的傳統。而孔子的傳統，正是中華民族文化思想的中心骨幹，也是民族文化生命的總原則和總方向。二千五百年來，中國歷史文化的演進，雖然有激盪，有起伏，有曲折，有分化，但無論先秦的諸子，兩漢的經學，魏晉的玄學，南北朝隋唐的佛學，以及宋明的理學，全都是在一個「文化生命主流」的涵蓋籠罩之下，所顯示的大開大合之發展。[1]

## (二)中國哲學的系別

關於哲學思想的系別，我認為應該從文化生命的開合發展中來看。「開」，表示文化生命之「破裂」與「歧出」。破裂是開出新端緒，歧出是吸收新內容。在開的過程中，儒家表現的態度是「強固守護」和「孕育新機」。這表示儒家能夠「動心忍性」，在憂患中有守有為。「合」，表示文化生命之新的「消化」和新的「融鑄」。消化是求量的充實，融鑄是得質的純一。在合的進程中，儒學的功能運作，是「護持政教」和「含弘光大」。

歷來對於文化思想「源流系別」的說法，有當有不當，必須重新作相應的了解和妥洽的判定。舉例而言，魏晉的玄學，或分為正始名士、竹林名士、中朝名士，這是依時代先後而標名，並無多大意義。或又分為名理派、玄論派，這樣也失之籠統。蓋魏晉名士皆談名理，前期以談才性為主，後期則談易與老莊之玄學。故應分為「才性名理系」與「玄學名理系」，方得其實。[2]

又如佛教傳入中國之後，通常所說的空宗、有宗、或唯識、法相、天臺、華嚴、淨土、禪宗等名稱，雖皆各有意指，但就表出佛家的教義系別而言，這些名稱仍然不夠明晰而妥恰。民國以來，太虛法師和印順法師提出「性空唯名」、「真常唯心」、「虛妄唯識」三系之分，則較能顯示佛家教義之系別。今又依佛性與般若觀念，判分為「般若系、阿賴耶緣起、如來藏緣起」，這樣的講法，尤為妥適而顯豁。[3]

再如宋明理學，只講程朱理學、陸王心學，也不夠周延明晰。牟宗三先生依於心性關係而判為⑴心性為二的伊川朱子系，⑵心性是一的象山陽明系，⑶以心著性的五峰蕺山系，而

---

1 蔡仁厚《新儒家的精神方向》（臺北：臺灣學生書局，一九八二），頁一——十三，對中國文化之開合發展，作了通盤之說明，請參看。

2 參牟宗三《才性與玄理》（臺北：臺灣學生書局，一九六三初版，一九七四重版）。

3 牟宗三《佛性與般若》（臺北：臺灣學生書局，一九七七）。

開端的北宋前三家（周濂溪、張橫渠、程明道）則只有義理之開展，並無義理之分系。4

從以上有關玄學、佛學、理學分系之簡提，可以看出哲學系統的分判，對於哲學思想的理解是否能夠相應，大有關係，這是很重要的。

## ㈢中國哲學的特質

中國哲學的特質，不擬在此詳說。現只提出五點簡明的對比，以見出中西哲學之差異。從差異對較之中即可顯示中西哲學之特質。

1. 西方文化「以物為本，以神為本」，中國文化「以人為本」。
2. 西方文化「首先正視自然」，中國文化「首先正視人」。
3. 西方文化「以知識為中心」，中國文化「以生命為中心」。
4. 西方文化「重客體性，重思辯」，中國文化「重主體性，重實踐」。
5. 西方文化「學與教分立」，中國文化「學與教合一」。

同時，西方文化以「知性」為主，它的主要成就有三：一是科學，二是民主，三是宗教。科學是「心與物對列」，民主是「權利與義務對列」，宗教是「人與神對列」。西方文化既然以「主客對列」的格局來表現，所以它的精神是「向外追求，向上攀緣」，是一種單向度的無限伸展。結果是「取單向而無迴向，有追求而無反求」。因此，不講「反求諸己，反身而誠」。而文化生命中的德性主體，也無法獨立地透顯出來。以是，在西方知性文化的傳統裡，沒有心性之學，沒有成德之教。

依中國哲學傳統，德性生命上下四方的流通貫注，雖然可以創造「天下一家」、「慧命相續」、「天人和諧」的廣大豐厚的價值世界，但在西方知性文化對較之下，我們將會發現近代西方通過「科學、民主」所開創的事功，卻正是中國文化所欠缺的。傳統儒家所講的「外王」，的確有方式上和內容上的不足。因此，我們又可以說：

西方文化知性強而德性弱；

中國文化內聖強而外王弱。

德性，不是浮泛之詞，乃直指德性主體而言。傳統的外王，只落在仁政王道上，還不能滿足「開物成務」、「利用厚生」所必需的知識條件和技術條件。同時，政權之移轉，也欠缺法制化的軌道。由此可知，西方文化宜當取資儒家（乃至道家佛教）的智慧，以期文化生命調適上遂；而中國文化則須調整文化心靈的表現形態，以開出政道（民主政體）與知識之學（科學）。

## ㈣中國哲學的評判

基於上文之簡述，乃可對中國哲學作如下之評判：

4 牟宗三《心體與性體》（臺北：臺灣學生書局，一九六八），綜論部。

第一、中國哲學器識弘大，智慧甚高，而思辯力則較弱。

第二、中國哲學重實踐過於重知識，其理論亦以滿足實踐為依歸。

第三、中國哲學不重立說以顯己，而重文化慧命之傳承相續，以暢通文化生命之大流。

哲學思想是文化生命顯發的「共慧」，不是任何人可得而私。所以自古以來，中國始終沒有「著作權、出版權」的觀念。人之為學，是要投身於文化生命之流，與古人智慧相應接、相映發，以期有得於心，顯之於行。述作之目的，在闡揚聖賢之道，以延續文化慧命；而並非為了一己之名聲。因此，「自立一說」的欲求並不很強。中國哲學文獻之所以多散篇記語，而少有系統的專著，這是根本的原因。

上文所說，都是近五十年來，哲學學者接續省察之所見所得。這種恰當相應的理解和判斷，遠遠超越了二十世紀前半世紀的見解。這是後半個世紀臺、港、海外學者的學知功夫積漸所致，得之非易，故分為兩節，先作如上之簡述。

## 三、中國哲學史的分期

### ㈠二種分期的基本類型

第一種，是以朝代為分期的依據。通常分為六個階段：

⑴先秦諸子，⑵兩漢經學，⑶魏晉玄學，⑷隋唐佛學，⑸宋明理學，⑹清代樸學。這六個階段雖然可以概括中國數千年的學術，但兩漢經學與清代樸學，和哲學思想的關係是很少的。這種分期，可以用來講學術史，不宜用來講哲學史。

第二種，是以西方歷史的分期為模式，套在中國哲學史上來講。這可以胡適的說法為代表。他在哲學史的「導言」裡，曾經提出他的主張。他把中國哲學史分為三個階段：

⑴古代哲學：從老子到韓非為古代哲學，又名「諸子哲學」。

⑵中世哲學：從漢代到北宋之初為中世哲學：甲、中世第一期：從漢代到東晉之初，為子學的延續與折衷。乙、中世第二期：從東晉到北宋之初，印度哲學（佛學）盛行於中國。

⑶近世哲學：宋元明清時期為近代哲學，並以清代為古學昌明時期。

胡氏這種「古代、中世、近世」的分期法，很明顯是西化派的觀點。不過還算不錯，他承認中國哲學在世界哲學史上的地位。他認為世界上的哲學，有東西兩大支。東支又分為印度和中國二系，西支也分為猶太和希臘二系。⑴在古代時期，這四系都是獨立發展的，⑵到了漢代以後，猶太系加入希臘系，成為歐洲中古的哲學。印度系（佛學）加入中國系，成為中國的中古哲學。⑶到了近代，歐洲的思想，漸漸脫離了猶太系的勢力，而產生歐洲的近世哲學。在中國方面，印度系的勢力漸衰，儒學復興，而產生了中國的近世哲學，歷宋元明而至清代。他還說到，由於二十世紀東西兩支哲學互相接觸，他預料五十年、一百年之後（也即現在這個時候），可能會產生一種世界的哲學。[5]

馮友蘭《中國哲學史》分為「子學」「經學」兩階段的分期法，上文第一節已有述評，茲不再贅。在馮著出版四十多年之後，勞思光先生完成一部新的《中國哲學史》[6]，他把中國哲學史分為三個時期：

(1)初期——又名發生期。指的是先秦階段。

(2)中期——又名衰亂期。包括漢代哲學、魏晉玄學、南北朝隋唐的佛教哲學。

(3)晚期——他稱之為由振興到僵化的時期。指的是宋明理學，再下至清代戴東原。

這個分期法，大致與胡適「上古、中世、近世」之分相當。不過，勞先生認為兩漢學術是儒學的衰落期，魏晉玄學則是「上承道家旨趣而又有所誤解」的一種思想，而南北朝隋唐的佛教，則是乘中國哲學衰敝而流行到中國來的；所以判漢代至唐末為中國哲學的「衰亂期」。他對「中期」這個階段的分判，當然可以代表一種看法。但我們覺得他對魏晉玄學的價值，似乎承認得少了一點。對佛教在中國傳衍發展的線索，以及中華民族吸收消化佛教的意義，也似乎欠缺深切的認識。而他之所以如此分判，和他書中一個最基本的論點，實相關涉。（說見下文第五節）

## (二)五階段的分期法

民國七十年（一九八一），我在東海大學中國文化研討會上講「中國哲學史的分期」，主張分為五個階段：

第一階段是先秦時期，可以標題為「中國文化原初形態的百花齊放」。這個時期又可分為三個段落，一是孔子以前，二是孔子時代，三是孔子以後。孔子以前是二帝三王發展凝成的「聖王之統」，這是中國文化的原初形態（文獻是六經）。而孔子的仁教，則更為中國文化開啟了繼往開來的長江大河，永遠灌溉中華民族的文化心靈。孔子之後，諸子百家興起，是為中國文化原初形態的百花齊放。孔子開創的儒家，一方面代表中華民族的文化之統，一方面也是諸子百家中的一家，所以儒家具有雙重身份。如果對先秦的哲學思想，籠統稱之為「子學」或「諸子哲學」，則不但忽視孔子以前的文化思想，也無法概括儒家「代表民族文化之統」的那個身份。因此，我們不用「子學、諸子哲學」這種名詞來概括先秦時期的哲學思想，而稱之為「中國文化原初形態的百花齊放」。

第二階段是兩漢魏晉，可以標題為「儒學轉型而趨衰與道家玄理之再現」。這個階段，是先秦「儒、道」二家學術思想的延續。兩漢經學是儒學之轉型（轉內聖成德之教為經生章句之學）；儒學僵化而玄學代起，遂有魏晉時期道家玄理之再現。至於其他各家，在思想上都

---

5 按，胡氏之說，是一種極其樂觀的態度。那時候他只是三十出頭的青年學者，對文化學術的嚴肅和艱難欠缺深切的體認，他似乎認為杜威和羅素來中國講講學，就可以把中西哲學會合起來，他把天下事看得太容易了。

6 勞思光《中國哲學史》（臺北：三民書局，一九八一年八月出版）。

失去傳承，更沒有發揮。墨流為俠，法沉為吏，陰陽家也下委而散入醫卜星相，名家則斷絕無延續。

第三階段是南北朝隋唐，可以標題為「佛教介入，異質文化的吸收與消化」。佛教是來自印度的異質文化。由於魏晉玄學所顯發的「無」的智慧，正好成為接引佛教「空」的智慧之橋樑，這才使得佛教思想在歷經三百多年的盤旋之後，終能打入中國的文化心靈之中。但就中華民族的內心來說，是不甘受化於佛教的。所以一方面護持政教與家庭倫常，一方面則大量譯習佛經，以期消化佛教。到了隋唐，終於開出了「天臺、華嚴、禪」三宗，使佛教在中國大放異采。而中華民族能夠吸收而且消化一個外來的大教，也正表示「文化生命浩瀚深厚，文化心靈明敏高超」。在人類文化交流史上，能結出這樣的善果，實在是國族的光榮。

第四階段是宋明時期，可以標題為「儒家心性之學的新開展」。道家和佛教的智慧都很高，但畢竟不是儒家聖人「本天道為用」的生生之大道。儒家之學，一方面要上達天德，使性命天道通而為一；一方面要下開人文，以成就家國天下全面的價值。宋明儒者的用心，就是要使歷經「兩漢、魏晉、南北朝、隋唐」而沉晦千年之久的先秦儒家之義理綱維，重新挺立起來。所以宋明理學是儒家學術第二期的發展。可惜這一期的發展，內聖強而外王弱，到了滿清入關，中國哲學的慧命便進入衰微時期。

第五階段是近三百年，可以標題為「文化生命的歪曲、沖激與新生」。明末「顧、黃、王」三大儒由內聖開外王事功的思想方向，實際上已經開啟了儒家第三期學術思想的序幕。

然而，大明亡了，民族生命受挫折，文化生命受歪曲，三大儒的思想方向無法申展貫徹，學術風氣乃一步一步走向考據，形成文化心靈的閉塞和文化生命的委頓。而哲學的慧命也因而斷掉了，失傳了。民國以來，西方哲學流行於中國，但我們學習西方哲學的成績並不很好，就算學得不錯，那也只是「西方哲學在中國」，不能算是「中國的哲學」。所以，中國哲學必須從根反省，以求「新生」，這就是我們當前的使命。

## 四、中國哲學史的教學與研究

二十世紀下半世紀以來，臺灣地區的大學哲學系，都有中國哲學史的課程。中文系與部分歷史系也有中國思想史一課。教學的效果雖不可一概而論，但要學生進到研究的層次，基本上還是有困難的。所以有關中國哲學的研究工作，仍然要靠教授學者去從事。

民國七十二年（一九八三），東海大學成立哲學研究所，我開了一門課程，名叫「中國哲學史專題研究」，同時還為這門課程撰寫一篇一萬三四千字的「芻議」[7]在專題研究的問題方面，我列舉了：源流問題、特性問題、分期問題、研究方法問題、資料簡別與文獻運用

7 「中國哲學史專題研究」一文，編入蔡仁厚《儒家思想的現代意義》（臺北：文津出版社，一九八七），頁一八一——一九八。

的問題、思想詮釋問題、系統分判問題、概念運用問題、闢邪顯正問題、發展路向問題。

在研究的方式與類別方面則分為：

(1)對「人」（哲學家）的研究；

(2)對「書」（哲學典籍）的研究；

(3)對「哲學問題」的研究；

(4)對「學術事件」的研究。

有關中國哲學史上出現的許多問題，諸如：

天人關係、人的地位、個人與社會、思想與時代、道德與知識、道德與法律、道德與宗教、道德與幸福，以及生與死、有與空、經與權、常與變、體與用、名與實、心與物、道與器、一與多、學與思、知與行、善與惡、義與利、理與慾、理與氣等等，都是可以列為專題進行研究。

還有天道、天命、天理、太極、陰陽、中和、寂感、動靜、仁、義、聖、智、心、性、情、才、氣、命，以及正名、格物、窮理、致知、誠意、慎獨、居敬、涵養、察識、體悟、體證……凡此，皆可從觀念名詞的性格，轉為哲學問題來探討。

此一課程，每年必開。但效果卻很難講。主要是學哲學的人，似乎歷史意識比較薄弱，不容易投注心力於通貫數千年的浩浩慧命哲流之中。而一般講哲學史的人。又多半是知識的角度，欠缺生命心靈的感通。而我們認為，中國的哲學思想，乃是在文化生命主流涵蓋籠罩之下表現為大開大合的發展；「哲學史」就理所當然地要在這開合發展的大動脈上來講述。（上文第三節之二，筆者主張中國哲學史應分為五個階段來講述，即是順就此義而提出。）

換言之，講哲學史，必須以文化生命大流之航程為線索。所以，講哲學史並非只是「述古」，而是要暢通文化生命之流，以豁醒哲學的慧命，而講哲學史的人也必「湧身千載上」，投入文化生命之流，以與古人智慧相應接，相映發。因此，講中國哲學史和講西方哲學史不同。對西方，我們是旁觀者，是客的身分。對中國，則是主人的身分。我們的生命與自己民族的文化生命是合拍合流的。以此之故，我們講中國哲學史時，絕不可將它推於生命之外，而應將聖哲的德慧引歸到自己生命之內，以期與民族文化生命存在地呼應與感通。

大陸各大學的哲學系與各級社科院的哲學研究所，一般都有中國哲學史教研室或研究室的設置，這是臺灣地區所沒有的。當然，大陸各大學哲學系出版的若干《中國哲學史》，難免會有意識形態的限制。（近年來，此一情況在逐漸省覺改善之中。有些中國哲學史的教本，已做了修正或重寫，基本上是走向平正平實，這是很可欣喜的。）

臺港兩地的學者，則拜「學術自由」之賜，沒有這一層的束縛，而可以獨立地抒意立說，自由發揮。不過，自由的環境必須真能善加運用，否則，在欠缺積極驅策力的情形之下，人是很容易因循苟且的。多少年來，臺灣地區從未辦過哲學史的研討會，現在想來，不能不說是學術心靈麻木之徵。（雖然已有間接相關的研討，但欠缺「史的意識」之覺醒，便不能逃開麻木之譏。）在著作方面，臺北坊間叫「中國哲學史」的書倒也不少，但像樣的卻又非常不多。倒是書名不叫中國哲學史而內容卻屬於斷代史或專題史的性質。這一類的著作，反而顯示出豐厚而弘博的成果。（說見下第五節後半）

在此，我還想交代一下有關中國哲學史研究方法的問題，由於中國的學問不是知識的進路，而是實踐的進路，所以有工夫論而欠缺方法論的討論。

自西學東漸，大家注意方法論，但對哲學史的研究方法卻見仁見智，難有定準。譬如(1)系統研究法，是對我們所要敘述的哲學思想作一個系統的陳述。(2)發生研究法，是著手於哲學家思想的發展變化，依照觀念理論的發生程序加以敘述。(3)解析研究法，是解析哲學家所用的詞語和論證，以獲得一個精確而客觀的結論。但是，系統研究法過於著重系統，而不免忽視系統以外的觀念；同時，為了想把這個系統敘述得更為圓滿，研究者往往加入自己的見解，而造成和事實不符合的情形。發生研究法倒是可以照顧事實，但又常常不能掌握這個哲學家的思想系統，尤其對於這一家哲學理論的內在價值和文化意義，更不能通過發生研究法來了解。至於解析研究法，雖然能對理論達到精確而客觀的結論，但當我們要求一種連貫性的觀點來作全面的綜合判斷時，解析研究法就無能為力了。

另外，還有一種基源問題研究法，它是以邏輯意義的理論還原為始點，以史學考證工作為助力，而以統攝個別哲學活動於一定的設準之下為歸宿。這是勞思光提出的，可能是比較好的一種研究方法。但問題是在：所謂理論還原的可靠性以及設準的準確性與周延性，也常常因為研究者學養識度的限制或者思想立場的差異，而可能引生種種問題。

唐君毅先生曾有「方法隨學問而自明」之言。這是一種提醒。有了好的方法未必就可以寫出好的哲學史，而且任何一種方法，都不免有它的限制。這一點是我們必須了解的。同時，我們也可以不特別標舉某一種單一的方法，而適當地運用各種方法之長以去其短，這是很有可能的。

## 五、中國哲學通史之檢討與中國哲學斷代和專題之研究

### ㈠中國哲學通史的檢討

近五十年來，臺灣地區中國哲學史的教材，前一二十年仍然通用胡適和馮友蘭的書，接著有人翻印民國初年像謝無量等人的老書。之後又有中國哲學史話以及供作課本用的小篇幅的出版品。這些書雖然都是撰述者的心血，但其中究竟有多少客觀的研究成績，卻是不易作評價的。

到民國七十年，勞思光的《中國哲學史》由臺北三民書局出版，這才有了一部值得評價的講哲學史的書。上文第三節曾就勞著哲學史的分期法，作了幾句評說，指出他那「發生期、衰亂期、由振興到僵化的時期」之分判，是和他書中二個最基本的論點相關涉的。

第一、他以「自我境界」作為檢證各家哲學思想的一個準據，此即所謂「德性我」、「認知我」、「情意我」、「形軀我」之說。他認為孔孟開啟的儒家是中國哲學的正統。孔孟彰顯德性我，德性我即是孔孟自我境界之所繫。而漢儒之經學，魏晉玄學，以及佛教哲學，皆不能透顯「德性我」，所以自兩漢至唐末，皆屬中國哲學的衰亂期。

第二、他分儒家之學為「心性論中心」與「宇宙論中心」二大類型。認為孔孟是心性論中心的哲學。而《中庸》、《易傳》是宇宙論中心的哲學。又把中庸易傳的時代往後拉，拉到了與西漢董仲舒相提並論。西漢哲學已屬儒學之衰亂期，而魏晉以下，更不必說了。

第一點的「自我境界」雖然不失為一個檢驗的準據，但用得太泛也未必適宜而中肯。而且，孔孟儒家之所以成為中國哲學之主流，也不只是彰顯「德性我」而已。第二點用「心性論中心」與「宇宙論中心」二種思想類型，來考量和解說儒家學者及其文獻所表示的義理方向與學術性格，也並無不可。問題是《中庸》、《易傳》是「宇宙論中心」的思想嗎？

《中庸》、《易傳》是「性命天道相貫通」的思想，它並不是「對價值作存有論的解釋」，而是「對存有作價值的解釋」。所以，《中庸》講天道是以「誠」來規定（誠者，天之道也）；《易傳》講天道（乾道、易道）是以「生德」來規定（天地之大德曰生，生生之謂易）。《中庸》所謂「慎獨」、「致中和」，所謂「至誠、盡性、贊化育」；易傳所謂「窮神知化」，所謂「窮理、盡性、至命」，所謂「敬以直內，義以方外」；這都表示，《中庸》、《易傳》仍然是「以道德主體為中心」的思想。

當然，《中庸》所謂「天命之謂性」，《易傳》所謂「一陰一陽之謂道，繼之者善也，成之者性也」，也顯示了一種從天道天命說下來的宇宙論的進路。但我們必須了解，中庸易傳這一個講法，一方面是呼應孔子以前「天命下貫而為性」的思想趨勢，一方面是順著孔孟的仁與心性而再向存有方面伸展，以透顯心性的絕對普遍性（孟子言盡心知性知天，也正表示此種意向）。經過中庸易傳這一步發展，道德界與存在界乃通而為一：講道德有其形上之根據，而形上學依然基於道德。在此，宇宙秩序即是道德秩序，道德秩序即是宇宙秩序，所以是「性命天道相貫通」的思想。先秦儒家由孔子孟子發展到中庸易傳，其道德的形上學之基型，便透顯出來了。然而，勞先生對儒家這一個基本大義，卻欠缺相應的了解。

勞先生的意思，認為正宗儒家只是「心性論」，似乎不容許儒家有「天道論」。如果照他的意思，孔孟講仁與心性的「超越絕對性」，便被抹煞了，而「客觀性」也被輕忽了，結果只剩下一個「主體性」。能把握「主體性」雖然也不錯，但是一個「與超越客觀面不相通」的主體性，卻並不能盡孔孟之教的本義，也不是陸王之學的究竟義。照他的講法，孔孟之教被縮小了，儒家「心性與天道通而為一」的義理規模被割裂而拆散了，「本天道以立人道，立人德以合天德」的天人合德之教也不能講了。簡單一句話，「天」與「人」隔而為二了。在勞先生的心目中，整個儒家就只承認「孔、孟、陸、王」四個人，而這四個人也被講成「只本心」，而「不本天」了。

當初，程伊川說「聖人本天，釋氏本心」[8]（本字，作動詞解）。這一句名言，原本就只說對一半。因為聖人之道，固然「本天」，同時也「本心」。心與天並非兩層對立，而是上下相通，故本天即是本心，本心即是本天。程明道最明澈這個道理，所以他說「只心便是天，盡之便知性，知性便知天。」[9]「心、性、天」是通而為一的。只因程伊川對於實體性的道德的本心，欠缺相應的了解，而誤以為聖人只本天而不本心。而如今勞先生評論伊川這句話，卻以為伊川之誤正在「聖人本天」這一句。然則，依勞先生的意思，是應該說「聖人本心，而不本天」了。如此，則正好與伊川之言相對反，而結果卻又偏偏一樣，也只對了一半（雖然兩個一半並不一樣）。

據此可知，儒家的「天」與「人」（天道與心性）是不可以拆而為二的。如果天人不相通，則孔子所謂「五十而知天命」、「天生德於予」、「下學而上達，知我者其天乎」，將如何解釋呢？還有孟子所謂「盡心、知性、知天」，「萬物皆備於我，反身而誠」、「君子所過者化，所存者神，上下與天地同流」……這些話又將如何解說呢？事實上，從《論語》、《孟子》到《中庸》、《易傳》，乃是先秦儒家在義理上一步很自然的發展。《中庸》、《易傳》這兩部文獻「成書」的年代可能比較晚，但皆是孔門義理的一脈傳承，而並非更端另起，這是無庸置疑的。如今勞先生卻判中庸易傳為宇宙論中心，以為與孔孟思想不同，又把中庸易傳從先秦儒家中排斥出去，而硬拉到西漢時期，這實在是一種顢頇的態度，是不對的。

## (二)中國哲學斷代與專題研究之成果

到目前為止，我們還沒有一部很好的《中國哲學史》，原因其實也很簡單，因為國人對文化傳統的了解非常不夠。不了解儒家道家佛教的義理系統，不了解三教學術的流變演進，如何能講「中國哲學史」？

但二十世紀的後半，臺港海外的新儒家學者，卻有了空前的開發。他們對上下數千年的中國哲學思想，也已做了通貫的講述。其中牟宗三先生的貢獻，尤其明顯。

他以《才性與玄理》表述魏晉階段的玄學，此書比湯用彤氏的《魏晉玄學論稿》提出更深切而完整的討論，可算是這方面的經典之作。而文字之美，也超乎讀者想像之外。對南北朝隋唐階段的佛教，則以《佛性與般若》上下二冊做了通透的講述。湯用彤氏的《漢魏兩晉南北朝佛教史》雖也是一部好書，但那是佛教史的立場，重在考訂，又只屬前半段。因此，從中國哲學史的立場來看，魏晉玄學之後，宋明理學之前，這六百年間中國哲學思想的活動，仍然是荒蕪地帶。而牟先生此書，正是從中國哲學史的立場，來講述佛教傳入中國之後的發展。對於中國吸收佛教和消化佛教之過程及其意義，皆作了極其深透而相應的詮表。至

8 語見《二程遺書》第二十一下。

9 《二程遺書》第二上。

於宋明階段的儒學，則以《心體與性體》四大冊[10]，進行全面的疏導。依牟先生之分判，北宋前三家，濂溪、橫渠、明道為一組，此時未分系，到伊川而有義理之轉向。此下，⑴伊川朱子為一系（心性為二），⑵象山陽明為一系（心性是一），⑶五峰蕺山為一系（以心著性）。而當「性」為「心」形著之後，心性也融而為一。故到究極處，象山陽明系與五峰蕺山系仍可合為一大系。此合成之大系，遠紹《論語》、《孟子》、《中庸》、《易傳》，近承北宋前三家，故為宋明儒學之正宗。至於合成之大系（縱貫系統）如何與伊川朱子系（橫攝系統）相融通[11]，則是另一問題。於此，我們只能說，這三系都是在道德意識之下，以「心體」與「性體」為主題而完成的「內聖成德之學」的大系統。

牟先生表述儒釋道三教的三部大著，無論⑴系統綱維的確立，⑵思想脈絡的疏解，⑶義理分際的釐清；都已達到前所未有的精透和明澈。魏晉清楚了，先秦道家之學亦隨之而清楚。宋明清楚了，先秦儒家之學也隨之而清楚。再加上他的《名家與荀子》[12]，又疏解了先秦的名學，於是，上下數千年的中國哲學史，乃真能得其終始條理，而可以做到恰當的詮表和講論。

上面所說牟先生的三部書，等於是中國哲學在「魏晉」、「南北朝隋唐」、「宋明」三個階段的斷代史。而唐君毅先生的大書《中國哲學原論》[13]，分為〈導論篇〉〈原性篇〉〈原道篇〉〈原教篇〉，此則屬於中國哲學的專題史。唐著各書，最具通識。他和牟先生是當代學人中宏揚中國哲學貢獻最大的兩位。兩人著書的撰寫方式及其著重之點，不盡相同。

牟先生以透顯義理的骨幹和思想的架構為主，比較著重同中見其異，以使中國學問的義理綱維和思想系統，得以釐清而確定。這是一種講哲學系統和講哲學史的態度。唐先生的書，則以通觀思想的承接與流衍為主，重在異中見其同，藉此以通暢文化慧命之相續，以顯示承先啟後的文化生命之大流。這是一種重視哲學思想之交光互映和相續流衍的立場。

同時，兩位先生還有一項表現，也是空前的。他們不約而同的做了比天臺、華嚴更為深廣的判教（臺嚴判教，只及於佛教內部）。牟先生是採取較精約而集中的方式，就人類文化心靈最高表現的幾個大教來說話。此可參閱他的《佛性與般若》《現象與物自身》《圓善論》三書。[14] 唐先生則是通觀文化心靈活動的全部內容，以分判人類文化中各種學問知識，學術思想，以及幾個大教所開顯的心靈境界。[15] 這是一種廣度的批判，在人類哲學史上也是前古所未見的。

---

10 牟宗三《從陸象山到劉蕺山》（臺北：臺灣學生書局，一九七九），實即《心體與性體》之第四冊。

11 參蔡仁厚《中國哲學的反省與新生》（臺北：正中書局，一九九四），頁一五〇，註三二。

12 牟宗三《名家與荀子》（臺北：臺灣學生書局，一九七九）。

13 唐君毅《中國哲學原論》〈導論篇〉〈原性篇〉〈原道篇〉〈原教篇〉於一九六五至一九七六先後完成，先由香港新亞研究社出版，後編入全集，由臺灣學生書局發行。

14 按此三書，皆由臺灣學生書局出版，現已編入全集，二〇〇三年聯經出版公司。

15 參唐君毅《生命存在與心靈境界》，臺灣學生書局上下冊。

另外，徐復觀先生的《中國人性論史》[16]雖然標為「先秦篇」，其實並不是單屬斷代史，而也同時是專題哲學史。這部書很有特色，對青年影響頗大。至於三大冊的《兩漢思想史》[17]則是通論周秦政治社會結構和兩漢思想功力深厚之作。

## 六、中國哲學史的前瞻

### (一)中國文化與中國哲學的世紀境遇

自從二十世紀「哲學」一詞進入中國，便引發中國有沒有哲學的質疑。中國有五千年的歷史文化，有儒釋道三教智慧系統，何以會有人致疑於中國有沒有哲學？此無他，以西方哲學為標準，故鄙視中國自己之傳統耳。此乃一時之陋識，勿足深怪。如今又經歷了半個世紀的「學」與「思」，中國人終於可以——

(1)就中西哲學的特質，提出正確恰當的對比

(2)就中國哲學的精神取向，提出簡明扼要的說明

(3)就中國哲學之現代化與世界化，提出相應中肯的省思

同時，中國人已有了識見能力，(1)可以釐清「中國哲學演進發展的思想脈絡」；(2)可以分判「中國哲學異同分合的義理系統」；(3)可以闡釋「中國哲學的基本旨趣及其價值」；而

且也已(4)能夠衡定「中西哲學融攝會通的義理規路。」[18]

由於中國文化和中國哲學的世紀境遇，是前古未有的複雜和艱困，所以對於哲學的省察，不但要有慧識、睿見，而且還要有學力（質的意義之學養）。否則，他的省察便只是一些浮泛的意見而已。自五四以來，真正致力於中國哲學之反省，真能為中國文化之新生貫注精誠而殫思竭慮的，還是當代新儒學家的前輩學者。從梁漱溟氏、熊十力氏，到唐君毅先生，都有極大的貢獻，而牟宗三先生則更集中而通貫地作了專門的省察和疏導，是即《中國哲學十九講》。[19]

中國哲學智慧的表現，主要是表現在儒道佛三方面。然而此一東方老傳統，自明亡以後，久已衰微，尤其近百年來遭受西方文化之衝擊，知識份子對於中國哲學的精神面目，乃益形模糊，甚至業已遺忘。牟先生在臺大哲學研究所講述中國哲學所涵蘊的問題，並不是一時之間的興會，也不是他偶發的議論，而是切關於中國哲學之系統綱格與義理宗趣者。其中所釐定的各種問題，皆有所本。通過這一步通貫性的綜述，各期思想的內在義理可得而明，而其所啟發的問題也義旨確切而昭然若揭。於是，固有義理的性格，未來發展的規轍，也確

---

16 徐復觀《中國人性論史——先秦篇》，臺北：臺灣商務印書館出版。

17 徐復觀《兩漢思想史》三大冊，臺北：臺灣學生書局出版。

18 參牟宗三主講，林清臣整理：《中西哲學之會通十四講》（臺北：臺灣學生書局，一九九三）。

19 《中國哲學十九講》，是牟先生在臺大哲研所之講錄，一九八三年，臺北：臺灣學生書局印行。

定了指標而有所持循。到此方知，文化慧命之相續不已，固可具體落實，而並非徒託空言。而一部像樣的、好的《中國哲學史》之寫成，已經是可能的了。

## ㈡中國哲學之現代化與世界化

中國哲學現代化的意指，應該含有兩個方向：第一、如何通過現代語言，把中國哲學的思想闡述出來，把中國哲學的智慧顯發出來。使它能為現代人所了解，而進入人人的生命心靈之中，以表現它「本所蘊涵」的活潑潑的功能和作用。第二、如何對中國哲學作一步批判的反省，既要重新認識和發揮它的優點長處，也要補救它的短缺和不足，以求進一步的充實發展。這才是中國哲學現代化最積極的意義。因此，中國哲學是否有前途，其決定的因素有二：

一、中國哲學本身的義理綱維，能否重新顯現出來？

二、中華民族能不能如同當初消化佛教那樣，也能消化西方的哲學和宗教？

近年來，大陸學界認為，當代中國有三大思潮，一是馬列思想，二是西化思想，三是新儒家的思想。其實，前二者是外來的，介入的，只有新儒家的思想才是「中國的哲學」，才是真正屬於中華民族的思想。這一點，大陸學界也普遍有所認取，所以他們要進行一項巨大的學術工程，就是編印一套「現代新儒家學案」。這也是重新肯定中國哲學的表示。他們的理解或者不完全恰當相應，但他們的努力，我們當然給予肯定，而且樂觀其成。

在牟先生八十大壽時，他說，從大學讀書以來，六十年中只做一件事，即：「反省中國的文化生命，以重開中國哲學之途徑」。他認為民國以來的學風很不健康；卑陋、浮囂，兼而有之。所以，有志研究中國哲學的人，必須：

1. 依據文獻以「闢誤解，正曲說」。
2. 講明義理以「立正見，顯正解」。
3. 暢通慧命以「正方向，開坦途」。

這三點，確實是中國哲學史未來發展的關鍵所在。講哲學史如果錯用文獻，便成大過差。如馮友蘭的中國哲學史講佛教天臺宗時，不用天臺開宗的智者大師的文獻，反倒根據智者師父南嶽慧思的《大乘止觀法門》來講述天臺宗的思想，而且經人（陳寅恪氏）指出，依然不改，實在很不應該。至於講義理必須精透明確，恰當相應，乃是異同是非之所關，更不可輕忽。而慧命的暢通，則是文化生命之「共慧」相續流衍的根本大事，其屬重要，不言而喻。

總之，中國哲學史是否能顯發光明的未來，完全取決於國人自己的覺醒和努力。[20]聖人有云：「為仁由己，而由人乎哉！」而講述或撰寫中國哲學史，正屬於「為仁」之事，中華兒女，可不勉乎！

---

20 一九九九年，我出席國際中國哲學會在臺北舉行的學術會議，宣讀論文〈中國哲學的反思與展望〉，編入拙著《哲學史與儒學論評》（臺北：臺灣學生書局，二〇〇一年六月），可參閱。

# 第一卷　先秦時期：中國文化原初形態之百花齊放

## 弁言

中國文化通過夏商周三代的蘊蓄發展，而凝成二帝三王所代表的「道之本統」——中國文化的原初形態；再經孔子之點醒開發，轉王者禮樂為成德之教，使中國文化達於第一度之圓成。（故孟子曰：孔子之謂集大成。）

但孔子之教，缺少政治之配合，所謂有德無位，大道不行於天下。於是，賢哲之士奮然輸精誠，發慧光，以謀救世，乃有諸子百家之興起。是即所謂「中國文化原初形態之百花齊放」。

本卷先述孔子以前的思想趨勢，再述孔子以及孔子以後各家各派之哲學。

# 第一章 上古思想之趨勢

## 第一節 原初的觀念形態

### 一、文獻舉要

1.《尚書．堯典》：「乃命羲和，欽若昊天，歷象日月星辰，敬授人時。」[1]

2.《尚書．大禹謨》：「德惟善政，政在養民。水火木金土穀，惟修；正德利用厚生，惟和。」

3.《論語．堯曰》：「堯曰：咨爾舜，天之曆數在爾躬，允執其中。四海困窮，天祿永

1 《書經集傳》（蔡沈撰注）：羲氏和氏，主曆象授時之官。欽、敬也。若、順也。昊音浩，廣大之意。曆、所以記數之書。象、所以觀天之器，如璣、衡之屬。日、陽精，一日而繞地一周。月、陰精，一月而與日一會。星、二十八宿眾星為經；金、木、水、火、土五星為緯，皆是也。辰、以日月所會分周天之度為十二次也。人時、謂耕穫之候，凡民事早晚之所關也。

終。」[2]

上引三節文獻，第1條所引是說，堯帝命羲氏和氏，敬順天時，記載曆數，觀測天象，制定曆法正朔，頒授人民奉行。這是啟動農事之基始，亦是體認自然與人文關係相應之先聲。第2條《大禹謨》數句，指出德非徒善而已，須進而有以善其政。政非徒法而已，須晉而有以養其民。水、火、木、金、土、穀，是民生必需之物，自當盡速修治齊備。正德、利用、厚生，則是為政治國之總原則，既須和洽人心，亦須協和萬邦，一體遵行。第3條是孔子引述堯傳位時命舜之言，「允執其中」者，囑舜信守治國之中道也。至《大禹謨》衍為十六字，文曰：「人心惟危，道心惟微，惟精惟一，允執厥中。」此十六字之綜結，在文獻上雖然後出，而其句意卻是順承義理引申出來，應無可疑。

## 二、史官爲古代學術之府，乃觀念之所從出

《周官》釋史：「史掌官書以贊治，正歲年以敘事。」據《周禮》，史官有太史、內史、外史、御史等職，掌理執禮、掌法、授時、典藏、策命、正名、書事、考察。八類歸於一，則曰「禮」。史官所掌，實乃推動政治措施以實現理想之綱維網。

前句「掌官書以贊治」，是本天敘以立倫常，屬於人這方面的道德政治。後句「正歲年（訂正曆法）以敘事」，是法天時（四時之生、長、收、藏）以行政事，屬於天這方面之窺測自然（本乎自然之理以行政事）。合兩句而觀之，表示理智所照，亦歸於道德意義（從自然回歸人

生）。

## 三、觀念之結集

上古思想觀念之結集，首先是《尚書・洪範》之「九疇」。（治天下之大法分為九類）

1.五行——一曰水，二曰火，三曰木，四曰金，五曰土。

2.五事——一曰貌，二曰言，三曰視，四曰聽，五曰思。

3.八政——一曰食，二曰貨，三曰祀，四曰司空，五曰司徒，六曰司寇，七曰賓，八曰師。

4.五紀——一曰歲，二曰月，三曰日，四曰星辰，五曰曆數。

5.皇極——皇建其有極（謂君王建立人道之極則）……「無偏無陂，遵王之義；無有作好，遵王之道；無有作惡，遵王之路；無偏無黨，王道蕩蕩；無黨無偏，王道平平；無反無側，王道正直。會其有極，歸其有極。……天子作民父母，以為天下王。」（為政治民，大得其中，是即皇極之精義也。）

6.三德——一曰正直，二曰剛克，三曰柔克。（皆以中道為準）

---

2 朱子《四書集註》云：此舜命禹而禪以帝位之辭。咨、嗟歎聲。曆數、帝王相繼之次第，猶四時節氣之先後也。允、信也。中者，無過不及之名。四海之人困窮，則君祿亦永絕矣。戒之也。

7.稽疑——……謀及乃心，謀及卿士，謀及庶人，謀及卜筮。……（有疑先自我反省，次及於卿、士、庶人，最後卜筮。）

8.庶徵——（自然變化，所驗非一，故曰庶徵。凡事須多方參驗印證。）

9.五福六極——五福：壽、富、康寧、攸好德（樂其道也）、考終命（順受其正也）。六極：凶短折、疾、憂、貧、惡、弱。

此「九疇」，是殷賢箕子應答周武王之訪談錄。乃上古思想觀念之大結集。箕子將治國之道歸約為九大類，無論主觀面之修德，客觀面之治民，皆概括之。單以「八政」而言，「食、貨、祀」即已包括物質生活與精神生活。「司徒、司空、司寇」包括教化、建設與治安。「賓」是外交，「師」是文教學術。加上其餘各類，更顯得廣大悉備。

由「洪範九疇」再約而言之，即是「修德愛民」與「正德利用厚生」兩句話。「修德愛民」是傳統政教中的常理常則，歷數千年而無所更改。「正德、利用、厚生」，尤可視為聖王之政規。《書經集傳》云：「正德」者，父慈、子孝、兄友、弟恭、夫義、婦聽，所以正民之德也。「利用」者，工作什器、商通貨財之類，所以利民之用也。「厚生」者，衣帛食肉、不饑不寒之類，所以厚民之生也。此「正德利用厚生」一句，正具體顯示「為政以德教為本，以民生為重」之準則，此便是聖王的政規。（後世稱之為仁政王道。）

在此客觀的實踐之中，實已透露出道德精神之實體（仁智兼備的仁智實體）。不過，這個時候的實體，有如初昇之太陽（與自然渾一的燦爛之光），尚在潛蓄狀態，尚未自覺的湧現。

（此潛蓄之狀態，將延續數百年，必須通過「敬」的工夫之內斂，以及宗教人文化、天命天道下貫而為性的過程，纔能到達孔子的仁教。）

## 第二節 周初之「敬」的觀念

### 一、人的精神之自覺

周文化是承殷文化而來。《論語》載孔子之言曰：「殷因於夏禮，所損益，可知也。周因於殷禮，所損益，可知也。」（為政）又曰：「周監於二代，郁郁乎文哉！」（八佾）可見周文化是承殷文化而發展。卜筮盛行於殷，亦行於周。不過，箕子應答武王云：「謀及乃心，謀及卿士，謀及庶人，謀及卜筮。」（已見上引）。卜筮列於最後，權威性已大減。此中已透出人步步歸於主體之走向。故《周易》乾卦九三之爻云：「終日乾乾，夕惕若，厲無咎。」這是本於敬畏之感與憂患意識[3]而顯示的精神自覺。

《周易．繫辭下》云：「易之興也，其於中古乎？作易者，其有憂患乎？」又云：「易之興也，其當殷之末世，周之盛德邪？當文王與紂之世邪？」這種憂患意識，不是由悲觀失

3 「憂患意識」之詞，係徐復觀先生所創用。見《中國人性論史先秦篇》（臺北：臺灣商務印書館）。

望、擔驚受怕而來，而是由於人的精神自覺。人在憂患之中，不悲觀，不灰心，而能激發智慧與志氣，能引發承擔責任之信念與毅力，此正如孟子所謂「德慧術知，恆存乎疢疾」（盡心上）。徐復觀先生特別指出，人類精神之自覺，並不一定受物質成就之限制。周之克殷，乃是一個有精神自覺的統治集團，克服一個沒有精神自覺或自覺得不夠的統治集團。

周初的天、帝、天命等觀念，本是順承殷文化的系統。但周人並不因為勝利而驕縱恣肆。周人克商之後，隨即封微子於宋，以公爵承湯之祀；又封比干之墓，以表忠烈；武王且親訪箕子問治國之道。凡此，皆見周人精神之高度自覺。（而天、帝、天命的觀念，也隨順時勢而步步轉化。）

## 二、祀敬內轉而爲敬德

周人以文王配天（上帝），但其祭祀與祈求，並不是基於怖慄意識以求救贖，也不是基於苦業意識以求解脫，而是基於憂患意識與敬畏感而顯發的道德意識，是很有深度、強度和純度的價值意識，而且還含具著虔誠的宗教情操。其祀敬神靈，乃為表達誠敬，所謂「慎終追遠」、「報本返始」，皆是為了感恩戴德，而不重在祈福消災。

同時，周人認為神之降福，乃取決於人的行為之善惡。故其齋明盛服，肅肅雍雍之敬神活動，最後必內轉而落實於「敬德」、「恪遵天命」之自我修養上。

## 三、由憂患意識與敬畏感轉出道德意識

從祭神中回頭，從卜筮中覺醒，而歸於「人」，歸於自我之生命主體，以透出「敬」「敬德」乃至「明德」[4]之觀念。這是周人萌發道德意識之簡明的進程。《尚書・召誥》有三段文字，錄列於下：

1. 「惟王受命，無疆惟休，亦無疆惟恤。嗚呼，曷其奈何弗敬？」
2. 「嗚呼！天亦哀憐四方民，其眷命用懋，王其疾敬德。」
3. 「惟不敬厥德，乃早墜厥命。」

第1段說，王（成王）受命為天子，有無窮無盡的福樂，也會帶來無窮無盡的憂患。接著召公這位老臣長歎一聲，說，在如此的境況之中，王為何竟然「弗敬」？第2段，也用「嗚呼」開端，表示老臣嚴肅的心情。因為上天不僅關切天子，也同時哀憐四方之民。上天眷顧降命的對象，是那些能夠勤勉的人。王若不勤勉，便將失去上天的眷命，所以王必須趕緊踐行敬德。第3段接著又告誡君王，若不敬慎德行，便將提早喪去君位之福命。總看這三段文字，皆是從憂患意識轉出來的道德意識之表露。

4 《尚書・康誥》：「惟乃丕顯考文王，克明德慎罰。」此是舉文王為例，以透出人之明德。

### 四、敬的哲學

「敬」觀念在周初的表現過程，具有下列三點意義：

(1)表示了主動的、反省的、內發自覺的精神狀態。

(2)建立了「敬」所貫注的「敬德」「明德」之觀念世界。

(3)凸顯了自我主體之積極的理性作用。

這種以「敬」為行為動力的哲學，可以名之為「敬的哲學」。不過，有二點意思必須分別清楚：(1)祀敬的節文，是外在的形式，而祀敬活動也只是被動的去祀敬一個外在的神。(2)敬德的意識，則是內在的精神，是自覺地表現內心的誠敬。由「祀敬」轉為「敬德」，正是「宗教人文化」的一步推進。

## 第三節　禮的時代與宗教人文化

### 一、禮與彝

依據殷周之際的文獻，「禮」字多指祭祀儀節，「彝」字則含有「常」與「法制、規範」之義。[5]隨著社會時代的推移，「彝」的意涵漸次移殖到原本指祭祀儀節的「禮」裡面，使得「禮」的意指豐富了，提升了。所以春秋以後所說的「禮」，實是一個新觀念的禮。比殷周之際的「禮」字，內涵大為擴充了。

由「敬」而重視「彝」（常法常則），由「彝」而移殖擴充到「禮」。下至春秋，便成為「禮」觀念所籠罩的時代。

## 二、禮的時代

春秋是禮的時代。茲舉示數則《左傳》言禮之文句於後：

(1)左傳隱公十一年：「禮，經國家，定社稷，序民人，利後嗣者也。」

首先，禮可以「經國家」。經，是經營治理之意。經國家的禮，靜態地說，指典章制度，綱紀體統；動態地說，是指政治運作的軌道法度。其中含有政治的原理，立國的綱維，為政的原則，和辦事的精神。其次，禮可以「定社稷」，古代以社稷象徵國家，而事實上，安定社稷也就是安定社會。第三，禮可以「序民人」，人民百姓的生活，必須有條理，有秩序，而生活的條理秩序，正是禮所提供的。第四，禮還可以「利後嗣」，人類生物性的生命，不過數十寒暑，而經過禮樂文化的陶養（化男女為夫婦）之後，生命的傳衍就從血統的延續轉化為

5 參徐復觀《中國人性論史先秦篇》（臺北：臺灣商務印書館），第三章之二。

恩澤的緜流。所謂祖德流芳，正是從這個意思上說。從以上四點，可知禮的效用，上可以治理國家，安定社稷；下可以提供生活的秩序，同時還可以為人類未來的福祉奠定基礎。

(2)左傳莊公二十三年：「夫禮，所以整民也。」（《國語》整民作正民。）

(3)左傳僖公十一年：「禮，國之幹也。」

(4)左傳昭公二十五年：「禮，天之經也，地之義也，民之行也。」

依上引，禮是端正人民立身處世的準則，也是國家安立的基幹。而以「天之經、地之義、人之行」概括禮的功能作用，也正是落實之言，而並無誇飾之意。《國語・周語》還有一句總括性的話，說「昭明物則，禮也。」事物的理則秩序，也都通過禮而昭顯出來。

總之，禮乃一切價值之準據，亦是道德之依歸。春秋時代最有象徵性的觀念字，應該就是「禮」了。在政治世界，春秋時代是亂世；而從觀念世界看，春秋卻是一個有文明教養的「禮的時代」。

## 三、宗教人文化

### ㈠攝宗教於人文

人類文化的第一階段，幾乎都是宗教為主。其中有的發展為高級的形態，有的停滯而無大改變，有的則隨其文化生命之自覺與開發，而有質的轉化和提昇，華夏文化即是如此。這樣的價值取向，在孔子之前就已經顯示出來。中國文化不走宗教的路，而是攝宗教於人文。（按：「五禮」（吉、凶、賓、軍、嘉），其中第一項「吉禮」即指祭祀之禮。祭祀本是宗教之事，今將祭祀納於禮，可以視為「攝宗教於人文」最具體的徵驗。）

原始宗教的信仰，大體保留在大眾的生活習俗裡面，而「禮」則是上層知識份子的新觀念。不過，「士」階層也沒有徹底取消宗教，而是對原始宗教信仰加以純化淨化，此之謂「宗教人文化」。

一般的宗教，大體是順著吉凶禍福之念而來，而基於道德理性的人文精神，則轉到是非善惡上來作衡量。中國文化中所保留的宗教性、宗教精神以及宗教的功能作用，一直都是循這個價值主線而緜延發展。孔子以後的儒家，也一直含具宗教性與宗教精神，故儒家亦稱儒教。這裡含蘊很深廣的義理。在此引而不發，以待後論。

## ㈡民為神之主（人的地位之提升）

《左傳》桓公六年，載季梁對隋侯之言：「夫民，神之主也。是以聖王先成民而後致力於神。」季梁所謂民為神之主，是表示神為民而存在，如果神不能護民佑民，則神有何意義？後來，孟子也有「旱乾水溢，則變置社稷」之言。[6] 社稷之神，不能保境安民，不能風調雨順以利民生，乃是怠忽職守，自可加以「變置」。孟子這種「民為貴，社稷次之，君為

---

6 見《孟子》盡心上。

輕」的思想，在華夏文化裡是遠有淵源的。

《左傳》莊公三十二年，載史嚚（音銀）之言曰：「國將興，聽於民；將亡，聽於神。神，聰明正直而壹者也，依人而行。」所謂「依人而行」，自是依民意，依人民之正當要求。這表示聰明正直而始終一貫的神，必不違背民意，必不違逆正理。這仍然是「民為神之主」的意思。

《左傳》僖公十九年載宋司馬子魚之言：「祭祀以為人也。民、神之主也。」可見神為民而存在的思想，在春秋時代是很普遍的。

### (三)天神之賞罰以民意為準據

《尚書．皐陶謨》已言「天聰明自我民聰明，天明畏自我民明畏。」畏、通威，天之明善威惡、賞善罰惡，乃以民意為依歸。民之所好，天必從之；民之所惡，天必罰之。《尚書．泰誓》亦云：「天視自我民視，天聽自我民聽」。天無耳目，無視聽，其賞善罰惡，即以吾民之所見所聞為依據。天心民意，其義一也。

《左傳》成公五年云：「神福善而禍淫。」襄公九年亦云：「神所臨惟信，信乃善之主。」皆表示神之降福禍，是隨人之修德與否而為轉移。

### (四)以「不朽」代「永生」

凡宗教，皆對人的終極關懷有所措置，或往生淨土得解脫，或進入天國得永生。等而下之的種種傳說，皆就人死之後的歸宿作為宣說之重點。而中國文化對此問題的因應，則不從人死後的世界著眼，而要求自己就在今生今世成就不朽的價值。而人生價值之不朽，即是人的終極目的之所在。操之在我，成之在天，本本分分，實實在在。除此，別無他求。試細思之，捨此，還另有更平正更健康的人生觀否？

《左傳》襄公二十四年載叔孫豹之言：「太上有立德，其次有立功，其次有立言，雖久不廢，此之謂不朽。」後世根據叔孫此言，以「立德、立功、立言」為三不朽。這在中國文化中是有代表性的思想，表示人文價值高於個體靈魂之永生。再者，人生之評價，最後是決定於史官之書法（而不操之於神之最後審判），此亦是人文精神抬頭之一端。

後來，儒家充分顯揚人文精神，轉小我為大我，既合天人，又通物我，徹幽明，而且還貫古今（打通時間之限隔）。於是，大我生命與廣宇長宙打成一片，人與天地並稱三才。所謂「通天地人之謂儒」（西漢揚雄之言）。這是後話，在此一提而已。

## 第四節　天命下貫而為「性」的思想趨勢

### 一、天命觀念

「天命」觀念早見於《尚書・召誥》：「今天其命哲，命吉凶，命歷年。」命有二義，一曰命令義之命，如天命、性命；這是理命一面。二曰命定義之命，如命遇、命運、命限；

皆有限制限定之義，這是氣命一面。召誥指出，天不但命吉凶、命歷年，而且命我以明哲。人各盡我之明哲，即是「敬德」，即能「明德慎罰」。無常之天命（所謂天命靡常），取決於人之敬德與明德；在敬德與明德中，人乃更能正視和肯定天命天道之意義。（意即：我之所以能盡敬，乃因天命我以明哲，我若無明哲，如何能盡敬？在我盡敬的過程中，而天命天道亦隨順我盡敬之工夫而步步被肯定。）

## 二、天道的肯定

天道，不但在人之「敬的功能」中被肯定，而且亦在人的「本體」中被肯定。此即「天命下貫而為人之性」，天道天命愈往下貫，我的主體（天命之性）愈得肯定；我的主體愈得肯定，天道天命之價值亦愈發彰著。（再發展下去，便是孔子踐仁知天，孟子盡心知性知天，以及中庸、易傳之天道性命相貫通。）

## 三、三段重要文獻

(1)《詩經・周頌》維天之命：「維天之命，於穆不已。嗚呼不顯，文王之德之純。」

《中庸》二十六章申之曰：「維天之命，於穆不已。蓋曰天之所以為天也。嗚呼不顯，文王之德之純。蓋曰文王之所以為文也，純亦不已。」天命、天道也。於音烏，歎辭。穆、深遠深邃也。天命穆而不已，生生不息，此即「天之所以為天」的基本意涵。文王是純德之人，純德如同天德（天地之大德曰生），故曰：「純亦不已」。此即文王之所以為文的意指所在。天命穆而不已，人德純亦不已。天命人德通貫起來，便正是「天命下貫而為性」、「天道性命相貫通」的義理印證。

(2)《詩經．大雅》蒸民之詩：「天生蒸民，有物有則。民之秉彝，好是懿德。」

朱子《詩經集傳》註此詩云：「天生眾民，有是物必有是則，蓋自百骸九竅五臟而達之君臣、父子、夫婦、長幼、朋友，無非物也，而莫不有法（則）焉，如視之明，聽之聰，貌之恭，言之順，君臣有義，父子有親之類，是也。乃民所執之常性，故其情無不好此美德者。」天生蒸民，其生活行為皆各有法則，人民秉執天賦之常性，故能順性而好善惡惡。後來孟子即引此詩為其性善論作印證。（見告子上第六章）

(3)《左傳》成公十三年（孔子出生前二十七年）：「劉康公曰：吾聞之，民受天地之中以生，所謂命也。是以有動作禮義威儀之則，以定命也。」

天地之「中」，指天地之「性、道、德」，此亦「天命之謂性」之義也。所謂「命」也，意即天之所命，而人之生活動作，皆有禮義威儀之則，如禮儀三百，威儀三千之類。定命之命，乃根命之命，即人之生命是也。通過禮義威儀之則的實踐，使天之所命的「中」，在人的生命行動裡面得到貞定，後來孟子言「存心養性」，存養工夫，義亦同此。

上引三段文獻，皆表示天道天命步步下貫而為人之「性」的思想趨勢。在此，開啟了天道性命相貫通之大門。其中，「維天之命，於穆不已」是一重要之觀念。它將人格神的天（天帝、上帝）轉化為形上實體（天命、天道）。有了此一轉化，乃能下貫為性，而打通「性」與「天道」之隔閡，纔有「民受天地之中以生，所謂命也」以及「民之秉彝，好是懿德」之觀念。此一意識趨向，決定中國文化思想之中心，不落在天道本身（故不走宗教的路），而落在「天道性命相貫通」上。（道德宗教通而為一）後來儒家倡說的天人合德的內聖成德之教，正是此路之歸結。

今按：儒之為教，實與一般宗教「同而不同」而亦「不同而同」。儒教不取宗教之形式，故同而不同。但儒教實又含具宗教性與宗教精神，且能盡其文化功能，以護持中華文化之命脈，活轉中華文化中興繼起之靈魂。此即與世界幾個大教有類同之處。故曰不同而同。此是後話，簡提於此。

# 附識：郭店竹簡出土對先秦哲學之關係述略

西元一九九三年，湖北郭店楚墓竹簡出土，計八十四枚，一萬三千字。屬於儒家者十一種十四篇，屬於道家者二種四篇。學者之解讀，各有參差。而郭沂教授發表《從郭店竹簡看先秦哲學發展脈絡》（一九九九年四月二十三日，光明日報第五版理論周刊），文中提出他的看法。

㈠首先，他認為郭店竹簡本《老子》的作者，是老聃（即孔子問禮之老子）。而今本《老子》，則乃太史儋應關尹之請所著（成書在西元前三八四至三七四之間）。太史儋吸收老聃書而多有增飾。後來，道家演變為兩派。一派源於史官，其價值追求是平治天下，而傳承之系統：老聃→文子→太史儋→關尹子→黃老學派。另一派源於隱者，其傳承系統是：早期隱者（如《論語》中之隱士）→楊朱→列子→莊子→莊子後學。此派之價值追求是修身養性。

㈡至於郭店竹簡的儒家文獻，則認為皆出於子思和子思門人之手。其中論及「心、性、情」者，如：⑴性與情之關係：《性自命出》云：「道始於情，情生於性」。⑵性與心之關係：《性自命出》云：「人雖有性，心弗取不出」。意謂性為體，而其用在心。（按：「性自命出」與「心性情之關係」，很難只從幾句話便做出論定。而必須從更長遠的義理講論中漸次衡定之。）

㈢關於各學派之關係，郭文認為：⑴儒家和道家之關係，竹簡《老子》（老聃）肯定儒家之聖、仁、義、禮、孝、慈，孔子對老聃也加以推崇。儒道之對立，實始於戰國，太史儋（今本老子）與莊子貶黜儒家，孟荀也反擊道家。⑵道家和兵家之關係，太史儋吸收兵家思想，而權術即其中的主要內容。⑶道家和法家的關係，戰國法家出自太史儋，太史儋入秦之後，促進了法家之發展，韓非作《解老》、《喻老》，並非偶然。（按：關於儒家思想以及先秦各學派之關係，言之尚簡易，供參考可也。）

另外，郭文認為先秦思想之發展，有兩次重大之轉變：

第一次是在殷周之際，其實質是擺脫傳統宗教，開創人文精神。拉近了人與天帝之距離，加強了二者之間的親和性。而中國哲學史之開端，不應定在老子或孔子，而至少應該從文王周公寫起。

第二次轉變在春秋戰國之際。一般都以為，儒家側重倫理價值，道家側重哲學探討。但竹簡本《老子》（老聃）雖也有討論形上學的段落，但大部分內容卻是在闡述倫理價值，與《論語》很相似，同時，竹簡《老子》的文字風格，相當古雅樸實，也與《論語》相合。但下及戰國，人們對於倫理價值的側重，轉向對天道、心性之探討，而文字風格，也由古樸轉向高遠玄妙。無論儒家的子思、子思後學、孟子，或是道家的太史儋、關尹、莊子，都是如此。

按：郭文所述郭店竹簡各點，皆可供參考，故特略作介述如上。又，郭文係李山博士寄自北京，特致謝意。

# 第二章 孔子的仁教

## 第一節 道之本統的再開發

### 一、繼往開來的孔子

孔子，名丘，字仲尼。生於周靈王二十一年，魯襄公二十二年；卒於周敬王四十一年，魯哀公十六年（時當西元前五五一至四七九），七十三歲。與孔子並世的世界性之人物是釋迦牟尼（傳說釋迦生於西元前五五七，卒於四七七）。至於蘇格拉底，則要到孔子卒後十年，始出生於希臘。[1]

孔子為儒家之祖，亦是中國平民知識分子之第一人。他開發了中國文化的長江大河，永

1 論者或謂，孔子的時代，正是人類心智成熟放光的關鍵時刻，亦即所謂軸心時代。希臘的哲學思辯，希伯來的超越嚮往，印度的本體探究，分別為科學、宗教、玄解播下了善種。而中國的儒家，則本乎「憂患意識」而昭顯了「創作轉化」的人文精神。此一說法，雖嫌簡略，而亦頗為醒豁。故特識之。

遠灌溉中華民族的心靈。他的仁教，更為人類開啟了無限向上之機，所以他又是人類精神的導師。孔子的道路，是天下人共同行走的康莊大道；不同文化系統、不同宗教信仰、不同種族血統的人，都可以信從，可以行走其上而攜手並進。他的實踐方法，是沒有教條，沒有強制，沒有禁忌的「和而不同」（雖不因而能和）的自由開放的方式。他開顯了一個氛圍祥和的坦蕩蕩的生活天地。

孔子既繼往，亦開來，二帝三王（堯、舜、禹、湯、文、武）至於周公而構造成的「周文」，是順聖王的政教之迹而開出的生活規範。其主要的內容有二：

1. 宗法的家庭制（通於社會、政治）：

其中含有王統（天子世系）、君統（諸侯世系）、大宗（百世不遷，永為宗家）、小宗（五世則遷，五服以外無親親）。政治上的宗法，隨朝代而消泯。家族倫常上的宗法，則長遠運行於社會民間，至今不泯。

2. 等級的民主制（治權的民主）：

封侯建國，分土而治。⑴公侯伯子男之等級，循「親親之殺、尊尊之等」而定，以世襲為原則。⑵卿、大夫、士之職位，則大體依「用人惟才」（賢者在位，能者在職）之原則，不得世襲。此中含有「治權的民主」，故春秋大義，必「譏世卿」[2]。

以上二點，乃順政教之機制事迹而制訂，此之謂「據事制範」，是順二帝三王而凝成的「道之本統」（聖王之政規）。

## 二、「道之本統」的再開發

聖王之統，通稱道統。孔子所繼承的即是這個聖王之統。但孔子不只是繼承道統而已，他還有新的開發。

周公依據三代政教之迹以制訂聖王之政規（修德愛民，推行仁政王道），這是「王者盡制」的一面，這一面以二帝三王為標準，所完成的是王者禮樂中的成人與人倫，是生活行為的形式規範。到了孔子，乃反身上提而透顯形而上的仁義之心，給予周文以超越的解析與安立；超越「事」而從「理」上說話，故曰「人而不仁，如禮何？人而不仁，如樂何？」[3]禮樂之事，立根於仁義之心，此之謂「攝事歸心」。也可說是攝禮歸義、攝禮歸仁。[4]這是對「道之本統」的再開發。這一面是「聖者盡倫」（倫，理也），以孔子為標準，所完成的是成德之教中的成人與人倫，是生命德性的自覺實踐。

孔子為儒家之開山，儒之為儒，必須由「聖者盡倫」的成德之教（仁教）來規定，如此，乃能確定儒家之教義與儒者生命智慧之方向。成德之教，必通內外，通上下。孔子說

2 按：世世為卿，違背用人惟才之公正原則，故孔子作《春秋》時，特加譏評。

3 見《論語》八佾篇。

4 按：如果以「仁、義、禮」作為孔子的基本理論，則「忠恕、直、正名」可以說是孔子的引申理論。由仁引申出「忠恕」，由義引申出「直道」，由禮引申出「正名」。此意，已見拙著《孔孟荀哲學》（臺北：臺灣學生書局）卷上第三章，頁五十—六十四。

「己立立人，己達達人」[5]。由成己而成物，這是通內外；又說「上學而下達」[6]。上達天德，與天合德，這是通上下。通天人上下，通物我內外，這纔是儒者生命智慧的大方向。故儒之為儒，不能（不宜）只從「王者盡制」的外部禮樂（禮教）來規定。更何況「禮教」的真正內涵是「禮」加上「樂」，所謂「禮別異，樂合同」[7]，禮與樂的精神相反相成，而儒家實兼禮與樂以為教化之內涵，並不偏於禮或偏於樂。近人評責儒家「禮教殺人」，乃偏取流弊中之特例為言，甚不允當。

## 第二節　仁的意義與特性

### 一、仁是全德之名，仁是眞實生命

「仁」這個字，在孔子以前就有了。周公在《尚書》全縢篇中有「予仁若考」，《詩經》鄭風叔於田有「洵美且仁」，《左傳》大約出現三十個左右的仁字，而這些仁字（如「親仁善鄰」、「幸災不仁」、「仁以接事」之類），大體是意指「仁愛、仁厚」之德。到了孔子，纔賦予「仁」以更為深廣的意義。我曾在《孔孟荀哲學》卷上第四章，錄列《論語》所載孔子答弟子問仁之言八條，論仁之言十二條，勉仁之言八條，以疏解孔子言「仁」之義旨。可參閱。

孔子仁教中的「仁」，不是普通的知識概念，不可用下定義的方式來處理，必須超脫字義訓詁，從孔子的指點語來求了解。

仁，雖也是德目之一（如「忠、孝、仁、愛」中的仁），但孔子言仁，絕不限於德目的意義。據孔子答弟子問仁之言，「克己復禮」是仁，「見賓、使民」之敬與「不欲勿施，己立立人」之恕，亦是仁。「愛人」是仁，「恭、敬、忠」、「恭、寬、信、敏、惠」，亦可以表示仁。此外，「先難而後獲」與「其言也訒」，亦可稱為仁者。[8] 一般的「德目」，皆依於主觀的發心與客觀之所對而成立。（如子女對父母而顯發孝，對尊長而顯發敬之類。）而「仁」則不能封限於一定之對象。仁以天地萬物為對象，對親、對民、對物，皆可。（孟子言「親

5 見《論語》雍也篇。

6 見《論語》憲問篇。

7 見《荀子》樂論篇。

8 參蔡仁厚《孔孟荀哲學》卷上、孔子之部第二章第一節引孔子言仁各條。又孔子還有「論仁」與「勉仁」之言。如「唯仁者能好人，能惡人」（里仁）。「剛毅木訥，近仁」（子路）。「回也三月不違仁」（雍也）。謂管仲「如其仁，如其仁」（憲問）。「汝安則為之……予之不仁也」（陽貨）。「巧言令色，鮮矣仁」（學而）。「仁者樂山，智者樂水」、「仁者安仁，智者利仁」（里仁）。「仁者不憂」（子罕）。「仁者必有勇，勇者不必有仁」（憲問）。此皆「論仁」之言。而「勉仁」之言，如「我欲仁，斯仁至矣」（述而）。「民之於仁也，甚於水火……未聞蹈仁而死者」（衛靈公）。「當仁，不讓於師」、「殺身以成仁」（衛靈公）。「仁以為己任」（泰伯）。另有踐仁成聖之道，該章亦有討論，併請參閱。

親、仁民、愛物」，正同時說到「親、民、物」。）

仁超越一切德目而又綜攝一切德目，故仁是「全德」之名，不可只作德目看。（德目中的仁，只是仁之偏義。）

仁與眾德的關係，可以這樣說：仁是道德之根、價值之源。一切德目，皆是「仁」對應於「人、事、物」而顯現的德行。如對應於人倫，仁顯發為孝弟慈愛忠信和順之德；對應於生活事物，仁顯為恭敬辭讓、謹慎勤儉、廉直義勇、寬恕惠敏……之德。所有的德目（眾德），皆只是人德之一項一目，唯有「仁」，纔可以統攝眾德，成為全德之名。因此，我們又可以用「仁」來指目人的真實生命。

一個人有仁，則生；不仁，則痲木而死矣。孔子言「欲仁、志於仁、不違仁、用力於仁、為仁、當仁、蹈仁、成仁」，皆是對於「踐仁」的指點，而「為仁由己」一語，更表示「仁」必須通過生命而表現。而人之踐仁，亦不是表現一個外在的德目，而是落實於一個個具體的人，使他自己生命中的仁顯發出來，並且「因時、因地、因事」而各措其宜。仁的實踐，純粹是各人自己的事，不能由他人來代替，所以孔子對顏淵說：「為仁由己，而由人乎哉？」。

## 二、仁是人格發展的圓滿境界

仁的境界之實現，乃是一個無限的「純亦不已」的過程，必須通過「純一無夾雜」、

「踐行無間斷」的長時間之努力，纔能達到無所憾的圓滿境界。而在人生的過程中，隨時都可能出現麻煩，出現差錯，所以孔子既不輕易許人以仁，也不以聖與仁自居[9]。他一生「十有五而志於學，三十而立，四十而不惑，五十而知天命，六十而耳順，七十而從心所欲不踰矩。」[10]。到七十歲，纔達到「從心所欲」而「不踰矩」的圓融境界。孔子這一段自述之言，正親切地表出他一生「不厭不倦」以全幅的生命為「仁」作見證。而仁者即聖者。[11]孟子說聖人是「人倫之至」[12]，正是視「仁、聖」為人格世界最圓滿的型範。

## 三、仁的特性，曰覺與健

仁是乾德，是陽剛之德[13]。所以仁是生化原理。熊十力先生論仁，特重「生生、剛健、炤明、通暢」之德，而論及儒聖之學，亦以「敦仁日新」為主，謂涵養心性，要在「日進弘

---

9 《論語》述而篇云：「若聖與仁，則吾豈敢。抑為之不厭，誨人不倦，則可謂云爾已矣。」

10 《論語》為政篇。

11 按：仁之與聖，合而言之，仁者即聖者。分而言之，仁從存心言，聖從成效言。究其實，皆為人格世界之最高型範。

12 《孟子》離婁上篇。

13 按：仁道生生，仁是乾健之德。以柔德說仁，乃是一偏之義。所謂「仁者愛人」，愛有很多層次，也不必限於溫煦之意。韓愈原道篇謂「博愛之謂仁」，而同時亦譏議「以煦煦為仁」者。所以只從柔德一面說仁，乃小人儒之庸卑識小，不足以盡仁之實義。

實」，不當以「日損」為務。[14]這都是卓大深透的有識之言。牟宗三先生亦常說，仁有二大特性，一曰覺，一曰健。[15]

(1)「覺」，是悱惻之感，亦即孔子所說的「不安」之感，孟子所說的「惻隱之心」「不忍人之心」。有覺，纔有四端之心，無覺便是所謂痲木。「痲木不仁」的成語，正反顯出「仁」的特性是「覺」而「不痲木」。這個覺，不是心理上的感覺或認知上的知覺，而是指點道德心靈的。

(2)「健」，是健行不息的健。易云「天行健，君子以自強不息」。所謂「天行健」，實即「維天之命，於穆不已」的另一種方式之表示。君子見到天行健，便覺悟到自己亦要效法天道的健行不息。這表示，我們的生命必須通過「覺」以表現「健」；或者說，要像天一樣表現創造性。因為天之德（天之本質）就是創造性本身，所以「健」的含義，乃是精神上的創生不已。

從覺與健作進一步的了解，牟先生又有二句極其醒豁而中肯的話：「仁以感通為性，以潤物為用」。「感通」是精神生命的層層擴大，「潤物」則是在感通的過程中給人以溫暖，並引發他人的生命亦進到仁的境界。仁固然是仁道，亦是仁心。仁心就是我們不安不忍憤悱不容已的「道德的本心」，是觸之即動，動之即覺，活潑潑的；這就是我們的真實生命。這仁心遍潤一切，遍攝一切，而與物無對；所以仁心的感通，說到極處，必然是「與天地合德，與日月合明，與四時合序，與鬼神合其吉凶。」[16]

此時，仁心之不容已（純亦不已），遂與「於穆不已」之天命流行之體通而為一。所以孔子所說的「仁」，實乃天命天道的一個印證。

附識：孔子之仁教，內涵深廣而豐富，我在《孔孟荀哲學》卷上、孔子之部，分九章加以論述，（一、孔子的一生及其論贊。二、孔子對文化的貢獻。三、孔子理論的形成與引申。四、孔子言「仁」的意義。五、仁與眾德。六、性與天道。七、義與命。八、宗教、義務與自我問題。九、孔門弟子及其流派。）請參閱。

## 第三節 仁智聖的生命領域

### 一、仁智對舉與仁且智

14 按：熊先生論及仁德仁道之意，在其《讀經示要》、《十力語要》書中，隨處可見。多誦其書，必可感受「生命的學問」之實義。

15 牟宗三《中國哲學的特質》（臺北：臺灣學生書局）第五講。

16 見《周易》乾文言。現再綜結上述之意，列為表式，以供參證：

仁體 { 既是心、亦是性、亦是理、亦是道 }
- 既是心／亦是性 → 主觀義（心）
- 亦是性／亦是理 → 客觀義（性）
- 亦是理／亦是道 → 絕對義（天）

→ 心性天通而為一 { 天地之大德曰生／生德亦即是仁德 }

孔子常仁智對舉，如「仁者安仁，智者利仁」。「仁者樂山，智者樂水」。「智者動，仁者靜」。「智者樂，仁者壽」等等。雖仁智對舉，而又實以仁為主。「仁」通內外，「智」則顯明覺之用（不指理智活動），以化除生命之隱曲幽暗。故「仁且智」的生命，乃通體透明的德慧生命。（既含具德性之光明，亦昭顯人格之光輝。）

上一章已講到，在孔子之前，已有一個「天道天命下貫而為性」的思想趨勢。這個思想趨勢，主要顯示二點意思：一是天的觀念之轉化，即人格神之天轉化為形上實體。二是形上實體下貫而為人之性，走向天道性命相貫通。但孔子並沒有順傳統言性的線索去積極講論，而是別開生面地從主觀面開闢了「仁智聖」的生命領域。

### 二、仁智雙彰以成聖

仁智雙彰的模式，正是聖人的模式。⑴仁以感通為性，以潤物為用，此之謂仁德之潤化。⑵智以覺照為性，以及物為用，此之謂智及之風姿。⑶仁智雙彰，則能「通物我」（老安少懷，萬物一體），「合天人」（天人合德）。故子貢曰：「仁且智，夫子既聖矣。」[17]

總之，仁智聖的作用，一在指出人生之途徑與理想，以完成德性生命之價值；一在遙契超越方面的「性與天道」，以達致「天道性命相貫通」的高標準之模型（與天合德）。

## 第四節　由仁智聖遙契性與天道

## 一、性與天道與孔子的聖者情懷

《論語》載子貢之言曰：「夫子之文章，可得而聞也。夫子之言性與天道，不可得而聞也。」（公冶長）孔子既已「言」性與天道，子貢親耳聽到，何以又說「不可得而聞」？可知這個「聞」字乃是「知聞」之聞，不是「聽聞」之聞。蓋夫子雖已言之，門弟子也聽聞了，但卻不知曉性與天道的義旨，故曰「不可得而聞」。

「性」與「天道」，皆是客觀的自存潛存：⑴天道是超越的存有，⑵性是內在的存有。「天道」是總起來說，是天地萬物之所以成其為天地萬物的最高根據。「性」是散開就個體說，是個體之所以成其為個體的最後根據。「性」與「天道」二者的內容意義是一，但概念使用的分際有不同。從體證體現上說，二者皆在仁的朗潤與智的覺照中，亦即皆在生命的體證中，而得以彰顯挺立而貞定。故對存有方面，只能證知契會，而不可穿鑿智測。子貢所謂不可得而聞，實亦此故。

孔子的心思，不是向「存有」以表現智測，而是落實於「踐仁」以表現德行。他由談論「仁智聖」而流露出一種內在生命的超越鼓舞（下學上達）與超越企向（與天合德），由敬畏天命而透顯生命中的虔誠；這是與超越者（天）相喻解（知我者其天乎！天知我，我亦知天命）相呼應的情懷。這種情懷是「聖者的情懷」（與一般哲學家是不同的）。

---

17 見《孟子》公孫丑上。子貢曰：「學不厭，智也；教不倦，仁也。仁且智，夫子既聖矣。」

## 二、天道中的情與理

「天道」觀念，從「情」方面說，有類於人格神。孔子所謂「天生德於予」、「天之未喪斯文」、「天喪予」、「吾誰欺，欺天乎」、「知我者其天乎」[18]，皆屬此義。孔子「知天命」，天亦回過來「知孔子」，這種天人相知、天人相合（合德）的思想，一直是儒家的通義。（不過，在討論學術、辨析義理時，卻並不直接強調此義。）

從「理」方面說，「天道」即是形上實體（創生實體、生生之道體）。子曰；「予欲無言。……天何言哉？四時行焉，百物生焉，天何言哉？」[19]天是「於穆不已」的創生實體，故雖不言，春夏秋冬自然運行，百物（萬物）自然生長。孔子的生命行事，即是天心仁體的真實呈現，亦即天道生生之具體而微的表徵。所以孔子亦欲「無言」（由言教歸於默證）。

對人格神意義的天道，孔子所表露的是一種含有敬畏與虔敬意味的呼應之情。對形上實體的天道，則顯示出他「以身體道」的承當。這二種天人關係，都表示人對於天道的遙契。

## 三、遙契二義

「遙契」是表示生命的嚮往和契合。而遙契的方式有二：一是超越的遙契，一是內在的遙契。

1.對人格神意義的天道，是「超越的遙契」，比較顯示莊嚴肅穆的宗教之意味。這是對超越者（人格神意味的天）所流露的肅穆之深情。孔子以及後世儒者所蘊涵的宗教情操和宗教精神，即循此脈絡而表露。（所謂「報本返始」，在此更顯意義。）

2. 對形上實體的天道，則是「內在的遙契」。內在的遙契所顯示的則是親切而明朗的哲學意味。這可以通過「天何言哉」、「予欲無言」一章所顯示的「以身示道、以天自況」來了解。不過，在孔子，這只是一種意示，而沒有多加講論。後來發展到《中庸》，便充分透顯出來了。

超越的遙契，著重客體性（天命、天道）；內在的遙契，則重主體性（仁、性、誠）。由著重客體性過渡到重主體性，是「人」與「天」和合喻解的一步大轉進。經過這一步轉進，主體性與客體性乃取得了一個真實的統一（天道性命相貫通，道德與宗教通而為一）。由「踐仁以成聖」轉進到「踐仁以知天」，而與天為知己，與天地合德，此即孔子所完成的、圓滿型的聖賢人格之型範（天人合德）。

## 第五節　義命觀念與主宰性之肯定

18 上引各句，依次見於《論語》述而、子罕、先進、憲問各篇。

19 見《論語》陽貨篇。

## 一、義的定然性與時宜性

「義」字在《論語》中出現的次數，僅次於「仁」與「禮」。我在《孔孟荀哲學》卷上第七章，曾引錄《論語》言「義」之文句計十七條[20]加以考察。可知「義」的義指，不外乎「正當、合理、合宜、理義、道理、正當責任」等意思。總起來說，「義」是事理之當然，亦是人事之所當為。所謂「事理之當然」，意即理當如此，必須當下肯定，不容懷疑。譬如對國家之忠，對父母之孝，都是事理之當然，是天理合當如此，亦是我的良知（道德本心）當下之肯定。對於這種當然之理，不可看做尋常事件來究詰。人所應討究的唯是如何盡忠，如何盡孝；也就是說，只須對此「所當為」的事講求「如何為」，以期完成正當的責任。據此可知：

1. 義有定然性、不變性，是「理」之應然與必然。
2. 義亦有時宜性、適應性，是「事」上之所宜為、所可為。

但亦須知，義雖是事理之宜，是人事之所當為。但這作為「事理之宜」的「義」，卻不在外在的事物本身，而是在於我們對事物態度的合理合宜上。所以朱子以「心之制，事之宜」二語解釋「義」，王陽明亦說：「心得其宜謂之義」。可見義與不義，是必須斷之於行為者之心的。通過心的主宰斷制，以明辨是非，擇善固執，而後纔能做到「窮不失義，達不離道，取不傷廉，與不傷惠」。因此，義在本質上乃是道德的應然判斷（價值判斷）。譬如「見義不為，無勇也」，我何以知道此時所見的事，是義或非義、當為或不當為，這並不能從我所見到的對象（事物本身）看出來；而必須根據我心對此一事物所作的價值判斷，始能辨別它合義不合義，和決定這事當為不當為。

同時須知，同類的事物，常因時間地點與情境之不同，而或為義，或為不義。同一件事情，亦因行為者之責任、立場、境遇等等的差異，而有不同的應事態度和處置方式。反過來說，雖然應事處世的態度方式不相同，但只要是依事理之當然而行，都算是合義的行為。孔子所謂「無可無不可」，孟子所謂「此一時，彼一時」，正表示人的行為方式可以「因時、因地、因人、因事」而措其宜。總之，行事的態度方式可以變，所不變的乃是「惟理是從，義之與比」，而「從理」「從義」，又必須以「心」（本心、良心）為準衡；離開了「心之制」（應然的判斷），是不可能表現「義」的。

## 二、命令義之命與命定義之命

20 按：所引《論語》言「義」之文字，約如下：「君子喻於義，小人喻於利」（里仁）。「不義而富且貴，於我如浮雲」（述而）。「君子有九思……見得思義」（季氏）。「君子義以為上」（陽貨）。「君子之於天下也，無適也，無莫也，義之與比」（里仁）。「君子義以為質」（衛靈公）。「士質直而好義」（顏淵）。「子產……使民也義」（衛靈公）。「行義以達其道」、「不仕無義……君子之仕也，行其義也」（微子）。

依儒家，「命」可有二義。從天之所命、性之所命而言，謂之「天命」「性命」。這一面的命，是「命令義」的命。如《詩經》「維天之命，於穆不已」，《中庸》「天命之謂性」，皆是命令義的命。後儒所謂「天命流行之體」，流行二字便是根據命令作用而說。另一方面，是「命運、命遇、命限」之命，這是「命定義」的命。命定，是表示一種客觀的限定或限制。

對於「命令義」的命，必須敬畏、服從、踐行。因為無論天之所命或性之所命都是善的命令——道德的命令。儒家講道德實踐，都是和這一面相關聯的。對於「命定義」的命，則應知之、受之、安之。因為知曉客觀的限制，纔能夠安然受之，而不存非分之想，不作非分之求，也纔能夠「不怨天，不尤人」，而回過頭來「反求諸己」以克盡自己性分中的天職。《論語》所載孔子探伯牛之疾，曰「亡之，命矣乎」（雍也）。子夏謂司馬牛曰「死生有命，富貴在天」（顏淵）。子曰：「不知命，無以為君子也」（堯曰）。子曰「賜不受命，而貨殖焉，億則屢中」（先進）。子曰「道之不行也與，命也；道之將廢也與，命也」（憲問）。「子罕言利，與命與仁」（子罕）。此所引各條，除了「與命與仁」之命，不當作「命定義」解，其餘各條則皆可解為限制義之命。[21]

## 三、從盡義知命到義命合一

石門晨門說孔子是「知其不可而為之」[22]的人。這句話大有意義。「知其不可」，是知命（知道客觀的限制）；「而為之」，是盡義，凡「事理之當然」與「人事之所當為」者，皆當盡力而為。孔子「盡義以知命」的示範，決定了日後儒家精神之方向。

孔子有言曰：「富而可求也，雖執鞭之士，吾亦為之。如不可求，從吾所好。」（述而）

又有言曰：「君子之仕也，行其義也。道之不行，已知之矣。」（微子）

前條知富之不可求，是「知命」；從吾所好（好善惡惡之好），以為其所當為之事，則是「盡義」。後條知道之不行於世，是「知命」；但道雖不行，而「志於道」的君子，仍須「行其義」（盡義），以明道、守道。這是不可拋棄、不可讓度的義務。

孔子「知命」而猶然「盡義」的人生態度，是舉世共知的。孔子周遊列國，常常受到一些隱士的譏諷。如憲問篇所記荷蕢、微生畝，微子篇所記荷蓧丈人、楚狂接輿、長沮、桀溺等。它們或者對孔子說「斯已而已矣」，或者說「已而，已而，今之從政者殆而」，或者說「滔滔者，天下皆是也，而誰與易之」？歸結起來，無非都是「既知命矣，何必盡義」的論調。孔子的回答，則以為「鳥獸不可與同群，吾非斯人之徒與而誰與？」正因為天下無道，

21 參蔡仁厚《孔孟荀哲學》（臺北：臺灣學生書局）卷上，第七章第二節。

22 見《論語》憲問篇。

所以纔會情切救世，想要以正道移易天下。孔子這份情懷，倒是給石門晨門「知其不可而為之」一句話說著了。晨門這一句話和儀封人「天將以夫子為木鐸」（八佾）的話，都是能夠知人論世、表出孔子精神的人。

總之，「命」表示客觀的限制，「義」表示自覺的主宰。從「命」一面看人生，會感到世間事都有一定的限制，都是被決定的；在這一面，實在看不出人生的意義和價值。但人生不止這一面，除了「命」一面，還有「義」一面。人生的價值和意義，以及「自覺、自由」諸觀念運行的領域，正須從「義」這一面來顯現。人亦只應在「義」上作主宰，以對是非善惡之價值負責。至於「命」一面則非人力所能掌握。因此，人生的意義和價值，不能從成敗利害上作計較，而應在是非善惡處作判斷，以「是其是而非其非，好其善而惡其惡」。自從孔子明辨二者之分際與界限，不但透顯了儒家精神之方向，亦決定了此後儒家處理宗教問題的基本態度——「重能不重所，依自不依他」，而中國人的人生觀，亦正是在此基礎上而建立起來的。

從「義」與「命」之分際界限看，可以說「義命分立」。但除了「命定義」（客觀限制義）之命，還有「命令義」一面的天命性命之命。從這一面說命，則是「天道性命通而為一」的。所以「天命、理命、性命、德命」諸詞，皆可以成立，而且實亦可稱為「義命」。這時候，「命」已內在化而與性德合一，與義理合一。因此，天之所命即是性之所命，性之所命即是理之所當然、義之所當為。據此可知：

從「命定義」之命而言——盡義以知命——義命分立

從「命令義」之命而言——盡性以至命——義命合一

由「盡義」以「知命」反轉過來說，則雖「知命」而仍須「盡義」（知其不可而為之）。「盡義」乃是盡我性分之所當然，所以「盡義」亦即「盡性」。到這一步，則所謂「知命」，便不止是知「命定義」的命運命限之命，同時亦知「命令義」的天命性命之命。而天命性命之「命」，實際上就是我性分當然之不容已，亦是我無所逃於天地之間的「義務」。此便是「盡義、盡性」以「至於命」[23]，亦即是「義命合一」。據此可知，盡義以知命，固然可以說是孔子的人生態度，而推進一層說，則盡義盡性以至命（義命合一），纔是孔子所證現的人生境界。

## 第六節 宗教性與宗教精神

### 一、孔子對原始宗教的態度

23 按：《周易》說卦傳云：「窮理盡性以至於命」。此處略更易其詞而通說之，在義理上應無違逆。程明道曰：「窮理盡性以至於命，三事一時並了，元無次序。不可將窮理作知之事。若實窮得理，則性命亦可了。」（了、了當之了）。明道所說，拙撰《宋明理學·北宋篇》第十章第二節有疏解，請參考。

在人類文化初起之時，每一個文化系統都經過一個宗教的階段。而中國則自三千多年前（西周之初），便已顯發人文精神之自覺，使原始宗教漸次走向轉化的過程。下及春秋，宗教人文化的思想演進，乃進到成熟的階段。

孔子是中國文化的代表者。他前有所承，後有所開。因此，在我們講孔子之學時，有關他對原始宗教的態度亦是不可忽視的。

### ㈠對天的態度（天人關係）

從孔子對天的呼應之情與敬畏之感來看，他的生命與超越者的遙契關係，是含具很虔敬的宗教意識的。在孔子生命中所顯示的天人關係，乃是「天人相知，天人和合，上下回應，有來有往」的關係。「天生德於予」，是來；「下學而上達」（上達天德），是往。來，是由超越而內在；往，是由內在而超越。這天人往來，正顯示了上下回應的關係。這種互為回應的關係，又可以從「與天相知」而看出來。「五十而知天命」，是人知天；「知我者其天乎」，是天知人。在這裡，很明顯的表示了天人之間的喻解與印合。但孔子所表現的，並不是憑託天神的意志而顯露一個教主的身分；他所完成的，乃是一個與天合德的「聖者的型範」。

### ㈡對鬼神的態度（人神關係）

在原始宗教的階段，鬼神被視為決定吉凶禍福的權威。而在孔子留下的教言裡，我們可以看出「敬祀鬼神」這件事情，已經完全「淨化」了。孔子既說「未能事人，焉能事鬼」

（先進），又說「敬鬼神而遠之」（雍也），又說「非其鬼而祭之，諂也」（為政），又不語「怪、力、亂、神」（述而）。據此可知，除了「慎終追遠」、「報本返始」，人是無須禱祭於鬼神的。

### ㈢對祭祀的態度

儒家將祭祀納入到「禮」裡面來，這是攝宗教於人文。但反過來說，「禮」之中包括「祭」，也表示儒家之「禮」，不只是倫理的，道德的，同時亦是宗教的。所以孔子答人問孝，曰：「生，事之以禮，死，葬之以禮，祭之以禮」（為政）。祭祖先，是孝道的伸展（致孝乎鬼神）。而且，凡是祭祀，皆應親自參與，否則，「吾不與祭，如不祭」（八佾）。後來，由荀子所謂「禮三本」發展而為「三祭」之禮（祭天地、祭祖先、祭聖賢），更使儒家祭禮的意義，臻於充實豐盈的境地。

## 二、儒家的宗教性[24]

儒家又名儒教。儒家作為一個「教」來看，應該是世界各大宗教中最為特殊的了。有人

24 按：關於儒家與宗教相關之問題，筆者曾有專論⑴「儒家學術與道德宗教」（編入《新儒家的精神方向》，頁四七—六二）。⑵「關於宗教之會通問題」（編入同上，頁七一—九十）。⑶「再談有關宗教之會通」（編入《儒家思想的現代意義》，頁三七三—三九七）。⑷「宗教與文化」（同上，頁三五五—三七二）。⑸「孔子與耶穌」（編入《新儒家的精神方向》，頁六五—七〇）。

說，儒家之「教」是「教化」之教，這話是不周延、不妥當的。儒家當然重視禮樂教化，但它並非單單只有這一層。儒家之為教，是含具宗教意識，能表現宗教之功能作用，能顯發宗教之超越精神，是一個具有「宗教性」的大教。[25]

從宗教形式看，儒家似乎不是一個宗教，譬如(1)儒家沒有教會組織，(2)沒有僧侶制度，(3)沒有受洗受戒的特殊儀式，(4)沒有教條和對獨一真神的義務，(5)沒有權威性的教義（如明確的來生觀念，決定的罪惡觀念，特定的救贖觀念）。對於上述各點，儒家或者認為並不需要，或者早已予以轉化或超越，有的則是屬於精神方面和實踐入路的差異。對於這些當然可講很多道理，而唐君毅先生早已做了廣泛而深入的討論[26]，可以作為了解的線索和依據。

作為一個高級的宗教，不是只從形式上看，而必須從宗教真理的層面再作考察。首先，它是否能開發無限向上的超越精神？其次，它是否能決定生命的方向和文化的理想？復次，它是否能開出日常生活的軌道和精神生活的途徑？[27]

### ㈠啓發無限向上的超越精神

孔子的下學而上達，知天命、敬畏天命，孟子的盡心知性知天，都顯示儒家的超越感。這種超越企向與超越精神所開啓的無限向上之機，是要突破生命的有限性以取得無限的意義和價值，而其最終的目標，則是「與天合德，身與道一」。

而且，儒家所企向的生命之提升，並不採取向上攀依，一往不返的單向度的方式。儒家講天人合一（合德）是雙向度的。一方面「本天道以立人道」，一方面「立人德以合天德」。在此，有來有往，上下回應（人德與天德回應），所以是超越與內在通而為一的。

### ㈡決定生命方向與文化理想

就「決定生命的方向」而言，可以從儒者自覺地要求「作仁者、做聖賢」看出來。孔子說「我欲仁，斯仁至矣」；顏子說「舜何人也，有為者亦若是」；孟子說「聖人與我同類者」、「聖人先得我心之同然而已」；荀子亦說「聖王可積而致」、「故塗之人可以為禹」。由此可知，儒家不但肯定人人皆可為聖賢，而且肯定人皆可以自覺自主地決定生命的方向，成就生命的不朽。（因此，無須再講一套靈魂得救以祈求永生的道理。）

再就決定「文化理想」而言，儒家並不是憑空地講一個高不可及的理想，而是本乎「人皆有之」的「不安不忍」的道德心性之要求，分別從縱橫二面以顯發文化理想。在「橫」的方面，是本乎仁心之感通物我內外，而「親親、仁民、愛物」，以企向於「天下為公，物我一體」的境界。（《大學》「格、致、誠、正、修、齊、治、平」，亦是儒者所提供的關乎文化理想的

25 唐君毅《文化意識與道德理性》（臺北：臺灣學生書局，全集本）第七章之六，指出中國儒家一方崇拜聖賢、祖先之人神，一方亦敬祀天地之神，乃真正具備最高之宗教意識者。

26 唐君毅《文化意識與道德理性》第七第八章，以及《人文精神之重建》、《中國人文精神之發展》、《中華人文與當今世界》各書（皆入全集），皆對文化宗教各層面的問題有極為通達平正之論述。宜參閱。

27 參牟宗三《中國哲學的特質》第十二講「作為宗教的儒教」。而《心體與性體》、《現象與物自身》，亦皆說及此義，併宜參閱。

實踐綱領。）在「縱」的方面，是本乎緜穆深厚的文化意識，而要求文化生命之相續不斷；「道統」的意識，亦正含具文化理想古今通貫的永恆性。而所謂「返本開新、慧命相續」，亦是表示要永遠暢通這文化生命的大統，使它在縱的發展之中，一步步一代代而更臻於「充實、豐富、圓熟」的境地。

### ㈢開出日常生活的軌道與精神生活的途徑

開出「日常生活的軌道」與「精神生活的途徑」，二者本相通貫。儒者以吉凶賓軍嘉之「五禮」與倫常生活之「五倫」，作為日常生活之軌道。這就是古人所謂「聖人立教」、「化民成俗」、「為生民立命」的大德業。儒家的禮樂倫常，是道德的、倫理的觀念，其意義極其鄭重而嚴肅。所以盡禮盡倫，在中國皆視為聖人的大功德。周公制禮作樂，開出「日常生活的軌道」；孔子則進而點醒仁義之心，以指導「精神生活的途徑」。

但孔子並不是在「日常生活的軌道」之外，另開一個「精神生活的途徑」；而是不離此作為日常生活軌道的禮樂倫常，而說明其意義，點醒其價值，這就是精神生活途徑的指點和導引，亦就是精神生活領域的開闢拓展。程伊川云：「盡性至命，必本乎孝弟；窮神知化，由通於禮樂。」[28]這真是達旨之言。孔子指點精神生活之途徑，從客觀方面廣度地講，它能開創文運，是文化創造之動力根源；從主觀方面深度地講，就是要成聖成賢。

由此可知，宗教最中心的任務，第一是人格的創造，此即成聖成賢。第二是歷史文化的創造與復興，其靈感總是來自宗教——西方世界來自耶教，回教世界來自回教，印度來自佛教或婆羅門教，而中國則來自儒教。

依據以上三點的考察，可以看出，在別的文化系統中，只有宗教纔能表現的精神，只有宗教纔能發揮的作用，只有宗教纔能盡到的責任；在中國，都是由儒家來擔負。所以說，儒家雖不同於一般的宗教，但它卻是含具宗教意識的，是能表現宗教之功能作用的，是能顯發宗教之超越精神的。中國文化有了儒家這一個具有宗教性的成德之教作主，外來的宗教傳入中國，便只能居於「賓、從」的地位。以往如此，以後亦然。[29]

## 第七節　義務與自我問題

---

28 按：此乃程伊川作「明道先生行狀」中之言，見《二程全書》附錄。

29 按：外來宗教傳入中國，對中國的文化生命，以及中國人的生命立場，當然有影響。但由於中國文化自有宗主，所以外來宗教只能居於「賓、從」之地位。關於這方面的意思，拙著《新儒家的精神方向》（臺北：臺灣學生書局）書中有所論述。唐君毅先生亦曾指出，外來宗教的目標，只是想來救中國人的靈魂，而不在於救中國的民族與文化。見《說中華民族之花果飄零》。一個信仰外方宗教的人，自然亦能竭忠盡力，以奮其「救國家、救民族、救文化」之精誠。但這裡有一個道理必須辨識。中國的宗教徒之「保愛國家民族，保愛歷史文化」，是發自他作為「中國人」的品質，是以一個「中國人」的身分地位來盡他的天職；卻不是以一個「宗教徒」的身分地位，來盡其宗教的義務。以是，一個中國的宗教徒，實肩負著雙重的責任，一是中國人的責任，一是宗教徒的責任。而由於「中國人」是我們的第一性，宗教徒是第二性，因此，這其中的責任順序，是不可以，亦不應該加以倒轉的。

## 一、義務問題與人倫責任

順宗教的意思說下來，又可引出「義務」的問題，亦即「人生基本責任」的問題。我們可以這樣說，孔子開創的儒家——

第一、轉化了「對神奉獻酬恩」的義務觀念，而表現為「對天地、祖先、聖賢」之報本返始，崇德報功。

第二、人生之基本責任，不在人神之間，而在廣義的（家、國、天下）人倫關係中。此即通貫道德意識、文化意識、歷史意識而言之的人倫之道。

從第一點說，仍然是本於「宗教人文化」的精神方向而來。依孔子「致孝乎鬼神」的話看，祭祀亦可以說是孝道倫理的伸展。在此，應該略說儒家的「三祭」之禮。三祭是「祭天地、祭祖先、祭聖賢」。天地，是宇宙生命之本始；祖先，是個體（族類）生命之本始；聖賢，是文化生命之本始。通過祭天地，人的生命乃與宇宙生命相通，而可臻於「萬物皆備於我」、「上下與天地同流」的境界。通過祭祖先，人的生命乃與列祖列宗的生命相通，而可以憬悟一己生命之源遠流長及其緜衍無窮之意義。通過祭聖賢，人的生命乃與民族文化生命相通，而可以真切地感受慧命相承，學脈緜流的意義。總括起來，中國人對於生化萬物、覆育萬物的「天地」，自己生命所從出的「祖先」，以及立德立功立言的「聖賢」，併此三者而同時加以祭祀，加以崇敬。這種回歸生命根源的「報本返始」的精神，確確實實是「孝道倫理」的無限伸展；而其中所充盈洋溢的「崇德、報功」的心情，亦未嘗不可視為一種不容其已的「責任感」之顯露。（蓋面對天地而想到創發宇宙繼起之生命，面對祖先而想到光大祖德以護佑後昆，面對聖賢而想到承續而且發揚仁道文化，這實在都是「責任感」之不容自己。）

從第二點說，所謂人倫之道，其中每一倫都有天理之當然作為根據。[30] 並不只是一般所謂「責任」的意義。不過，「天理之當然」一落實於人生，一落實於生活，它實在亦就是理所當為的正當責任。再如「正名以定分」、「仕以行其義」、「行義以達其道」，以及「有教無類」等等，亦同樣顯示人倫責任的立場。而且，人倫責任又不僅對同時之人而已，它亦可以擴及於前代，伸展到遠古。在孔子心目中，人類文化的業績乃是一個整體；古人、今人、未來的人，都是歷史文化之大流中，先後接續的共同工作者。[31]

---

30 按：近人常把倫常之道與人倫生活，看做是社會學、生物學的觀念，這是不對的。父子、兄弟，乃是天倫。父慈子孝、兄友弟恭，乃是天理合當如此。夫婦一倫亦不只是情愛，而是以「保合」為義的倫理關係（夫婦關係與男女關係不同）。故《中庸》云「君子之道，造端乎夫婦。」。師友（朋友）一倫，則代表真理之互相啟發，以期文化慧命之相續不斷。而君臣以義相合，代表群體方面之道揆法守。可知「倫」之所以為倫，都有一定的道理根據，都有永恆的意義，所以特別名之曰「倫常」，表示這是人類安身立命之常軌。

31 按：在文化領域和人格世界裡，實無時間空間之限隔，而是「古往今來心同在，東西南北志相通」的。單就個體生命而言，不免會有寂寞孤立之感，但從「志存千古，心通天下」而言，則此心同，此理同，與我同心同志者實比比皆是。想要了解儒者的道德信念與文化使命感，這亦是一個要點。

由於孔子將人生基本責任，定在人倫關係上，而人倫之道又是橫通天下、縱貫古今的。因此，孔子的歷史文化意識亦特為強烈而深厚。故曰：「文王既沒，文不在茲乎！」又曰「天之未喪斯文也，匡人其如予何！」從這深婉的感歎裡，我們又看出孔子之以文統自任，不僅是一種責任的自覺承擔，而且是一種超越的使命感之透顯。

## 二、成德之教中的自我問題

據上所述，儒家不只是一個源遠流長的大學派，同時它亦是一個教，是「即道德即宗教」的天人合德之教。然則，這個成德之教中的「自我」問題，當然也應該有所說明。

「我」的發現，在西方哲學乃是一個重大的問題。譬如三百多年前，笛卡兒說了一句「我思故我在」，便成為傳誦至今的名言。如果淺一點說，「我吃故我在」、「我愛故我在」，豈不亦一樣可以通？不過，吃飯的我只是「形軀我」，戀愛的我只是「情意我」，還沒有進到哲學意義的「認知我」（思想主體）以及道德價值意義的「德性我」（道德主體）的層次。對於「自我」的問題，孔子雖然沒有作過正式的論證，但我們可以從他的教言裡，看出他對自我境界的態度。

關於自我境界的劃分，上文所提到的是較為通行的四分法：⑴形軀我，以生理與心理之欲求為內容。⑷情意我，以生命感與生命力為內容。⑶認知我，以知覺理解與推理活動為內容。⑷德性我，以價值自覺為內容。[32]

綜結孔子成德之教中的自我境界，可作如下之簡述。

1.德性我：以價值主體之自覺為內容。孔子「欲仁、求仁、為仁、成仁」，其意向著重德性我，正表示他的自我境界繫屬於此。

2.認知我：孔子重「學」，而歸於「進德」（攝知歸仁），對純知性的活動未予積極之正視[33]，其認知我實居德性我之附從地位。

3.情意我：含「生命力」與「生命感」二面。前者表現堅毅勇敢之意志，後者表現於藝術性之活動。孔子言「勇」必以「義」為規範；聽「樂」則有「盡美矣，未盡善也」之歎，又有「放鄭聲」之表示，可知其情意我必須受德性我之指導或裁判。

4.形軀我：簞食瓢飲，君子固窮，謀道不謀食，殺身以成仁。凡此，皆表示形軀之苦樂得失乃至生死，皆非孔子所計較。而養生尊生，乃以成德，非為形役也。

## 第八節　孔門弟子及其流派

32 參勞思光《中國哲學史》（臺北：三民書局），第一冊第二章。

33 按：孔子之學，雖不以成就知識為主旨，但孔子亦從未在原則上輕忽知識之價值。至於如何自覺地從中國文化心靈中轉出知性主體，使知性主體從德性主體的籠罩之下，透顯出來獨立起用，以開出「知識之學」的新學統（與道統分開而言的學統），則是當前中國人的責任，亦是儒家面對的一大中心課題。

孔子是萬世人德，他對人類文化的貢獻，乃是「大德敦化」，無須一一縷述[34]。在此，應對孔門諸賢及其流派，略為一說。

孔門諸子，都是志乎聖賢而拔乎流俗的豪傑之士。如像曾子，他說「士不可以不弘毅，任重而道遠」。又說「自反而縮，雖千萬人吾往矣！」這是何等豪傑氣概。堂堂乎的子張，「尊賢而容眾，嘉善而矜不能。」此即肝膽照人、推心置腹的英雄氣度。子貢才情穎露，類乎天才。文學科的子游、子夏，較近乎學者。政事科的冉有，則近乎長於計劃的事業家。顏子默然渾化，坐忘喪我，「一簞食，一瓢飲，在陋巷」，與現實世界似乎略無交涉；對聖人之道，只有「仰之彌高，鑽之彌堅，瞻之在前，忽焉在後」的贊歎，此則特具宗教性偏至型聖賢的超越精神。但他們都涵容在孔子的聖賢教化之中，而未嘗以天才、英雄、豪傑、宗教性之人格顯。他們的才品聲光，在孔子面前，放平了，渾化了；他們的人格精神，在孔子的德慧感潤之下，同一化於孔子，而歸於永恆。

我撰述《孔門弟子志行考述》一書，是以《論語》為據，旁採古籍，列敘孔門諸賢之生平行誼、學識藝能、志節風義、人格精神，兼及其資稟氣度，才情聲光。娓娓道來，庶幾引人入勝。既情味深醇，又發人深省。而附錄之「孔門弟子名表」與「孔門師弟年表」，簡明醒目，不僅可以供參考，尤能襯顯孔門師弟之時代社會背景，以加強讀書之效果，引發閱讀之興味。

孔門流派之分，當以《韓非子》顯學篇「八儒」之說為最早。韓非子的分法，計有：

子張氏之儒　子思氏之儒
顏氏之儒　孟氏之儒
漆雕氏之儒　仲良氏之儒
公孫氏之儒　樂正氏之儒

這八儒到底指誰？是各指一人，還是分別指一個流派？他們的學說著述又如何？現皆難以確考，但由此可見孔門流派之盛，《史記》儒林列傳亦說到：「孔子卒後，七十子之徒，散於諸侯，大者為師傅卿相，小者友教士大夫，或隱而不見。故子路居衛，子張居陳，澹臺滅明居楚，子夏居西河，子貢終於齊。自田子方、段干木、吳起、禽滑釐之屬，皆受業於子夏之倫，為王者師。」本節擬另從一個角度，分為「傳道之儒」、「傳經之儒」、「曾點傳統」以略說孔門之流派。

## 一、傳道之儒

程明道說：「顏子默識，曾子篤信，得聖人之道者，二人也。」[35]陸象山亦說：「孔門惟顏曾傳道，他未有聞。」[36]其後子思、孟子、《中庸》、《易傳》，再下及宋明儒者，都

34 參蔡仁厚《孔孟荀哲學》卷上第二章「孔子對文化的貢獻」。
35 見《二程遺書》，劉質夫記明道語。
36 見《陸象山全集》，卷三十四，語錄。

屬於傳道之儒的統系。

「道統」這個名詞雖然後起，但韓愈《原道篇》云：「堯以是傳之舜，舜以是傳之禹，禹以是傳之湯，湯以是傳之文武周公，文武周公傳之孔子，孔子傳之孟軻，軻之死不得其傳焉。」這是極有通識的話，而且實有所據。《孟子》盡心下篇最後一章，便已說到聖道之統的傳承。茲據原文列為表式如左：

| | |
|---|---|
| 由堯舜至於湯，五百有餘歲 | 禹、皐陶——見而知之 |
| | 湯——聞而知之 |
| 由湯至於文王，五百有餘歲 | 伊尹、萊朱——見而知之 |
| | 文王——聞而知之 |
| 由文王至於孔子，五百有餘歲 | 太公望、散宜生——見而知之 |
| | 孔子——聞而知之 |

孟子歷敘聖道之傳承，甚為明晰。接下來孟子又說：

| | | |
|---|---|---|
| 由孔子而來，百有餘歲 | 去聖人之世若此其未遠 | 然而無有乎爾，則亦無有乎爾 |
| | 近聖人之居若此其甚也 | |

據此，孟子以聖道之統自任的意思，已經甚為明白。而且，就孔子之道而言，顏子曾子，可謂見而知之，而孟子「私淑諸人」，則是聞而知之。先秦儒家雖無「道統」之名，而實已有

了道統傳承的意識。蓋民族文化之相續緜衍，必然有一個據之以決定原則方向的「道」。道，雖有隱顯，而決無斷滅，故能一貫相承而成統，這就是所謂「道統」[37]。後儒稱孔子繼承堯舜禹湯文武周公之道，自是本於孟子之言以為說；其實，在孔子自己亦早已有了這樣的自覺。

首先，是孔子盛贊二帝三王之德——

(1)子曰：「大哉，堯之為君也。巍巍乎，唯天為大，唯堯則之。蕩蕩乎，民無能名焉。」（泰伯）

(2)子曰：「無為而治者，其舜也與！夫何為哉，恭己正南面而已矣。」（衛靈公）

(3)子曰：「巍巍乎，舜禹之有天下也，而不與焉。」（泰伯）

(4)子曰：「禹，吾無間然矣！菲飲食，而致孝乎鬼神；惡衣服，而致美乎黻冕；卑宮室，而盡力乎溝洫。禹，吾無間然矣。」（泰伯）

(5)子曰：「泰伯，其可謂至德也已矣！三以天下讓，民無得而稱焉。」（泰伯）

---

37 按：道，是絕對普遍的。但道要成統，則有待於人之實踐。所以「道統」的形成，必然是通過一個民族或一個宗教來表現。因此，儒家所謂道統，亦就是民族文化之統。道統，雖然視之而不可見，聽之而不可聞，觸之而不可得，但它卻是一個真實的「有」。而道統的顯現，即是文化意識的覺醒，文化理想的提揭，以及文化使命的自覺承擔。當然，如果民族文化光大發皇而影響鄰邦，影響世界，則這個道統便亦超越民族界限而可以成為人類文化之統。

(6)子曰：「（文王）三分天下有其二，以服事殷；周之德，其可謂至德也已矣。」（泰伯）

(7)堯曰篇更以「允執其中」乃堯咨舜，舜命禹之辭。並稱述湯武之德言，以見聖道相承之意。[38]

其次，是孔子損益三代禮樂——

(1)顏淵問為邦，子曰：「行夏之時，乘殷之輅，服周之冕，樂則韶舞。」（衛靈公）

(2)子張問：「十世可知也？」子曰：「殷因於夏禮，所損益，可知也。周因於殷禮，所損益，可知也。其或繼周者，雖百世，可知也。」（為政）

孔子之言，一方面是損益先王之禮，一方面是斟酌當世之宜。蓋理之不可易者，是禮之「經」；可因時而措其宜者，是禮之「權」。孔子志在以道變易天下，故以損益四代禮樂之意告知顏子，又以禮之因革損益告知子張。而「其或繼周，百世可知」，實已意示道之相續不已，而且亦已透露「時中」之義。

尤其明顯的，是孔子說「文王既沒，文不在茲乎」（子罕）這句感歎之言，更使孔子「以斯文之統」自任的意思明白的表示出來。而《孟子》公孫丑上知言養氣章末段所引「宰我、子貢、有若」之言[39]，更可看出孔門諸賢亦已覺識到孔子光大「聖道之統」的地位。

據上所述，可知孔門之學是以「道」為中心而展現的。由顏子之「默識」，曾子之「守約」，孟子之「盡心知性知天」，中庸之「慎獨、盡性、致中和」，易傳之「窮神知化，繼善成性」，可以看出由孔子下及於中庸易傳，都顯示一種內在生命的存在之呼應。而「性命天道相貫通」的義理骨幹，「本天道以立人道，立人德以合天德」的天人合德之教，更為宋明儒者積極地繼承，而達於充其極的境地。在此，我們可以說，這「傳道」一系，乃是儒家之所以為儒家的本質所在。

## 二、傳經之儒

傳道之儒的重點，是在學脈宗趣與實踐徑路之貞定，以及精神方向與文化理想之發揚，

---

38 《論語》堯曰篇首章，歷述堯舜禹湯文武之敬心施政，藉以顯示二帝三王道脈相承之意。其文曰：堯曰，咨爾舜，天之曆數在爾躬，允執其中。四海困窮，天祿永終。舜亦以命禹。（按：此辭見於《尚書》大禹謨，比此加詳。）（湯）曰：「予小子履，敢用玄牡，敢昭告於皇皇后帝。有罪不敢赦，帝臣不（敢）蔽，簡（擇）在帝心。朕躬有罪，無以萬方。萬方有罪，罪在朕躬。」（此引商書湯誥之辭。）周有大賚，善人是富。（武王克商，大賚四海。見周書武成篇。）雖有周親，不如仁人。百姓有過，在予一人。（此周書泰誓之辭）謹權量，審法度，修廢官，四方之政行焉。興滅國，繼絕世，舉逸民，天下之民歸心焉。所重民：食、喪、祭。（武成云：重民五教，惟食、喪、祭。）

39 宰我曰：「以予觀於夫子，賢於堯舜遠矣。」子貢曰：「……自生民以來，未有夫子也。」有若曰：「……自生民以來，未有盛於孔子也。」

故其學為「義理之學」。而傳經之儒則著重經典文獻之傳承、考訂、注疏、講解，故其學稱為「經學」。至於禮樂教化，典章制度，則是傳道之儒和傳經之儒共同關注的。不過，傳經之儒比較著重形式實質層面的名物度數與典制禮儀，而傳道之儒則較為正視精神理想層面的綱領原則與政規道範。

傳經之業，漢儒多推子夏，而從子夏到漢儒，又有一個中介的關鍵人物——荀子。有關諸經傳承的統系與線索，在通常講經學史或國學概論時都會說到，茲從略。[40]現只改換一個方式，作一簡要的說明。

先說曾子這一系。曾子傳道，其實亦傳經。《論語》一書，大體以出於曾子門人之手者為多。《漢書・藝文志》有曾子十八篇，今不傳。《大戴禮記》有曾子十篇，《小戴禮記》有曾子問，而二記中的「儒行」、「哀公問」，亦與《論語》所記曾子之言很相近。《大學》、《孝經》相傳亦為曾子之述作。曾子門人甚盛，尤著者有樂正子春、公明儀、子思等。《漢書・藝文志》有子思子二十三篇。《隋書》音樂志引沈約之說，以為《禮記》中之「中庸、表記、坊記、緇衣」，係自「子思子」書中抄出。而孟子亦屬曾子、子思一系。這是以魯國為中心的孔門義理派有關傳經的情形。

子游與子夏，同屬文學之科（文學，指詩書禮樂文章而言）；或謂子夏謹守禮文，而子游深知禮意，故稱游夏為孔門禮樂學派。禮記提及子游之處特多，清人郝懿行以為「曲禮、檀公、玉藻、冠義、昏禮、鄉飲酒義、射義、燕義、聘義、禮器、郊特性、禮運」，多出於子游一派之手。

子夏居西河教授，年壽最長，漢儒稱其發明章句，故傳經推本於子夏。子夏為魏文侯師，田子方、段干木、李悝（克）等，皆受業子夏之門。三晉之學，子夏實開其端。

子張志行高遠，氣象闊大，其學不可得而詳。荀子斥「子張氏、子游氏、子夏氏之賤儒」，自是指其末流之弊而言，然三子之後學甚盛，亦由此可以想見。伏勝「尚書大傳」多引子張，其人或屬子張後學，亦未可知。

又《禮記》中之樂記，原十一篇，本不在「記百三十一篇」之中，沈約以為取自「公孫尼子」（漢志著錄其書）。王充《論衡》以「宓子賤、漆雕開、公孫尼子」連稱，以為三人論性情之意相似云。又漢志著錄七十子弟子周人世碩之世子二十一篇，今佚。論衡嘗謂，周人世碩以為人性有善有惡云。[41]

《春秋》有三傳，論者多謂《公羊傳》乃口傳之學，漢時始著於竹帛；《穀梁傳》則由公羊而加以變化。公羊、穀梁皆「以義傳經」。而《左氏春秋》則實屬史學性質，不似解經之作；但其書與孔子春秋經同以魯史為資料，故二者關係亦頗密切，可謂「以史傳經」。左

---

40 徐復觀先生著有《中國經學史的基礎》（臺北：臺灣學生書局），可參閱。

41 按：一九九三年湖北荊門出土的《郭店楚墓竹簡》，大多屬於孔門弟子或再傳所留下之文獻。其中有關人性之論點，與後來告子、荀子乃至漢儒之說法，頗有類同。此「自氣言性」之脈絡，最後可歸結為「氣質之性」，在儒家人性論中，此乃非主流的消極面之說法。

氏春秋通常都說是魯君子左丘明所作，唐宋以來，學者或謂左氏不止一人，而左氏與左邱亦有別。瑞典漢學家高本漢比較《論語》與《左傳》之文法，認為左傳非「魯君子」所作。而章太炎據《韓非子》「吳起，衛左氏中山人也」，謂左氏乃衛之都邑名，以為《左傳》之學，傳於吳起。錢穆《先秦諸子繫年》亦力證左傳與吳起之關係。

至於《易經》之傳授，《史記》以為商瞿受易於孔子，又五傳而至齊人田何。此一線索是否足資採信，難以論定。茲本闕疑之意，不具述。

## 三、曾點傳統

曾點，字皙，曾子之父。他是孔門一狂士。狂者是有性情，有嚮往的人。他們永遠為一個理想提撕著、鼓盪著，他們要擔當，要有為，所以奮發進取。狂者苟能有成，便是伊尹「聖之任者」的形態。否則，便是狂簡一流，雖然「斐然成章」，而「不知所以裁之」。故狂者大抵難及時措之宜。孔子在陳而有「歸與」之歎，便是想要裁正在魯之狂士，使之進於中道。關於曾點之「狂」，難以詳考。唯《論語》先進篇有一段言詞生動、意境優美的記載：

（子曰）「點，爾何如？」鼓瑟希，鏗爾！舍瑟而作，對曰：「異乎三子者之撰。」子曰：「何傷乎？亦各言其志也。」曰：「莫春者，春服既成，冠者五六人，童子六七人，浴乎沂，風乎舞雩，詠而歸。」夫子喟然歎曰：「吾與點也！」

朱註云：「曾點之學，蓋有以見夫人欲盡處，天理流行；隨時充滿，無少欠缺。故其動靜之際，從容如此。而其言志，則又不過即其所居之位，樂其日用之常，初無舍己從人之意。而其胸次悠然，直與天地萬物上下同流，各得其所之妙，隱然自見於言外。」朱註所說，境界高美，而曾點所謂「浴乎沂，風乎舞雩，詠而歸」云云，亦確有「光風霽月，胸懷灑落」之致。在學問義理的層次上，本亦容許人有這種藝術欣趣，以呈現其藝術精神與藝術境界。如《二程遺書》載明道之言曰：「詩可以興。某自再見周茂叔後，吟風弄月而歸，有吾與點之意。」便正是此種欣趣與意境。

孔子言詩，言樂，言樂山、樂水，又言「飯蔬食，飲水，曲肱而枕之，樂亦在其中矣。」顏子簞食瓢飲，不改其樂。故周濂溪有「尋孔顏樂處」之言。曾點狂者胸次所顯示的藝術欣趣，雖不必同於孔顏樂處，亦未嘗不可以相通。而曾點的風格，亦自成一流派。後儒凡言「灑脫」「自然」「樂」，皆可繫屬於曾點一系。周濂溪、程明道雖不屬於這一派，但亦有此意趣。而邵康節則甚為相近矣。下至明儒陳白沙與王門泰州派下，則尤為顯著。他們或表現為生活境界與藝術欣趣，或顯發為生命丰姿與人品風光，而很少標宗以為義理之矩矱或講學之宗旨者。即使泰州王心齋的「樂學歌」，也仍然是藝術欣趣的意味重。此是曾點傳統之殊特處。（按：儒家之學，不只是能開出德性之領域，而且實能構成「德性、智悟、美趣」三度向之立體統一。）茲錄王心齋「樂學歌」於此，以結此篇。

人心本自樂，自將私欲縛。私欲一萌時，良知還自覺。一覺便消除，人心依舊樂。樂是樂此學，學是學此樂。不樂不是學，不學不是樂。樂便然後學，學便然後樂。樂是學，學是樂。嗚呼！天下之樂何如此學，天下之學何如此樂！

# 第三章 墨子的思想理論

墨子，姓墨，名翟，魯人。[1]生於孔子卒後，而卒於孟子出生之前；其一生大約不出西元前四八〇至三九〇此九十年間。墨子在戰國時期有極為顯赫之地位。其志行人格甚高，而又博學百國春秋（非孔子之《春秋》，乃指各國之史書）。然其思想理論，則質實而淺。（墨辯部分，另見下第七章。）

## 第一節 天志——最高的價值規範

### 一、天志：現實世界唯一的「法儀」

1 或謂墨子不姓墨，姓翟；或謂墨子非魯人；此皆無實之言。拙著《墨家哲學》（臺北：三民書局）緒論，分為「墨子生平」、「墨子之書」、「墨學淵源」、「墨子的時代及其精神氣質」與「墨學的傳授」等五節加以論述，可參閱。

在《墨子》天志上中下三篇之中，反覆申述「天意」之只可「順」而不可「反」。天意即是天的意志，故又曰「天志」。這是墨學中一個極其重要的觀念。不過，在墨子，天志只是理論的，而非信仰的。

天志中篇云：

> 子墨子之有天之意也，上將以度天下之王公大人為刑政也，下將以量天下萬民為文學、出言談也。觀其行，順天之意謂之善意行，反天之意謂之不善意行。觀其言談，順天之意謂之善言談，反天之意謂之不善言談。觀其刑政，順天之意謂之善刑政，反天之意謂之不善刑政。故置此以為法，立此以為儀，將以量度天下之王公大人之仁與不仁，譬之猶分黑白也。

凡官府之刑政，人民之言談、行為，順天之意則謂之善，反天之意則謂之惡。這表示「天志」是用來量度天下事物的「法儀」——最高的價值規範。

墨子以為，無論人從事何種工作，都應有一種足以為法的標準。百工無分巧拙，皆以繩墨規矩為法，然則，治天下國家當以何為法？在墨子心目中，人是不足為法的，無論「父母」、「學（師）」、「君」皆不免仁者寡，所以皆不足為法。唯一足以為法的，便是超越的天（天意、天志）。墨子雖是就治法而言，但「治法」涉及的範圍，是通徹於整個現實世界的。墨子想為現實世界「建體、立極」，而「天志」便是唯一的「法儀」——最高的價值標準。

## 二、天的涵義

墨子是平民，他的思想觀念亦顯示平民的性格：純厚、守舊。天志觀念即是當時民眾宗教心理的一種反映。墨子書中的「天」之涵義，可分四點加以說明。

1.天以德性價值為特性：法儀篇在說明天足以為法之後，接著便說「天之行廣而無私，其施厚而不德（德當作息），其明久而不衰」。三句明白表示：天具有德性價值，是一個有善意的天。第一句表示「天之行」有其「普遍無私性」，第二句表示「天之施」有其「豐厚悠久性」，第三句表示「天之明」有其「永恆不滅性」。

2.天以愛、利為本質：天志中篇指出，天兼天下而愛之利之，故創造了自然界與人事界的眾多事物。為了愛利萬民，天又設置了王公侯伯，以安治天下。所以墨子的天，是以「愛、利」為本質。

3.天為義之所從出：「義」，對墨子的思想和墨子的人格精神，都非常重要。「義出於天」，這在天志上中下三篇中都有說明。所謂「義不從愚且賤者出，必自貴且知（智）者出……孰為貴，孰為智，曰，天為貴、天為智而已矣。然則，義果自天出矣。」（天志中篇）。墨子曾說「天子者，天下之窮貴者也，天下之窮富者也」。但即使天下窮貴窮富（窮、極也）的天子，亦不足與天相比。天，纔是最貴最智者。又說「天下有義則治，無義則亂」。可見「義」是為政於天下的準則：而義所從出的「天」，當然就是政治的最高權原了。依墨子之意，天子為政於天下，而天又為政於天子，可知政治的最高權原，不在天子而在於天。所以法儀篇說「天下無大小，皆天之邑也。人無幼長貴賤，皆天之臣也」。為政於天下的天子，又須「上同於天」。因此，墨子在「天志」觀念之外，還要建立一個「尚同」的觀念。（見下節）

4.天之所欲與所惡：既然「義自天出」，而天又以「愛、利」為本質，故其所欲與所惡，自必落在義與愛利上：

(1)人之相愛相利，乃天之所欲；人之相惡相賊，則為天所不欲。

(2)天之所欲者，是「義」，所不欲者是「不義」。[2]

合二點而言，相愛相利，即是「為義」；相惡相賊，即是「為不義」。簡括地說，天的欲惡，只是「欲義而惡不義」而已。所以說到最後，那作為法儀或標準的「天」，實在只是一個「義」字。義不但出於天，而且根本就是天的本質。天為政於天下，其實就是以義來正天下。墨子所肯定的天，必須由「欲義惡不義」進到「賞義罰不義」，纔真正能徹盡它的含義與功能。至於在人的分上，便必須如天志下篇所說，隨時「戒之慎之，為天之所欲，而去天之所惡」。這表示「天志」觀念落到現實之用上，是可以使人有所警戒，而敬事天、祭祀天，並畏天之賞罰，以從事「義」之實踐。

### 三、附說墨子的「鬼神」觀念

在墨子，鬼神為實有，而且有類別：⑴天，⑵山水鬼神，⑶人死為鬼神。天志中篇云：「上利乎天，中利乎鬼，下利乎人。」可見鬼神介乎天與人之間。而鬼神的明智高於人，而且高於聖人（耕柱篇：鬼神明智乎聖人）。鬼神能賞賢罰暴，秉承天之意志，以義為政於天下。人如敬畏鬼神之賞罰，則國家天下可治。[3]

## 第二節 尚同——權威主義的政治論

### 一、國家的起源

墨子想要建立一個上通於「天志」，下及於「萬民」的權威系列，故提出「尚同」之說。所謂尚同，即「上同於天」之意。尚同上篇云：

> 古者民始生，未有刑政之時，人各異義。是以一人則一義，二人則二義，十人則十

---

2 按：此所謂義與不義，實指人之「為義」與「為不義」。

3 儒家無鬼神論，對於鬼神採取「存而不論」之態度。而墨子之論鬼神，乃是原始宗教遺留之殘迹，在哲學上的理論意義不高。

義，其人茲眾，其所謂義亦茲眾。是以人是其義以非人之義，故交相非也。是以內者父子兄弟作怨惡，離散而不能相和合。天下之百姓，皆以水火毒藥相虧害。至有餘力不能以相勞，腐朽餘財不以相分，隱匿良道不以相教；天下之亂，若禽獸然。夫明乎天下之所以亂者，生於無政長，是故選天下之賢可者立以為天子。天子立，以其力為未足，又選擇天下之賢可者，置立之以為三公。天子三公既以立，以天下為博大，遠國異土之民，是非利害之辯，不可一二而明知，故畫分萬國，立諸侯國君。

墨子推想，原始社會由於沒有國家政長之統制管束，人人各執己意，以相爭鬥，久而久之，便產生了「亂極思治」的心理，於是乃選天下之賢者為天子，建立政治機構，行使政治權力，以統制管束萬民。墨子的說法，和十七世紀的英國學者霍布斯的國家理論相近似。但霍布斯只就人之利害衝突著眼，以為人皆自私，由於利害不同而常起起衝突，所以必須通過「契約」之相互限制以建立國家。而墨子則舉「一人則一義，十人則十義」以解說沒有國家組織之時的混亂，這是以統一之是非標準為著眼點。不過，墨子所謂「義」，實際上已經包含了利害的考慮在內，所以與霍布斯的國家論，大旨亦並不相遠。

「一人一義」，故人各自是而「交相非」。這種亂象，唯有「壹同天下之義」，纔足以使天下治。墨子認為「統一思想」乃是國家的任務。由此而主張建立絕對權威的統治。人人放棄自己的是非，一層層上同於在上位者的標準，最後服從天的意志。這就是「天志」與

「尚同」理論接頭的地方。

## 二、尚同的政治機構及其政治規定

墨子認為，「尚同」是「為政之本，而治之要」。在尚志上中下三篇之中，墨子對人類社會之演進有所解釋，以為原始社會無正長，天下之人異義而天下亂，因此必須「壹同天下之義」，並選立正長，成立政治組織。綜合墨子之意，可有二點說明：

1. 就人事方面說，最高的是天子，三公是天子的輔佐者；其次是諸侯國君，將軍大夫是諸侯的輔佐者。再次是鄉長，再次便是里長。

2. 就地域方面說，由於天下過於廣大，於是分設許多國，國又分設許多鄉里，合起來成為整個天下。

由縱的人事系統配合橫的地域區分，乃構成完密的政治組織。尚同中篇有一段話：

> 天子、諸侯之君、民之正長既已立矣，天子發政施教，曰：凡聞見善者必以告其上，聞見不善者亦必以告其上。上之所是亦必是之，上之所非亦必非之。己有善，傍薦之；上有故，規諫之。尚同乎其上，而無有下比之心。上得而賞之，萬民聞而譽之。意若聞見善不以告其上，聞見不善亦不以告其上。上之所是不能是，上之所非不能非。己有善不能傍薦之，上有過不能規諫之；下比而非其上者，上得而誅罰之，萬民

聞則非毀之。

這段話可以視為統治者對天下萬民之總規定。尚同上篇又說到：里民必須上同於鄉長，鄉民必須上同於國君，百姓必須上同於天子。總之——

1. 聞見善與不善，必須告其上。
2. 必須是上之所是，非上之所非。
3. 傍薦己善（或謂：己，當作民），規諫上過。
4. 必須學習上之善言善行。

這是層層上同的政治規定，除了第3點比較開明，其餘皆抹煞思想自由、意志自由。

尚同中篇還曾說到尚同政治的功用：(1)上下之情通；(2)天子之視聽也神；(3)莫敢紛（亂）天下之教；(4)賞當賢，罰當暴。所謂「天子之視聽也神」，「神」字是指天子之不可捉摸，天子以其賞罰之權，使天下人之耳目皆為己用，故天下大小之事，天子皆無所不知，於是乎便說「其視聽也神」。這樣的天子，恩威難測，其實也是很恐怖的。

## 三、層層上同，上同於天

人民一層一層同於其上，到天下人皆上同於天子之時，也庶幾可以「壹同天下之義」了。但墨子認為這還不夠，必須「上同於天」。尚同中篇云：

> 夫既尚同乎天子，而未上同乎天者，則天菑（災）將猶未止也。故當若天降寒熱不節，雪霜雨露不時，五穀不熟，六畜不遂，疾菑、戾疫、飄風、苦雨，薦臻而至者，此天之降罰也，特以罰下人之不同乎天也。

下人（百姓萬民）只知上同於天子，而不再上同於天，故天怒而降罰。可知人民不但要上同於天子，還要上同於天。而且必須「通過」天子以上同於天，而不得「越過」天子而上同於天。所以墨子的層層上同，也仍然與政治組織之層級相為配合的。

墨子認為當時的王公大人反古聖賢之道，使政治陷於上下不同義的混亂局面，故提倡尚同以為對治之方。王公大人若能順天之意，愛人利人以為政，則天下自可撥亂而歸於治。以是，尚同之外，他又提出「尚賢」。

## 四、尚賢與眾賢之術

尚賢上篇云：

> 故古者聖王之為政，列德而尚賢。雖在農與工肆之人，有能者舉之，高予之爵，重予之祿，任之以事，斷之以令。曰：爵之不高，則民弗敬；蓄祿不厚，則民弗信；政令不斷，則民弗畏。舉三者授之賢者，非為賢賜也，欲其事之成。

墨子以尚賢為「政之本」，故提出「進賢」與「眾賢之術」。眾賢的具體方法也很單純，即：對「為義」的賢良之士，「富之、貴之、敬之、譽之」。對「不義」者則「不富、不貴、不親、不近」，而且還要「罪賤之」。上行下效，共同一致，自然就可以形成為義（為賢）的風氣。如此，則國之賢者日以眾矣。這就是墨子所謂的「眾賢之術」。[4]

眾人皆為義，則國之賢士多。王公大人擇而用之，便是所謂「使能」。使能必須「量才器使」。在使能這件事情上，又須設置三本。尚賢中篇說到「高予之爵」、「重予之祿」、「斷予之令」，是即所謂「三本」。為政者能「進賢、使能」，自然就可以獲致「尚賢」之功：「上者天鬼佑之，外者諸侯與之，內者萬民親之，賢人歸之。以此謀事則得，舉事則成，入守則固，出誅則彊。」

墨子認為，尚賢乃是天意（天意尚賢）。古聖王取法於天，法天而行，故為天所舉尚。暴王不能尚賢使能，故得天之罰。類似這樣的思想，也都反映素樸的民意。

## 第三節　兼愛——愛的社會之嚮往

### 一、形成「兼愛」觀念的理路

墨子認為天下之亂，由於人只知愛自己，而不肯愛人。人人自私，故人人皆虧他人以自利。墨子既「非」此天下之亂源：「不相愛」，自必針對它而提出一個足以「易之」的觀念。兼愛中篇云：

> 既以非之，何以易之？子墨子言曰：以兼相愛、交相利之法易之。然則兼相愛、交相利之法將奈何哉？子墨子言：視人之國若其國，視人之家若其家，視人之身若其身。

以「兼相愛、交相利」易「不相愛」，是墨子「兼愛」觀念所以形成的理路。它既沒有追究天下人何以「不相愛」？也沒有論證人如何纔能相愛？而只是針對人不相愛的現況而直接要天下人「相愛相利」，這完全是「直接反應」式的理路。而此一理路的內容亦極其簡單，墨子所用的最完整的詞語，也不過就是中篇「兼相愛、交相利」這六個字，而上篇只說「兼相愛」，下篇就只剩一個「兼」字了。對於反面之不相愛，也只有一句「兼相惡，交相賊」，或者只用一個「別」字。

如何「兼」？墨子的回答是「視人之國若其國，視人之家若其家，視人之身若其身」。總起來便是「視人如己」。「視人如己」亦即「愛人如己」之意。由愛人如己即可推出「兼愛」乃是同等的愛、無差等的愛，這就是兼愛的內容意指。（至於兼愛的根據何在？可能否？墨

---

4　按：墨子只言「眾賢之術」，而不講求「養才之道」，此即其不及儒家之處。蓋其文化意識與人文精神不足故也。

子根本未曾涉及。兼愛不由內發，沒有內在的根。結果只能求助於賞罰，可見其思想之淺拙。）

## 二、兼愛本乎天意

在墨子，「兼愛」並不是孤離的觀念，它是與「天志」相關聯的。人之必須「行兼」，乃是天意的要求。人能行兼愛，便是順天之意；不能行兼愛，便是反天之意。故天志上篇云：「順天意者，兼相愛，交相利，必得賞；反天意者，別相惡，交相賊，必得罰。」。

墨子認為，兼愛不但利人，亦利天利鬼。天志上云：

若事（指人行兼愛）上利天，中利鬼，下利人。三利無不利，是謂天德。

這表示人之兼愛，不應限於愛人，亦當愛天愛鬼神。天下人如果都能「視人之國、家、身，若己之國、家、身」，則全天下皆可相安無事。若人人都能實行兼愛，則人類社會便可以成為一個「愛的社會」。

## 三、兼愛與推愛

兼愛是無差等的普遍的愛。作為一個抽象的原則，這是不能反對的。然而，凡是愛，皆須具體落實，一落實便必然是儒家的「推愛」（老吾老以及人之老，幼吾幼以及人之幼，由親親而仁民，由仁民而愛物，層層推廣而達到與天地萬物為一體）。儒家的推愛（仁愛）一點也不比墨家的兼愛狹窄，而且確確實實，具體可行。所以與孟子同時的墨者夷之，也認為「愛無差等」，而「施由親始」。「施由親始」卻正是儒家的推愛（老吾老以及人之老，便是施愛由親始，而步步推廣到人類與萬物）。可見主張「兼愛」的墨者，也終須採取儒家的推愛。因為這是天理自然之序，是任何人都無法否定的。

而兼愛這個抽象的原則，則欠缺可行性。何以故？因為兼愛只表示普遍性上的「理」，當理要落實於「事」以具體表現時，便必須顧到事上的差別性，一步步擴而充之，以漸次達於完滿。儒家的仁愛（推愛），既具有普遍性，又顧到差別性（親疏、先後），故隨時隨地皆可以踐而行之。

歸總地說，「兼愛」只從外在的「量」上說，忽視了內在的「質」，而且也疏忽了踐行的工夫，所以變成一句無真實可行性的大話。而儒家的推愛（仁愛），則質與量皆已顧到。依儒家，是「仁無差等」（仁通萬物）而「愛有差等」（行愛有序）。可知儒可以兼墨，墨不能代儒。

墨子之兼愛，是排斥差別性以突顯普遍性（抽象掛空而不可行）。儒家之推愛，則保住差別性以成就普遍性（親親、仁民、愛物，具體落實而可行）。判儒墨之異同，這是最為關鍵的所在。

## 四、非攻——兼利天下

「非攻」這個觀念的主要意思，就是「處大國不攻小國」。墨子認為，攻伐之事不但對攻伐者與被攻伐者兩皆不利，而且不利於全天下。同時，天志上篇也說到「天意不欲大國之攻小國」，可見他是依據天意以排斥攻伐。攻伐不利於天下，又違背天意，可知「非攻」實即「兼愛」與「天志」觀念的引申。其目的當然是為了「國際和平」。（墨子十日十夜從魯國趕赴宋國，幫助宋國守城，以抵抗楚國的侵略。這個故事膾炙人口，無庸贅述。）

墨子既然「非攻」，卻又贊許「征誅」，二者之間似乎有矛盾。其實，我們如果了解「非攻」觀念本身，即是「義」，就不會有這種疑慮。在非攻下篇，墨子曾舉述「禹征有苗」、「湯誅桀」、「武王誅紂」等史事，而作了一個結論：「若以此三聖王者觀之，則非所謂攻，乃所謂誅也。」墨子之意，有苗、桀、紂是暴君，是不義者，所以天啟示禹、湯、武王分別加以征誅。總之，攻伐是災禍，而征誅則是義舉。

## 第四節　功利實用的文化觀

### 一、節用、節葬

墨子書中，除了節用上下兩篇，還有七患篇、辭過篇，亦說到「節用」之意。尤其辭過篇最為清楚而有條理，如「節宮室」、「節衣服」、「節飲食」、「節舟車」、「節蓄私」

（宮妃、婢妾），對於這五點之說明，皆以最起碼的生活需要為標準，主張「積極生產」與「消極節約」。

他倡導「節葬」，一方面是反對「厚葬久喪」，一方面是指斥王公大人之厚葬不利於天下。墨子還說到「堯舜之葬不厚」，尤其是禹，「衣衾三領，桐棺三寸，土地之深，下毋及泉，上毋通氣。既葬，收餘壤其上，則止矣。」他提倡薄葬短喪，本是從利上說，死者薄葬，可以節衣食之財；生者短喪，可以疾（速）從事而生財。故曰「子墨子之法，不失死生之利者，此也」。不過，節葬之利並不限於財利一面。除了財利可以「富貧」之外，還可以減少疾病，增殖人口以「眾寡」，使王公大人多聽治以「定危、治亂」。合此三者而成「三利」，這纔是墨子提倡節葬的根本用心。

## 二、非樂

墨子非樂篇原文只存上篇。另有三辯篇亦講「非樂」。

墨子認為，「樂，非所以治天下之道」。大人「為樂」，必將廢聽治；賤人「為樂」，必將廢從事。所以非樂的主張，仍然是實利實用的考慮。歸結地說，是由於——

1. 為樂不中聖王之事（不中、猶言不合）。
2. 為樂不中萬民之利。

墨子曾說「聖王不為樂」，這當然不合事實。到最後他便只好強詞奪理而說「聖王有樂而少，此亦無也」。以墨子那種質樸乾枯而缺乏潤澤的生命氣質，是無法了解聖人樂教（或說禮樂之教）之價值的。墨子真有西人所謂「文化乃生物學上所不需者」之概。

## 三、立三表以非命

「命」這個觀念，在先秦典籍中有各種層次不同的涵義，而墨子所非之「命」，則是極素樸而粗淺的宿命觀念，並沒有很深的理論意義。

墨子認為，人若信命，則將以為貧富、貴賤、壽夭、窮通、治亂等等皆由命定，天下之人都聽天由命，便會造成怠惰而不肯「強力從事」的風氣。而他憑以「非命」的理論方法，則是近人所推崇的「三表法」。非命上篇說：

> 何謂三表？……有本之者，有原之者，有用之者。於何本之？上本之於古者聖王之事。於何原之？下原察百姓耳目之實。於何用之？發以為刑政，觀其中於百姓人民之利。此所謂言有三表也。

墨子的三表法，雖然有其價值，但這論證是很粗淺而外在的。天下國家之治亂與人民之貧富，因素很多，豈是一個「命」字所能概括？而聞見之所及尤其有限，真理世界的物事，並不都是能見能聞的。不過，墨子的論證雖有可議之處，但重要的是我們應該了解他「非命」的用心，以及由此用心而顯示的意義。

墨子認為，王公大人下至農人婦女，若能不信命而各守本職以「強力從事」，就可以利天下。而利天下又本是「天意」的要求，所以「非命」亦是本於天意。人能非命，便等於順天之意，為天之所欲。而天意（天志）的內容是「義」，可知「非命」這個觀念的意指，實際上就是「義」。所以墨子說：「用執有命者之言，是覆天下之義也。」[5]

## 四、非儒——功利主義的思想

據上三節所述，墨子「非樂」，是因為樂不合萬民之利；「非命」是因為人信命便不能強力從事以利天下；「節用、節葬」亦全是從功利實用的觀點來立說。他總是以生活中的實利作為價值判斷之準衡，而且這些觀念又都是針對儒家而發的。公孟篇云：

> 儒之道足以喪天下者有四政焉：(1)儒以天為不明，鬼為不神，天鬼不說（悅），此足以喪天下。(2)又厚葬久喪，重為棺槨，多為衣衾，送死若徙，三年哭泣，扶而後起，杖然後行，耳無聞，目無見，此足以喪天下。(3)又弦歌鼓舞，習為聲樂，此足以喪天下。(4)又以命為有，貧富、壽夭、治亂、安危，有極矣（有極、猶言有定常），不可損益也。為上者行之，必不聽治矣；為下者行之，必不從事矣。

5 命與義對反，此自可說。但「盡義以知命」，亦可進到「義命合一」。（見第二章第五節）此義則為墨子所不及知。

此段(2)(3)(4)三點，已大略見於前三節「節用、節葬」、「非樂」、「非命」，這是由於墨子「尚功用，大儉約」而提出如此之主張。一般都說墨子法夏，尊禹之道。然而夏禹「菲飲食，惡衣服」，卻亦「致美乎黻冕」，又豈止是「儉約」而已？而「夫子溫良恭儉讓」，則孔子又何嘗不儉約？但亦不僅止於儉。因為人倫生活的意義，以及政治教化之大用，並不是光靠儉約實用，就能全盡的。

禮義（包括喪葬祭祀）落在現實上，自不免有虛文之弊，所以儒家有「因、革、損、益」之道。孔子曾說：「人而不仁，如禮何？人而不仁，如樂何？」又說：「禮云禮云，玉帛云乎哉？樂云樂云，鐘鼓云乎哉？」然則，儒家又何嘗只著重禮樂之形式與虛文？但亦不因為人有不仁，或人以鐘鼓之聲為樂，以玉帛之器為禮，便在原則上廢棄禮樂，抹煞節文之價值。墨子誦詩書，又廣讀百國春秋，但其博學只是雜識故事，而義不條貫；徒然以他那枯索滯執之生命反禮樂之奢靡，崇夏禹之儉約，而並不真知禮樂之價值與禹道之全體。一切只落在實用的層次上，「以耳目聞見論」、「以外效立事」（兩句皆王充《論衡》語）。如此，怎能安頓社會，康濟生民？文弊而救之以質，這當然不錯，但尚質而否定文，又何嘗救得了天下？

至於墨子說「儒以天為不明，鬼為不神，天鬼不悅」，同樣亦是不得情實之言。孔子對於「天」有積極的意識，對於鬼神雖不正面積極肯定，但亦沒有否定鬼神的存在。孔子不但沒有「天不明，鬼不神」的言論，而且沒有這種意思。但對於鬼神，祀敬之可也，媚悅之何為？儒者盡敬盡誠，自主自立，為什麼要取悅鬼神以祈福消災？論語說「祭神如神在」，中庸說「洋洋乎如在其上，如在其左右」。這是說祭祀之時，以誠敬之心感格鬼神，神靈因而降臨，覺其活龍活現，如在眼前。而不祭時，則鬼神雖非不存在，但亦並不覺其如此活現。這那裡是「執無鬼而學祭禮」？須知孔子之超越意識寄託於「天」，內在意識立根於「仁」，鬼神一層地位不高，而幽冥之事，又豈可多言？言之鑿鑿，不嫌太愚昧乎？

此外，在非儒篇，墨子亦大事非議儒家。實則，都是不相應的。前半篇所說的約有七項，(1)依差等觀念斥儒家喪禮訂定年月時間之非，(2)斥儒家娶妻親迎之非，(3)斥儒家以命為有之非，(4)斥儒家主張君子古言古服之非，(5)斥儒家述而不作之非，(6)斥儒家勝不逐奔之非，(7)斥儒家不扣不鳴之非。而後半篇則幾乎全是針對孔子而捏造的一些無稽之言。茲不贅述。

綜觀前述各節，加上他為了愛利天下而主張「兼愛」，為了反對虧人自利而主張「非攻」等等，已足夠明瞭墨子的文化觀，是純粹功利主義實用主義的立場。墨子只知求效用，而不了解文化生活的內涵價值；所以荀子說「墨子蔽於用而不知文」。而「不知文」，正是功利主義的基本性格。

## 第五節 墨學的評論

## 一、反天下之心，天下不堪

《莊子・天下篇》說墨子悅古代勤樸儉約之道，躬行實踐，但「為之太過」，不免異於先王。其言曰：

> 其生也勤，其死也薄，其道大觳（枯槁缺乏潤澤），使人憂，使人悲，其行難為也。恐其不可以為聖人之道。反天下之心，天下不堪。墨子雖能自任，奈天下何？離於天下，其去王也遠矣。
>
> 使後世之墨者……以自苦為極。曰：不能如此，非禹之道也，不足謂墨。
>
> 墨翟、禽滑釐之意則是（意在救世），其行則非（儉苦太過）……雖然，墨子真天下之好也！將求之不得也！雖枯槁不舍也！才士也夫！

天下篇以墨子之道為「觳道」這話極為中肯。一套不能潤澤生命的思想觀念，那是太違人情的。自古有言：「王道不外乎人情」。背乎人情，反乎人心，則不可以為道。孟子說：「以佚道使人，勞而不怨；以生道殺人，雖死不怨殺者。」可見治天下必以「佚道」「生道」，以使人民「安居樂業」，如此乃能「安民」「安天下」。墨子驅天下人於形容枯槁，人將不堪；不但常人不堪，墨者之徒也難以承受。禽滑釐是與墨子並稱的大弟子，試看備梯篇的記載：

禽滑釐事子墨子，三年，手足胼胝，面目黧黑，役身給使，不敢問欲。子墨子哀之。乃管酒、塊脯，寄於太（泰）山，昧（亂）茅坐之，以醮禽子。禽子再拜而歎。

墨子猶且「哀之」，禽子猶且「而歎」，他人可想而知。莊子贊美墨子為「天下之好」，為「才士」，是因為他「枯槁不舍」。又說「其意則是，其行則非」，是因為他的「觳道」違反天下人之心，「天下不堪」！

此外，荀子禮論篇說：「事生不忠厚，不敬文，謂之野；送死不忠厚，不敬文，謂之瘠。君子賤野而羞瘠。」瘠，正指墨子之道而言。解蔽篇又說墨子「蔽於用而不知文」。極求功利實用，而無禮文之潤澤，又如何能安頓人的生命心靈？另如《史記》太史公自序，說墨子「尊卑無別」，「儉而難遵」。《漢書》藝文志亦說墨子「見儉之利，因以非禮；推兼愛之意，不知別親疏」。凡此等等，亦都是墨者之道「反天下之心」的緣故。

## 二、僈差等，有見於齊，無見於畸

《荀子・非十二子》說墨子「上功用，大儉約，僈差等」。上與尚同，大，亦尚也。僈、猶言「無」，亦有泯除抹煞之意。尚功用，大儉約，可說是實用主義、功利主義，而僈差等則是泯除差等之異的平等主義。在墨子十大觀念中，天志、明鬼、尚同、尚賢、兼愛、非攻，大體都含有「無差等之異」的平等主義之意涵。而非命、非樂、節用、節葬，則大體是尚功用、大儉約的實用主義、功利主義。所以在「尚功用、大儉約、僈差等」三句之中，以「僈差等」為最特殊，而具有本質的意義。

《荀子・天論篇》又說：

墨子有見於齊，無見於畸。

畸，即不整齊、有差等之意。墨子只能體認齊一、肯定齊一，而不能體認差等、肯定差等。齊一，在某一意義上，亦就是平等的意思。所以，荀子這句批判，與「僈差等」並無實質上的不同。對於這一點，只說一個意思：凡是抹煞個體性與差別性（或特殊性）的普遍性，都將妨害個體自由與人性尊嚴，都是王船山所謂「立理以限事」。墨家那些觀念不付諸實現則已，一旦付諸實行，則人間世界勢將成為蜂蟻世界，人亦將成為只為生活而存在的經濟動物。這個結果，當然是墨子始料所不及的。（某件事上的始料不及，人所難免，但對思想理論所可能導致的後果，若出現很多始料不及，便表示其思想不周密而缺乏深度。）

## 三、利他的義道及其限制

唐君毅先生在他的《中國哲學原論》（已編入全集，臺北學生版），曾指出墨子是「以義說仁」，其「兼愛」乃是客觀的義道，「非攻、節葬、節用、非樂」乃人民生存與經濟生活中之義道，「尚同、尚賢」乃社會政治之義道，「非命」乃外無限制之義道，又有「天、鬼神、人」交互關係中之宇宙的義道。唐先生的說明，乃是基於同情的了解而「推致其意」以為言。墨子主張「損己以益所為」（為、去聲）。損己利人，乃是絕對利他的義道。從好處說，個人融入社會，與整個社會合而為一，所以只顧社會、公而忘私。從壞處說，則表示人已被吞沒於社會，個體價值不再受到肯定和尊重。

當然，墨子本人是一個極厚道、有熱愛，而以利天下為出發點的人。（他的偉大可敬，正在這裡。）無奈太質樸了，思想不透，高明不足。雖然他那偉大的正義感，以及為正義而犧牲的精神，發生了很大的影響，但他救世的苦心，終歸於「徒善」之無用，可見「講學、立教」，實在不是一件輕易的事。

## 第六節　墨學的再檢討

### 一、兼愛與天志

一般說來，墨學的中心觀念應該是「兼愛」。因為墨子提出每一個觀念的根本用心，最後總是歸結到愛利天下，以成就萬民之利。因此，從孟子開始，便以「兼愛」代表墨子的思想，這當然是不錯的。

不過，兼愛仍然是根據天的意志而來，所以「天志」纔是墨學中最高的價值規範。以是，兼愛雖是諸觀念的中心，但它與諸觀念的關聯是橫的，只表示一個平面的統一；而諸觀念的超越根據，仍然是天的意志。

有了「天志」觀念的建立，纔使諸觀念獲得一個縱的立體的統一：超越的統一。因此，就墨學的理論構造而言，「天志」表示垂直的縱貫，「兼愛」表示橫面的聯繫。而就其根源的意義而言，「天志」的地位，實比「兼愛」更為核心。

天或天的意志，是墨子救世運動的一個法儀。一方面它是墨子自己量度天下一切是非、善惡、利害的唯一準衡；在另一方面，又是整個人間社會憑以為法的唯一標準。這個作為「法儀」的「天志」，在墨子的思想意識中，實在是理想價值的根源。天「欲義、惡不義」，而「義」又從「天」出，所以天的本質或說天志的內容，根本就是一個「義」。依墨子，天之所以為天，只在這一個義；人之所以為人，亦只在這一個義。以「義」溝通天人，而用以拯救天下，即是墨學根本大義之所在。

## 二、義與利：以利爲義

墨子說兼愛，是愛與利並舉的，而二者又都是義的一端，兼愛之利固然是利，而兼愛之愛，實際上亦是一個「利與愛」，一個利人利天的愛。因此，愛，即是利；而愛與利，又即是義；說到盡頭，義亦仍然只是一個利。所以經上篇云：「義，利也」（以利為義）。

不過，義雖是利，卻不是財利、貨利（雖然有時亦包含財貨之利），而是「功益之利」。

凡是在現實上有「功」有「益」的，都是有「利」的，亦都是合「義」的。

在非攻上篇，墨子指出，凡是「虧人以自利」，便是「不義」。攻人之國是大不義，竊人之桃李、犬豕、牛馬，則是小不義。虧人之國以利其國是大私利，虧人之身家以利其身家，便是小私利。由此可知，雖然「義」即是「利」，但私利決不是「義」，而是「不義」。總之，凡是私利，無分大小，都是不義的。

利，是一個類名，它本身表示一個類。繫屬於「利」這個類的「財利、貨利」，亦同樣表示一個類，通常稱之為「私利」。扣緊私利這一種屬，當然亦有與私利相對的公利這一種屬。「私利」既然是不義，那末「義」便是指「公利」而言了。而公與私對，「私的」一面是「己的、主觀的」一面；「公的」一面則是「他的、客觀的」一面。

## 三、絕對的利他主義

義，既然是公的、他的、客觀的利，自然只能利公、利他、利客觀一面；而不能利私、利己、利主觀一面。所以從「為義者」自身來說，他必定受損而有所不利。梁啟超《墨子學案》自序有云：

> 墨教之根本義，在肯犧牲自己。墨經曰：「任，士損己而益所為（去聲）也」。經說解之曰：「任，為身（己身）之所惡，以成人之所急」。墨子之以言教、以身教者，

> 皆此道也。……此種行為動機，乃純出於「損己而益所為」。……夫所謂「摩頂放踵以利天下」者，質言之，則損己以利他而已。……己與他之利不可得兼時，當置他為第一位，而置己於第二位。是之謂「損己而益所為」，是之謂「墨道」。

梁氏這段話，點示墨家的「利他」主義，甚為中肯。墨者「損己以利他」與「虧人以自利」正相反對。後來「墨流為俠」，任俠的行為，也正是墨家精神的具形化，那種「急人之急」「賑人之困」的行動，正是墨者「損己以利他」的義行之具體表現。[6]

墨子絕對利公利他的思想，趨於其極，便不免只知成就社會，而不能成就個人，個體的自由以及個體的尊嚴和價值，皆將受到屈抑。而在人的生活行為中，亦將產生許多糾葛。像《孟子》滕文公上篇所載墨者夷之「葬其親厚」（這是違背墨道的），他既主張「愛無差等」而又贊成「施由親始」。「名」雖為墨，而「實」行儒道。即此一事，即可看出墨者的觀念與其生命之間是擺不平的。其本質的原因，是墨子的「義」，只是來自他對超越的「天志」之外在的肯定，而不是來自對於道德心性的體認和自覺。

## 四、墨家與宗教

墨家的「天」，是以「欲、惡」表現其意志的人格神，同時其鬼神亦是實有的，而且秉承天的意志對人間執行賞罰，主持正義。墨子又教人尊天、事鬼，必須經常潔為酒醴粢盛以祭祀天與鬼神。此外，墨家又有團體與鉅子制度，似乎與西方教會制度亦有相類之處。這些都使得墨家帶有宗教的意味。但墨家畢竟沒有成為宗教。其重要原因，可以約述如下。

(1)宗教意識，常常含有強烈而濃重的「罪惡感、痛苦感、虛無感」。當人感到或體驗到人類自身的力量，不足以消除罪惡與痛苦之時，便直下肯定一個超越的全知全能的神，以助我消除罪惡與痛苦，使人超離苦海或罪惡的深淵，以上登天國。而墨子對生命無善會，對生命的負面（即產生罪惡的自然生命）亦沒有深切的感受與照察（如墨子以為天下之亂，起於人不相愛。但人不相愛的根本原因，他卻不反省、不察識）；因而亦未能深切體認人類的罪惡，以凸顯其罪惡感與痛苦感。他是一個質樸切實的人，所以亦沒有「虛無感」。他救世的宗旨，只是愛利天下，這是人間精神，而非宗教意識。

(2)宗教的另一條件，是正視人類自身之完全軟弱無力，如此，纔會感受到人類四顧蒼茫而無可奈何的窮極之境遇。此時便自然透顯出並直下肯定一個全知全能的上帝，而甘願匍匐於上帝之前，仰求拯救。否則，「在人的分上越強，則在上帝分上便越弱」。這樣就不能成為宗教。而墨子雖肯定天神之知能，但又強調人之強力從事而「非命」，這亦使墨家遠離了宗教之性格。

6 按：就「墨流為俠」而言，亦可視為墨家救世精神之矮化與小化。因為俠者只能救少數人之危難，而不再能表現如同墨子般的救世情懷。此便是墨家精神衰落之徵。

(3)宗教必帶有濃厚的不可思議的神祕經驗與神祕色彩。這一點，徐復觀先生在他《中國人性論史》第十章中，有很簡要的說明：「有人認為墨子是宗教家。假如他是一宗教家，則他應該是一創教者。但是，㈠每一創教者必有某種神祕的經驗，但他卻完全立足於經驗事實上。㈡創教者常以神的代表者自居，最低限度，亦必須承認某種人為神的代表者，以作為神與人交通的媒介，但墨子及其學徒中決無這種情形。㈢凡宗教總帶有某種超現實的意味，並常把現實的問題拿到超現實中去解決，而墨子則是徹底現實的。」。

凡宗教，必須是文化生活與文化創造之靈感的泉源。第一、它須為生民安排「日常生活之軌道」。第二、必須開出「精神生活之途徑」。在中國，能夠充分滿足這兩個要件或特質的，不是墨家，也不是道家，而是儒家之教。請覆按上第二章第六節「宗教性與宗教精神」。

# 第四章　孟子的心性之學

孟子名軻，戰國時鄒人。生於周烈王四年，卒於周赧王二十六年（西元前三七二—二八九），八十四歲。孟子一生的行迹，和孔子極相類似：開始是「設教授徒」；接著便「周遊列國」，尋求行道的機會；最後見道不行，乃「退而著書」以終老。

孟子最大的貢獻，可以約為三端：

1. 建立心性之學的義理規模；
2. 弘揚仁政王道的政治理想；
3. 提揭人禽、義利、夷夏之三辨

心性是道德之根，價值之源。儒家的心性之學，由孔子的「仁」開端，到孟子發明性善，建立「盡心知性以知天」的義理規模，而完成了儒家內聖成德之學的基本形態。

## 第一節　即心言性——性善

## 一、承孔子之仁而言心

心，作為一個觀念字，在孔子之時尚不明顯。但孔子以「不安」指點仁，正是就「心」而言仁。《論語·陽貨》載宰我問三年之喪時，認為三年之喪太久，孔子反問他，喪期未滿，你就「食夫稻，衣乎錦，於女安乎？」宰我回答說「安」。孔子訝異之餘，無奈地說「女安則為之」。但君子居喪之時，是「食旨不甘，聞樂不樂，居處不安」的。而你竟能心安，那你就去做罷。等宰我離開教室，孔子對弟子們慨歎道：「予之不仁也」云云。（予、宰我之名。）

從這段話，可知孔子言「仁」是從「心」上說的。到孟子便直說「仁，人心也。」（告子上）孟子正是順承孔子之意而言之，而且將心開為四面，而說四端之心。

## 二、四端之心三義

所謂四端之心，即指「惻隱之心，仁之端也。羞惡之心，義之端也。辭讓之心，禮之端也。是非之心，智之端也。」（見公孫丑上）「惻隱、羞惡、辭讓、是非」之心，是「仁、義、禮、智」之性所顯發的端緒：⑴惻隱之心（仁），是道德本心的直接流露；⑵羞惡之心（義），是憎惡罪惡而生起；⑶辭讓之心（禮），是價值意識之充於內而形於外；⑷是非之心（智），是道德價值上的是非判斷。

依孟子，這四端之心，皆具三義：

1.內具義（我固有之）：孟子謂「仁義禮智，非由外鑠我也，我固有之也」。仁義禮智，內在我心，是「我固有之」的，此即心性之「內具義」。

2.普遍義（人人皆有）：孟子謂四端之心「人皆有之」，又說人心有「同然」，「聖人先得我心之同然耳」。可見心性之善，自聖人以至於眾人莫不皆然，此即心性之「普遍義」。

3.超越義（天所與我）：孟子曰：「心之官則思，思則得之，不思則不得也。此天之所與我者。」心能省思，故能得心所同然的「理、義」。這心所同然的理義，乃是「天所與我」者。可見人的心性受之於天，天是本心善性的超越根據，此即心性之「超越義」。

據此三義，可知在孟子系統裡，本心即性，心性是一。此義，下文將次第進行論述。

## 三、以心善言性善

性不可見，由心而見。四端皆善，先天本有。善出於性，性根於心。[1]性之具體義，須在心處見。孟子之以心善言性善，可分從兩句來說——

---

1 孟子曰：「君子所性，仁義禮智根於心。」（盡心上）按：根、本也。性雖稟受於天，但仁義禮智的內在之本，即是心。所謂根於心、本於心，亦就是「內在於心」之意。

其一，由不忍之心見性善。

> 孟子曰：「人皆有不忍人之心……所以謂人皆有不忍人之心者：今人乍見孺子將入於井，皆有怵惕惻隱之心。非所以內（納）交於孺子之父母也，非所以要譽於鄉黨朋友也，非惡其聲而然也。」（公孫丑上）

不忍亦即不安。孔子從不安指點仁，孟子從不忍指點怵惕惻隱之仁，其義一也。對於他人之受苦痛、受飢寒，受委屈，或者見人面臨生死危難之時，人皆會流露不安不忍之心。此不安不忍之心，實即仁心，亦即人人先天本有的善性。在此，孟子具體地指點我們：「今人乍見孺子將入於井，皆有怵惕惻隱之心。」怵惕惻隱之心，即是驚駭恐懼，悲憫不忍之心。當人忽然之間看見一個剛會走路的小孩即將掉入井裡，這時候任人都會陡然受驚，即時呈露悲憫不忍之心而不加思索地衝過去抱救他。孟子舉此例證以指點人人皆有仁心善性，可謂最為具體而真切。在此，有一個意思不可忽略。「乍見」二字，乃表示此時之「心」，是在沒有受到「欲望裹脅」的情形之下而當體呈露的。這是本心的直接呈現，是真心的自然流露。所以，人去抱救那個即將入井的孩子——

(1)既不是想要藉此與小孩的父母攀交情；
(2)亦不是想要得到鄰里親朋的讚譽；
(3)更不是擔心如果不救小孩就會使自己受到見死不救的惡名聲。

總之，不是為了任何利害的考慮或欲望的驅使，而完全是「真心呈露，隨感而應」，完全是「良心之直接呈現，天理之自然流行」。在這裡，根本不再需要向外去尋求一個什麼理由。孟子直就人人皆有的怵惕惻隱之心（不忍之心）來指證性善，真可說是「直截簡易」之至。

其二，由四端之心見性善。

> 孟子曰：「……惻隱之心，人皆有之。羞惡之心，人皆有之。恭敬之心，人皆有之。是非之心，人皆有之。……仁義禮智，非由外鑠我也，我固有之也，弗思耳矣。」（告子上）

> 孟子曰：「……惻隱之心，仁之端也。羞惡之心，義之端也。辭讓之心，禮之端也。是非之心，智之端也。……」（公孫丑上）

惻隱、羞惡、恭敬（辭讓）、是非之心，是性體發露出來的四端：(1)仁之端為惻隱之心。惻是傷之切，隱是痛之深。惻隱之心亦即不忍之心。(2)義之端為羞惡之心。羞是恥己之不善，惡是憎人之不善。(3)禮之端為恭敬之心、辭讓之心。(4)智之端為是非之心。是非，乃就道德上的是非而言。「仁、義、禮、智」，是我固有之善，並非從外面來。所以說「非由外鑠我也，我固有之也，弗思耳矣。」[2]

---

2 按：「弗思耳矣」之思，不是一般所謂思考，而是反省性質的「省思」。

孟子言不忍之心、四端之心，皆是通過心善以指證性善。因為孟子言心，既不是心理學所謂的感性層的心理情緒之活動，亦不是表現知慮思辨作用的知性層的認知心；而是指述德性層的德性主體，是從體上說的內在道德心，是實體性的道德的本心。它同時是心，亦同時是性。所以內在的道德心，即是內在的道德性：說心，是主觀地講；說性，是客觀地講。因此，也可以說，心是性的主觀義，性是心的客觀義。主客觀統而為一，則本心即是性，心性是一，不容分而為二。

## 四、性善的論證

性善，是孟子學說的核心，亦是對孔子之「仁」進一步的闡釋和印證。但「性善」是生命中之事，它不是一個知識的命題。所以，孟子對於性善的論證，不同於純外延的邏輯論證，而是一種內容意義的義理論證。在性質上，它是「反求諸己」的生命的反省，在方法上，則是不離人倫日用而作一種親切的指點。這是每一個人都可以反省親證，可以當下體悟而不假外求的。

第一步論證是「人禽之辨」。先指出人與動物（禽獸）之不同，使人與動物之間劃上一道界線來。人雖亦屬動物類，但既然就「人」而說性，就必須找出動物所無而「人所獨有」的所在，這纔是人之所以為人的本根，纔是人的真性。所以孟子說：

人之所以異於禽獸者幾希：庶民去之，君子存之、舜明於庶物，察於人倫，由仁義行，非行仁義也。（離婁下）

「仁義」即是人之所以異於禽獸的「幾希」。君子能存養擴充這幾希的仁義，所以成為君子聖賢。而一般人往往不能存養它、擴充它，或者偶能存養擴充而又一曝十寒，所以淪於動物性的自然生活中，幾乎與禽獸沒有多大分別。不過，人到底是人，不是禽獸，他那稟受於天的仁義之性，總會透露而呈現出來。人能自覺他稟受於天的仁義之性，而存養擴充之，所以能完成其人格，敦敘其人倫，創造其歷史文化，開拓其人文世界，而與時俱進，日新又新。禽獸則不能自覺，不能存養擴充，所以終古蠢然如初。

第二步論證是「善性本具」。這是點出人心之本然，以印證人性之善乃天生本具，是人所固有的。

孟子說：人皆有惻隱之心、羞惡之心、恭敬辭讓之心、是非之心。（見公孫丑上、告子上）

又說：人皆有不慮而知的良知，不學而能的良能。（見盡心上）

又說：人皆有天爵、良貴。（見告子上）

孟子認為，惻隱等四端之心，是「我固有之，人皆有之」的。愛親敬長的良知良能，是「不慮而知，不學而能」的先天本然之善，故朱注引程子曰：「良知良能，皆無所由，乃出於天，不係於人。」而「仁義忠信，樂善不倦」的「天爵」，亦是人所本有的「貴於己」的「良貴」。這些都是人心的本然，是內在於人生命之中的先天之善根。這不是假設，而是實有的善。所以當人「乍見孺子將入於井」，都會自然而然地即時生起「要去救他」的心，此即所謂「怵惕惻隱之心」。這點本然之心的當機流露，實即良心天理之直接呈現。無論智愚賢不肖，在這一點上都是必然地相同的。由此可證，人性之善不是外鑠的，而是天生本具的。

第三步論證是「人人皆可以為堯舜」。這是就聖人與我同類，人心有同然，以肯定人如能充其本然之善，則人人皆可成為聖賢。

> 孟子說：「堯舜與人同耳。」（見離婁下）
>
> 又說：「聖賢與我同類者……心之所同然者何也？謂理也，義也。聖人先得我心之所同然耳。」（告子上）

聖人是人倫之至，純然是善。但聖人亦是人做成的。聖人與我同樣是人，只要人能就「心之同然」而加以擴充，則人人都可以成為至善的聖人。所以說「舜何人也，予何人也，有為者亦若是！」[3]聖人之所以為聖人，並非稟性與人有異，而是聖人先得我心之所同然。後來陸象山心同理同之說[4]，便是順孟子的意思發揮出來。既然人同此心，心同此理，則人不僅可以興起希聖希賢之志，而且實有成聖成賢之根。而一般人之所以未能進到聖賢之境，乃是「自暴自棄」，是「不為也，非不能也」。[5]

以上三步論證，一是通過人禽之辨，指點「仁義」是人之所為人的本根；二是說明善性乃天生本具，是人皆有之的；三是說明人心有同然，故人皆可以為聖賢。

至於說「人之性善，惡從何來？」依孟子，一是來自耳目之欲，二是來自不良之環境。孟子所謂「弗思」，以及「放失、梏亡、陷溺其心」，皆是「人之所以為不善」的原因。孟子即就此而反證人性之善。[6]

## 五、「心、性、才、情」之意涵

在孟子的義理系統裡，不但「心」「性」是一，「情」「才」亦是通著心性而言。牟宗

3 按：此乃孟子稱引顏淵之言，見滕文公上。

4 《陸象山全集》卷二十二雜說，有一條云：「千萬世之前有聖人出焉，同此心，同此理也。千萬世之後有聖人出焉，同此心，同此理也。東西南北海有聖人出焉，同此心，同此理也。」又一條云：「非特顏曾與聖人同，雖其門弟子亦固有與聖人同者。不獨當時之門弟子，雖後世之賢固有與聖人同者。非特士大夫之明有與聖人同，雖田畝之人，良心之不泯，發見於事親從兄應事接物之際，亦固有與聖人同者。」

5 按：「自暴自棄」，見《孟子・離婁上》。「不能、不為」，見《孟子・梁惠王上》。

6 參蔡仁厚《孔孟荀哲學》（臺北：臺灣學生書局）卷中、第二章、第二節。頁一九六—一九八。

三先生在講論朱子「性情對言預設心性情三分」之思想格局時，曾對孟子所說「心、性、情、才」四字之意義作過疏解[7]，茲先綜述其大意於後。

告子上載孟子之言曰「乃若其情，則可以為善矣，乃所謂善也。若夫為不善，非才之罪也。」這裡的「情」字與「才」字，實際上即是指性而言。情、實也，猶言實情。其情，即指性體之實，或人的本性之實。「乃若其情，則可以為善矣」云云，意思是說，若就人的本性之實而言，則他是可以為善（行善）的，這就是我所謂性善。至於人做出不善之事，則並非本性的罪過。在這裡，本當說「非性之罪也」，孟子卻變換詞語，說「非才之罪也」。這個「才」字不只是靜態的質地義，亦含有動態的「能」義（活動義）。才，即是為善之能，亦即性體本身不容已地向善為善的「良能」。所以依孟子，「心、性、情、才」只是一事，「心、性」是實體字，「情、才」是虛位字。

「情」字是實情之情，是虛位字，它所指的實，即是心性。孟子嘗言「此豈山之性也哉」，「是豈人之情也哉」[8]，可見「性」字與「情」字可以互用。[9]「人之情」是虛說的「人之實」，此「實」即指「性」而言，而性亦即是「良心」「仁義之心」。「乃若其情」的情，亦是這種虛說的情。所以就孟子學而言，情之實，即是心性，「情」字並沒有獨立的意義，亦不可作獨立的概念看。

上所約述牟先生的疏解，實已明確而適切。我在《孔孟荀哲學》卷中孟子之部第二章第四節，曾將《孟子》書中之「情」字「才」字摘錄出來作一考察，以輔助牟先生之詮釋，可參閱。

## 第二節　仁義內在——由仁義行

### 一、仁義內在與義內義外之辯

孟子有言：「仁、人心也；義、人路也。」（告子上）

所謂「人心」，是指「人皆有之」的惻隱之心、不安不忍之心。所謂「人路」，是指人所當行、人所共由的道路，也即身心活動的軌道。孟子說「仁之實，事親是也。義之實，從兄是也。」。事親以愛（孝），從兄以敬（弟），愛敬皆由內發，非由外鑠。故曰「仁義內在」。

「仁義內在」是孟子的論述，而告子不以為然。

7 參牟宗三《心體與性體》（臺北：正中書局）第三冊，第六章，第一節。頁四一六—四二四。

8 按：二句皆見告子上。

9 裴學海《古書虛字集釋》（臺北：廣文書局）「乃若其情」條下，謂「情」乃「性」之借字。俞樾《群經平議》（臺北：廣文書局）經三十三，亦論及性情二字，在後人言之，則區以別矣，而古人言之，則情即性也。

告子曰：「仁、內也，非外也；義、外也，非內也。」孟子曰：「何以謂仁內義外也？」曰：「彼長而我長之（敬之），非有長於我也（並非我先有敬他之心），猶彼白而我白之，從其白於外也（順物外表之顏色而認定它是白的），故謂之白也。」（孟子）曰：「……且謂長者義乎？長之者義乎？……」（告子上）

告子只承認仁（愛人之心）由內發，義則由外鑠，而取決於對象，故曰：「彼長而我長之，非有長於我也」。意思是說，因為他年長，所以我敬他，並不是我心裡先存有一個敬長之心。但辯駁這個論點並不困難。所以孟子說：「且謂長者義乎？長之者義乎？」長者，只是一個實然的對象，人或敬他，或不敬他，長者不過被動地接受而已。所以，長者只是一個受義（受敬）的對象。反過來說，對此長者應不應該敬？如何敬？這卻是「長之者」（表現敬的人）所當考慮、所當決斷的事。所以，「長之者」纔是行義（行敬）的主體，義（敬）發自行為者（長之者），而不是發自長者。據此可知，「義」不在作為外在對象的「長者」那裡，而是在表現敬（義）的「長之者」這裡。長者是「彼」是「外」，長之者是「此」是「內」。故「義在內而不在外」。

告子不知事雖在外，而行事之宜的「義」則由內發，是由內心對應事宜而發出的價值判斷。外在的事物只是一個實然的存在，認知它也只是認知一個對象，並無所謂義不義的問題。對實然的存在加以價值性的判斷，而作出相對應的準則，這纔是「義」。所以，義不是

「實然」的問題，而是「應然」的問題。義不義的應然判斷，是從行為者之心而發出的，故「義在內，不在外」。

告子上篇還記載孟季子問「何以謂之內也？」公都子答道「行吾敬，故謂之內也。」公都子的回答是對的。故朱註云：「所敬之人雖在外，然知其所當敬，而行吾心之敬以敬之，則不在外也。」可見所敬之人（對象）雖在外，而「能敬」之心則在內。義（敬）與仁（愛）一樣，都是「能」，不是「所」。告子既然以仁為內，又安得以義為外？

二人的論辯，還涉及行敬行義的「時宜」問題。公都子未能通透而一時語塞，經過孟子指點纔開了竅。論難一方的孟季子，提出行敬隨對象而有別，故以為義在外，孟子以「經、權」的道理予以分疏，指出敬兄是常時之敬（這是經，是常理），先酌年長於兄之鄉人則是暫時之敬（這是權，隨宜變通）。行敬本是一個應然的判斷以求行為之合理者。何時當敬兄，何時當敬鄉人；何時當敬叔父，何時當敬弟，皆須由吾心主宰斷制以求其合理合宜。然則，義並不在事物上，而是在於我對事物處置之合宜上。故當孟季子再提出辯難時，公都子立刻駁斥道：冬日天冷飲熱湯，夏日天熱飲涼水；所飲之物雖在外而有所不同，但求飲食之「宜」而作此取捨，卻正是發自吾心的應然判斷，難道這求合宜的判斷取捨亦「在外」嗎？

總括起來，要辯明「義內」與「義外」，必須把握住三點意思。

1. 愛敬內發——愛（仁）敬（義）皆發自內心，並非由於外鑠。
2. 能所之判——所敬之人在外，能敬之心在內。仁與義（愛與敬）皆是「能」而不是

「所」，故仁義內在。

3.實然與應然——實然是「是什麼」的問題，應然是「應當如何」的問題。「義」是事理之宜，屬於道德上的應然判斷（決定行為之是否合理合宜）；故「義」不在事物本身，而在人對事物處置之合理合宜上。

## 二、居仁由義——由仁義行

孟子有言：「自暴者，不可與有言也；自棄者，不可與有為也。言非禮義，謂之自暴也；吾身不能居仁由義，謂之自棄也。仁、人之安宅也；義、人之正路也。曠安宅而弗居，舍正路而不由，哀哉！」（離婁上）

既然仁義內在，人皆有之，則「居仁由義」便是大人之事（不只是士之事）。而且人亦理當以仁存心，由義而行。這不是外加的責任，而是人的天職，人的性分。人之稟賦不足，可以彌補，人的氣質不美，可以變化。所以人人皆應當「居仁由義」，以安頓自己的生命，開拓人生的前途。只有「自暴」之人，譏議禮義，拒而不信；「自棄」之人，排斥仁義，棄而不為。這是世間最可惋歎之事。世上如真有下愚而不可移者，恐怕就是這種「自暴自棄」的人。

但自暴自棄者仍然是人，人與禽獸畢竟不同。庸眾之輩的生活，雖然落於感性意欲的層次，但只要一念警覺，存養這點仁義之心，它便自發內發地擴充出來，而通貫於生活行事，以成就道德價值。故孟子曰：

> 舜明於庶物，察於人倫，由仁義行，非行仁義也。（離婁下）

明，是明達各種事物之理；察，是辨察人倫之道，如父子有親、君臣有義之類。應事接物不能離開仁義，處人倫也不能離開仁義。仁義，並不是一個外在的價值標準，而是內在於心的天理（道德法則），所以孟子特加指點，說是「由仁義行」，而並非「行仁義」。「由仁義行」，是順我先天本有的仁義天理而行，這樣作道德實踐，是自覺的、自律的、自主的、自決的，是自發命令，自定方向的。故康德名之曰「自律道德」。若是「行仁義」，便是將內在於心的仁義天理推出去，視為外在的價值標準，然後遵而行之。這樣的道德實踐，正是轉主動為被動，是被動地遵奉一個外在的道德價值之標準，而不是自主自決地踐行一個內在的生命原則。這時，便欠缺自發內發的力量，不是「依自力」而是「依他力」，而道德實踐亦將失去先天的必然性，此之謂「他律道德」。

儒家講道德，一直以自律道德為主流（只有荀子朱子是例外），而自律道德的根據，即是孟子所開顯的道德主體、內在的道德心性。孟子曾說：

> 舜居深山之中，與木石居，與鹿豕遊，其所以異於深山野人者幾希！及其聞一善言，

見一善行，若決將河，沛然莫之能禦也。（盡心上）

這一章正可作為「由仁義行」的例證。舜耕於歷山之時，與樹木土石同處，與麋鹿豬羊同遊，在生活行迹上與那些山野之民幾乎沒有分別。他之所以成為聖人，只是「先得我心之同然」而已。是以，聞一善言，見一善行，便即時引發心性之源，好像長江大河決了口，浩然充沛地「由仁義行」，一發而莫可遏止，終於成就了盛德大業。由此可知，性善之有根，猶如江河之有源，原泉滾滾，不捨晝夜，盈科後進，止於至善。儒家道德的理想主義之堅定貞固，其信念正建基於此。

## 第二節　性命對揚——透顯道德性

### 一、性命對揚：透出自然之性與道德之性

「性」與「命」，是儒家哲學的重要觀念。孟子對這二個觀念，曾有一次相對揚顯的說明。

孟子曰：「口之於味也，目之於色也，耳之於聲也，鼻之於臭也，四肢之於安逸也，性也，有命焉，君子不謂性也。仁之於父子也，義之於君臣也，禮之於賓主也，智之

　　於賢者也，聖人之於天道也，命也，有性焉，君子不謂命也。」（盡心下）

耳目口鼻四肢，都是感覺器官，各有作用。耳有聽覺，目有視覺，口（舌）有味覺，鼻有嗅覺。每一種感覺作用，各有所對，亦各有所好：耳好美聲，目好美色，口好美味，鼻好香氣，手足四肢好逸惡勞。這些生理欲望，都是先天的自然之性，所以孟子亦說「性也」。（告子所謂「生之謂性」，正是就此一面而言。）不過，自然之性雖生而即有，但此種性的表現，卻不能反求諸己，而必須求之於外。凡須求之於外者，當然不可必得，所以孟子又說「有命焉」。命、限制義。表示以上五者之得與不得，皆有客觀之限制。既須求之於外，而又不可必得，表示它並非我性分之所固有，亦不足以作為人之所以為人的本，因此，「君子不謂性也」：不認為自然之性是人的真性、正性。

除了局限於形軀生命的「自然之性」，人還有超越感性欲求的「道德理性」（內在的道德性），此即仁義禮智與天道。（按：孔子以前已顯示「天命天道下貫而為人之性」的思想趨勢，後來歸結為「天命之謂性」一語，孟子亦指出道德心性乃天所與我者，故此處說性，將「天道」與仁義禮智合在一起說。）首先，孟子亦說這五者是「命」。因為父子應盡仁而未必能盡仁，如瞽瞍之於舜；君臣應盡義而未必能盡義，如商紂之於殷末三仁（微子、箕子、比干）；其餘如賓主未必能盡禮，賢者未必能盡智（所謂智者千慮，必有一失），而聖人之於天道，不但體道於身各有偏全之異，行道於世亦有時勢權位之限制，如孔子便未能行道於當世，故見獲麟，曰：吾道窮矣。顏淵死，曰：天喪予。凡此，皆有無可奈何之限制，所以說「命也」。然而，仁、義、禮、智、天道五者，皆是我性分中事，理當視之為性而存養擴充之，豈可以之為命而不復致力？故舜盡其仁（孝），殷末三仁盡其義（忠），孔子「知其不可為而為之」。因為主宰在我，人人皆可反求諸己，以各盡其性分。所以說「有性焉，君子不謂命也」。[10]

孟子此章，藉性命之對揚，以指出人的真性正性，不在自然之性一面，而在仁義禮智天道一面。自然之性為形軀生命所拘限，實已落於「命」的限制網中而不能自主自足，唯有超越感性欲求而不受形軀生命之約制拘限的內在道德性，纔是人人性分本具的真性、正性。上文曾提及孟子言性，分別說過三句話：一是「此天所與我者」，這表示性的先天超越性；二是「我固有之」，表示性的內在性（內具、本具）；三是「人皆有之」，表示性的普遍性。先天超越性是說，性德（如仁義禮智）受之於天，不是後天修為而得；內在性是說，性德內具於己，不待外求；普遍性是說，性德人人一樣，無有例外。在古今中外的人性論中，只有孟子的性善說最能同時涵具此三義。

## 二、盡心知性知天

中國文化中的人性思想，實以孔子為樞紐。前乎孔子的是蘊蓄預備，後乎孔子的是承續發展。就儒家而言，孔子是開山，後來的儒者皆是繼述引申。而就心性之學義理架構而言，孟子的地位，特為重要。陸象山有幾句話說得極好，他說：

夫子以仁發明斯道，其言渾無罅縫。孟子十字打開，更無隱遁。蓋時不同也。（全集・語錄）

孔子言仁，是指點心，亦是指點道。心是全幅的心，道是整全的道，渾融圓滿，無有罅縫。故孔子之言，是「非分解的」。用佛教詞語來說，孔子不用「分別說」，而是取「非分別說」的方式。孔子所講的仁道，當然是貫古今，通內外，合天人的。但孔子說話圓渾，義理的間架未曾開列出來。而立教不能沒有義理架構，孟子就是為孔子的仁教而展示其義理的架構。「十」字的寫法是縱橫兩筆，縱橫撐開即成架構，故象山說是「十字打開」。孟子順孔子之「仁」開為四端而說仁義禮智，又講仁民愛物，講仁政王道，進而更講盡心知性知天，講萬物皆備於我，反身而誠，講過化存神，上下與天地同流。孟子所開顯的義理網維，正是順孔子之仁而完成的心性之學的義理模型。茲列一圖式略示大意：

---

10 此章前半云「性也，有命焉，君子不謂性也」，後半云「命也，有性焉，君子不謂命也」。前後三「命」字，意指相同，皆限制義之命。而三「性」字則義旨有別。前半節「性也」，指自然之性而言。「不謂性也」之性，則指人之真性、正性，亦即後半節「有性焉」之性。又、孟子嘗言君子所性，仁義禮智根於心。又說，君子所性，雖大行不加，窮居不損，分定故也。此「有性焉，君子不謂命也」之性，正指「根於心」而分有一定，無可增損的「性分」而言。

仁民愛物
仁——義
天——性——心
禮——智
仁政王道

誠者天之道

萬物皆備於我矣、反身而誠
盡心知性知天（心性天通而為一）
過化存神、上下與天地同流

### ㈠心性天通而為一

孟子在盡心篇開宗明義即曰：

> 盡其心者，知其性也；知其性，則知天矣。存其心，養其性，所以事天也。殀壽不貳，修身以俟之，所以立命也。（盡心上）

盡，謂充盡，亦即擴充之極的意思。孟子即心言性，以心善言性善，心與性的內容意義完全相同。內在的道德心即是內在的道德性。能充盡四端之心，即可證知仁義禮智之性。所以說「盡其心者，知其性也。」。

人之性受之於天（天所與我），通過天所命於人的性而返本溯源，即可以知天（知天道之生生不息，知天命之流行不已）。天道天命深邃玄奧而不可測，知天之知，不是測度之知，而是一種實踐的證知。是故，孔子必「踐仁以知天」，孟子必「盡心知性以知天」。孔子「五十」而「知天命」，即表示知天命必須通過一段道德實踐的工夫，否則，便進不到契知天道，與天相知的境界。

依上所述，可知「盡心」是「知性、知天」的關鍵所在。不盡心，則不可能知性知天。而盡心乃是道德實踐的活動，故知性知天不是在認知活動中知，而是在實踐活動中知。充盡惻隱之心便是仁，充盡羞惡之心便是義，充盡恭敬辭讓之心便是禮，充盡是非之心便是智。可見心即是性，不能離於心而言性。盡心、知性，其義一也。（唯盡字重，知字輕。）盡心工夫至乎其極，而達於王陽明所謂「仁極仁，義極義，禮極禮，智極智」，便純然是天德之昭顯、天理之流行；此時，性即是天，不能外於性而言天。故說到最後，心性天必然通而為一。

「盡心知性知天」這一行，顯示人的生命之先天性，與易繫辭所謂「先天而天弗違」之意相當。但就人的生命之後天性而言，便不能即心即性即天，故孟子又提出「存心養性以事天」、「修身不貳以立命」二行，此便是「後天而奉天時」。

第二行「存心養性以事天」，朱註云：「存，謂操而不舍；養，謂順而不害。」存其心，是說操持本心之良而不捨棄；養其性，是說順其天性之善而不戕害；這樣就是承奉天命而不違，勤於事天而不懈了。事天如事親，人乃父母所生，不虧其體，不辱其親，是事父母之道。人亦天地所生，故張子《西銘》以乾坤天地為大父母。[11]天賦予我以良心善性，當然

11 《西銘》全文，拙撰《宋明理學北宋篇》第四章曾有詳釋，以表達其義理境界與踐履規模，請參看。

亦不容捨棄戕害。所以事天之道，存心養性而已。

第三行「修身不貳以立命」，殀、謂短命；壽、謂長壽。年壽之長短，由天不由人，君子修身以俟命而已。反之，若因殀壽之事（如顏子短命而死，而盜跖得享天年），而疑貳其心（如疑天道不公而貳其心），則非「立命」之道。因為心生疑惑，則志不專一，而修身工夫必將有所怠忽。此所謂「修身以俟之」，與「君子行法以俟命」[12]，「君子居易以俟命」[13]，三句之重點乃在「修身」「行法」「居易」，皆意指修養成德，居心平正。人能使自己所得於天者，全受而全歸之，便是得其「正命」。人能修身以得正命，亦就是所謂「立命」了。[14]

孟子此章所開顯的，主要是「心性天通而為一」的義理。可見儒家「心性天是一」的圓頓之教，是由孟子而開啟其義理之門的。

## (二)天、命、天道

孟子書中引述《詩經》《書經》之語句而有「天」字者，如「天生烝民，有物有則」，如「迨天之未陰雨」，如「天作孽，猶可違」，如「天視自我民視，天聽自我民聽」等，以及一般意義的「天油然作雲，沛然下雨」，「天之高也，星辰之遠也」，「天無二日，民無二王」之類，皆可勿論。茲只舉其有關思想義理而又直接出於孟子之口者作一說明。

(1)「故天將降大任於是人也，必先苦其心志……」（告子下）

(2)「……然則舜有天下也，孰與之？曰：天與之……昔者舜薦人於天，而天受之……

舜相堯，二十有八載，非人之所能為也，天也。……」（萬章上）

(3)「……莫之為而為者，天也。莫之致而至者，命也。[15]……」（萬章上）

以上各條之「天」，有的是意志天，如第(1)條。儒家言天言命，其義蘊本甚豐富而深邃。有命令義之命，如「天命、性命」之命；有命定義之命，如「命限、命遇、命運」之命。而關聯於「天」而言，則命令義與命定義之命，又似乎可分而不可分。故牟先生論「以理言」之命與「以氣言」之命時，有云：落實說，是勢、是遇，是氣命；統於神、理說，則亦是天命。因而指出有第三種意義的命：「統於神理而偏於氣」而言的命。孔子所謂「道之將行、將廢，命也」，便正是對這種「統於神理而偏於氣」而言的「命」（亦是天），而發出的深

---

12 見《孟子・盡心下》第三十三章。

13 見《中庸》第十四章。

14 按：「正命」一詞，見盡心上第二章，孟子以「順受其正」（順理合道）「盡道而死」為得「正命」。而「立命」一詞，牟宗三先生《圓善論》頁一四五解為確立「命」（命限）之觀念。此是著重在「殀壽」之事實與「俟之」之態度上講。而上文之講說則著重在「修身、行法、居易」以成德立正命上說，亦可通，宜兩存。

15 按：「莫之為而為」，是說「天」之為沒有為的過程，便自然為成了。「莫之致而至」，是說沒有致（從事）的方法途徑，便自然得到（達成）了，這就是「命」。

心之感歎。[16]

至於「天道」之觀念，在孟子書中直接用過二次[17]：

(1)「誠者，天之道也；思誠者，人之道也。」（離婁上）

(2)「……聖人之於天道也，命也，有性焉，君子不謂命也。」（盡心下）

天道，只是一個至誠無息，故曰：「誠者，天道也」。人道，亦應該至誠無息，只因人不能時時精純不二，所以要做「思誠」的工夫。思、省思義。思誠，是使不誠歸於誠。當人道充分實現而達於精誠純一，自然亦是至誠之道，與天道一般無二。聖人體道於身與行道於世，皆有命之限制（聖人之於天道也，命也），這是從「後天而奉天時」一面看，若從「先天而天弗違」一面看，則天道即是我的性，道即性，性即道，純亦不已，稱體而行，唯是盡我性分而已。故曰「有性焉，君子不謂命也」。儒家自孔孟開始，就是盡義以知命而達到義命合一。所以儒家之學必然是「心性天是一」，必然是「性命天道相貫通」，必然是「道德宗教通而為一」。

就儒家之教而言，其「道德的形上學」即是它的「道德的神學」（此是類比地說，儒家自無須構畫一套神學）。不過，中國文化的中心點，並沒有落在「天」或「天道」本身，而是落在「天道性命相貫通」上。儒家順周初下及春秋「宗教人文化」之趨勢，而開立仁教（內聖成德之教），此乃攝宗教於人文，故不走宗教的路，不再採取一般宗教之形式，而卻極成了道德宗教通而為一的「天人合德」之教。

## 三、踐仁成聖、過化存神

有人說，孟子只言「盡心」，不言「盡性」。這種說法，只是字面上的考校。在孟子，本心即是性，盡心、盡性，其義一也。而且孟子所講的「踐形」亦正是「盡性」之另一種方式的表示。

> 孟子曰：「形色，天性也。惟聖人然後可以踐形。」（盡心上）

形色、謂形體容色，指形軀生命而言。形色稟受於天，乃天之所生，所以亦謂之「天性」（性字本有生義）。但有人的形色而不能盡人之性，便算不得真人，以其未能「踐形」之故。孟子所謂踐形，可有二層意思：

1. 是把人之所以為人的仁義之性，具體而充分地實現於形色動靜之間。所以踐形實即盡性。據此而言，「視聽言動」合乎禮，是踐形；程明道說曾子臨終易簀，「心是理，理是

16 參牟宗三先生《心體與性體》第一冊張橫渠章第二節第八段。拙撰《宋明理學北宋篇》第六章第二節之末，曾綜為三個表式，可參閱。

17 按：孟子雖只二次說到「天道」，但「上下與天地同流」之句，實亦意含天地之化與天地運化之義旨。另如「天所與我」與「天爵、良貴」諸語，亦皆顯示心性之先天義而可與天道相通。

心，聲為律，身為度」[18]，亦是踐形。孟子所謂「仁義禮智根於心，其生色也，睟然見於面，盎於背，施於四體」[19]，亦同樣是踐形。

2.是把五官百體所潛存的功能作用，徹底發揮出來，以期在客觀實踐上有所建樹。所以，「立德、立功、立言」，皆可謂之「踐形」。

然則，孟子何以說「惟聖人然後可以踐形」？因為「踐形」工夫，雖然人人皆能，但眾人多只是「暗合於道」，賢者雖能踐之而有所未盡，惟有聖人「從心所欲不踰矩」，纔是踐形的極至。明儒羅近溪曰：「抬頭舉目，渾全只是知體著見；啟口容聲，纖悉盡是知體發揮。」（知體，謂良知本體。）近溪之言，亦正是說這「踐形之極，天理流行」的聖人境界。

孟子又有「君子所過者化，所存者神」之說。過化存神，本是說的聖人功化之妙，而聖人之功化亦正是心性之德所顯發的大用。

> 孟子曰：「霸者之民，驩虞如也。王者之民，皞皞如也。殺之而不怨，利之而不庸，民日遷善而不知為之者。夫君子所過者化，所存者神，上下與天地同流，豈曰小補之哉！」（盡心上）

此章前半，說霸者之民與王者之民。驩虞，同歡娛。皞通浩，皞皞，廣大自得之貌。霸者以力（利）鼓舞人民，故民歡娛而興奮。王者以德行仁，民受感化而不自知，故廣大而自得。歡娛是一時的興奮，皞皞是永恆的安適。堯時有老人擊壤而歌，曰：「日出而作，日入而息，鑿井而飲，耕田而食，帝力何有於我哉？」此即孟子所謂「皞皞如也」的氣象。「殺之而不怨」，即「以生道殺民，雖死不怨殺者」之義[20]。王者因民之所惡而除之，並非有心厲行刑殺，故民無怨。庸、功也。王者因民之所利而利之，並非有意施惠於人民，故民不知其功。王者教化人民，亦是因其本善之性而引發之、誘導之，故民雖「日遷於善」而卻不知是誰使之如此。

王者的政教，何以能夠顯示這樣的功能？此即所謂「過化存神」。君子道德人格的光熱，足以變化人之氣質，他所經過之處，人民自然受化，故曰「所過者化」。聖者的生命，全幅是良知天理之發用流行，故其心所存主，自然神妙而不可測（莫知其所以然），故曰「所存者神」。子貢稱說孔子「立之斯立，導之斯行，餒之斯來，動之斯和」[21]，便正是這種過化存神的境界。流、運行也。「上下與天地同流」，是說聖人生命與天地之化同運並行。蓋聖人之教，功同天地，天地化育萬物，聖人化育萬民，而其功化之妙，如春風，如時雨，此正中庸所謂「大德敦化」，不只是小小補益而已。

---

18 程明道語，見《二程遺書》第十三。曾子易簀，事見《禮記・檀弓上》。拙著《孔門弟子志行考述》（臺北：臺灣商務印書館人人文庫本）曾子章有引述，請參閱。

19 見《孟子・盡心上》二十一章。

20 盡心上載孟子曰：「以佚道使民，雖勞不怨。以生道殺民，雖死不怨殺者。」

21 語見《論語・子張篇》。

過化存神的境界，自非常人所易幾及，但心性之德的發用流行，卻本是人倫日用，乃人人之所與知，所與能，聖人亦不過「先得我心之同然」而「由仁義行」而已。依孟子之意，心性的表現，有「性之」與「反之」的不同。堯舜順本然之性安然而行，是性之；湯武反身而誠以復其性，是反之。[22]孟子說堯舜性之，是舉堯舜以示範。但「性之」是稱性而行，是超自覺的，而道德實踐則是自覺的，所以必須「反之」。性之者「其德如天」，乃是天縱之聖；反之者，則是自覺地要求「與天合德」。由此可知，效法堯舜不能從「性之」著力（這裡無須著力，亦著力不上），而必須通過「反之」的踐履工夫乃能有效，所以孟子必說「反身而誠」。

孟子曰：「萬物皆備於我矣，反身而誠，樂莫大焉。強恕而行，求仁莫近焉。」（盡心上）

此章是說仁。與天地萬物為一體，渾然無物我內外之分隔，這就是仁的境界。物我一體而不分，所以說「萬物皆備於我」。而所謂「反身而誠」，亦即孔子所謂「為仁由己」，「我欲仁斯仁至矣」的意思。一念警策，反身而誠，「上下與天地同流」，則我的生命與宇宙生命通而為一（與天合德），此便是人生之「大樂」。若不能反身而誠，則我與物相對立，內與外相隔離；一個與天地萬物相隔離的生命，便成封閉而不能感通、不能覺潤的生命，當然不能「與天合德」，因而亦無有「樂」之可言。（以是，人必須自覺地強行恕道，使生命通出去，與天地萬物一體相關；如此，仁心自然呈現發用。這就是最切近的求仁之方。）

## 第四節 存養充擴的修養論

### 一、尚志與尚友

齊王之子問孟子「士何事?」孟子答道「尚志」。何謂尚志?曰：仁義而已矣。（盡心上）凡為士，必先高尚其志。志有二義：

1. 嚮往義——志者，心之所之也。（尚書大傳語）
2. 存主義——心所存主曰志。（王船山語）

「存主」，是心不放失，中有所主，以志帥氣，以理馭欲。「嚮往」，是志氣內充，外擴上達，希聖希賢，淑世濟民。無論從存主或嚮往說，士皆當志於仁，志於義。從心所存主方面說，是意之誠於中，是道德之自覺自持。從心有所向方面說，是誠於中者形於外，是仁心之發用流行。可見「尚志」並非一句空話，其中正有事在。

---

22 《孟子．盡心下》第三十三章：「堯舜性者也，湯武反之也。」性者，即性之者。盡心上又云：「堯舜性之也，湯武身之也。」身之，謂反身而誠，以身體道。

孟子曰：「居天下之廣居，立天下之正位，行天下之達道。得志，與民由之；不得志，獨行其道。富貴不能淫，貧賤不能移，威武不能屈。此之謂大丈夫。」（滕文公下）

孟子謂宋句踐曰：「……故士窮不失義，達不離道。……古之人，得志，澤加於民；不得志，修身見於世。窮則獨善其身，達則兼善天下。」（盡心上）

前段「廣居」「正位」「達道」，朱註分別以「仁」「禮」「義」釋之，甚是。「得志、與民由之」，是與人民共由此道而行，亦即「兼善天下」之意。「不得志，獨行其道」，是安貧樂道，守之而弗失，亦即「獨善其身」之意。朱註謂：「淫、蕩其心也。移、變其節也。屈、挫其志也。」君子達不離道，所以不因富貴而淫；窮不失義，所以不因貧賤而移；有殺身以成仁，無求生以害義，故不因威武而屈。在人生修養上，「大丈夫」的人格，是可以永為天下型則的。孟子論「大丈夫」，實兼含「居仁、立禮、行義」，「兼善、獨善」，「不淫、不移、不屈」三節之意而言。常人卻單舉「不淫、不移、不屈」以為說，則義欠周備。

後段言人得志而顯達，則行道而加惠澤於人民；這就是「兼善天下」。不得志而窮居，則修身以自見，亦不至沒世而名不稱；這就是「獨善其身」。在戰國時代，一般遊士多半都是「戚戚於貧賤，汲汲於富貴」的人。所以窮則失義，達則離道。既不能兼善天下，亦不能獨善其身。孔子孟子亦周遊列國，但儒者「遊仕」與「講學」雙軌並行。而「尊德樂義」與

「居仁、立禮、行義」，正是他們講學的本旨。這賦予儒家以道德的理想主義之性格，與志通天下、德垂後世的道德信念。他們無論得位或失位，無論在居位，或在道路，沒有一天不在講學論道。這又使得儒家具有高尚的志抱，通達的學問，恢弘的氣度，篤實的人品，而能陶養出天下第一流的人才。二千五百年來，儒家之學緜衍發皇，不但成為中國文化的主流，而且成為人類文化史上永不離失宗旨的大學派；直到今天，儒學仍然是最具深厚潛力的思想，實非偶然。

儒者不但尚志，同時又尚友。孔子以「友直、友諒、友多聞」為益者三友，又說「友其士之仁者」。曾子亦有「君子以文會友，以友輔仁」之言。[23]孟子更推廣其意而有尚友古人之說。

> 孟子謂萬章曰：「一鄉之善士，斯友一鄉之善士；一國之善士，斯友一國之善士；天下之善士，斯友天下之善士。以友天下之善士為未足，又尚論古之人。頌其詩，讀其書，不知其人可乎？是以論其世也，是尚友也。」（萬章下）

孟子嘗言，「友者，友其德也」。君子論交，純然出於聞風而相悅，懷義以相接。人要與善

23 按：「益者三友」、「友其士之仁者」、「以友輔仁」，分別見於《論語》季氏第四章，衛靈公第九章，顏淵第二十四章。

士為友，就必須自己亦是善士；否則，學德不相稱，何足與人比並切磋？而所謂「一鄉之善士，一國之善士，天下之善士」，仍只是與我並世的善士，與並世的善士為友，若猶然不以為足，還可以進而上論古之人。我們誦古人之詩，讀古人之書，就必須了解古人的生平，因而又要考論他們所處的時代社會，以深入了解其為學之道與立德之方，庶幾知所取則而興起倣效。如此，便是「尚友古人」了。

儒家歷來重視師友之道，友道精神可以超越空間的限隔，亦可以超越時間的限隔。人不但可以與眼前之人為友，亦可以與千萬里之外的人為友；不但可與今人為友，亦可與古人為友。友道精神與德慧性情，是古今同在，而可以相遇於旦暮的。五倫之中亦以師友一倫最富精神意義，人能親師取友，尚友古人，就可以超越自我的限制，而宛如湧身於歷史文化之大流；此時，我們的生命便頓然有充實莊嚴之感，而可以「橫通天下之志，縱貫百世之心」，而進入「上下古今，交光互映」的人格世界。

## 二、存養與充擴

### (一)求放心

孟子在告子上牛山之木章，說到人本有仁義之心，只因為人之所作所為往往斲喪本有的仁義之心，使良心放失而梏亡，故必須加以存養之功。孟子說：「苟得其養，無物不長，苟失其養，無物不消。」又引孔子之言曰：「操則存，舍則亡；出入無時，莫知其鄉（向），

惟心之謂歟！」（告子上）

「心」是一個活體，操持而保養之，則存主於內；捨棄而不加保養，則亡失於外。故孟子有「求放心」之說，其言曰：

> 仁，人心也。義，人路也。舍其路而弗由，放其心而不知求，哀哉！人有雞犬放，則知求之，有放心而不知求。學問之道無他，求其放心而已矣。（告子上）

孟子以雞犬放喻「放心」，只是一個譬喻，其實二者是不同的。雞犬放，必須往外尋找，人卻不能從外面找得一個心回來。而且，心之放，亦仍然是譬喻，乃因感性欲求使心外逐而陷溺，故謂之放失耳。

> 孟子曰：「求則得之，舍則失之，是求有益於得也，是求在我者也。求之有道，得之有命，是求無益於得也，求在外者也。」（盡心上）

修養之事，總須反求諸己。若是求之於外（如富貴利達），則求之雖力，終將「無益於得」；對於這一面，不可存非分之想，亦不可作非分之求，故孔子曰：「富而可求也，雖執鞭之士，吾亦為之。如不可求，從吾所好。」[24] 反過來說，求之於己（如仁義），則「仁義

24 見《論語・述而篇》第十一章。

內在」，自可「求有益於得」；對於這一面，自當奮力以求，故孔子曰「為人由己」、「我欲仁斯仁至矣」。[25]

求放心，是反求諸己，是向內的自求，不是向外的追求、禱求。所以，「求放心」實是一種「逆覺」的工夫。是不安於隨物放失，不忍於隨欲陷溺，而悚然回歸自己，是本心自我的警悟，自我的覺醒。

## (二)養大體（先立其大）

稱儒家為身心之學，為生命的學問，都很中肯。人的生命有「身」有「心」，皆不可忽。但心之與身有大小、貴賤、主從、輕重之別，這是不可以顛倒的。孟子在告子篇說到心為大體，身為小體，大體為貴，小體為賤，大小貴賤應該「兼所愛，兼所養」，但卻不可「以小害大，以賤害貴」。一個人善養不善養，就看他取大體而養，還是取小體而養；養小體者為小人，養大體者為大人。

但亦須知，孟子所謂「體有貴賤，有大小」，實無鄙薄耳目口體之意。人在「養耳目、養口體」之時，如能不忘失「養心、養志」（如富而好禮之類），則小體之養，亦正可為大體之資。不過，在魚與熊掌不可得兼的情況下，自必有所取捨。此時，便只能「舍生而取義」（捨小以取大），而不可「養小而失大」。這個道理，孟子曾反覆加以說明：

公都子曰：「鈞是人也，或為大人，或為小人，何也？」孟子曰：「從其大體為大人，從其小體為小人。」曰：「鈞是人也，或從其大體，或從其小體，何也？」曰：「耳目之官不思，而蔽於物，物交物，則引之而已矣。心之官則思，思則得之，不思則不得也。此天之所與我者。先立乎其大者，則其小者弗能奪也。此為大人而已矣。」（告子上）

大體，指心而言；小體、指耳目之類。心能省思，耳目則只能視聽而不能思。人如從耳目之官走，則他所見的無非是色，所聞的無非是聲。而世間的聲色是紛然雜陳的，由此聲到彼聲，由此色到彼色，使人目不暇視，耳不暇聽，在此應接不暇的情況下，人將不能省思而完全為聲色所蒙蔽，為聲色牽引而去，這就叫做「不思而蔽於物，物交物，則引之而已矣。」（耳、目、聲、色，皆是一物，耳交於聲，目交於色，物交物則相引而肆，終將沉淪。）

反之，人若順大體之心走，則情形將整個改觀。心是能省思的，能思之則能得之。得，是得心所同然的「理、義」。當人滿心只見理義，自然不會為耳目之欲與聲色之娛所陷溺，所蒙蔽，故曰「先立乎其大者，則其小者弗能奪也。此為大人而已矣。」大人與小人的分歧點，正是從耳目之官走或是從心走這一關鍵上，這是人人皆可以反己體察而即知即行的。

## ㈢擴充四端

前文對孟子四端之心，已有舉述。人心有四端，正如人身有四體（四肢），都是先天具

---

25 「為仁由己」、「欲仁、仁至」，分別見於《論語》顏淵篇第一章、述而篇第二十九章。

有的。問題只在能否擴而充之。譬之水火，星星之火可以燎原，涓涓之流可達江海。四端之心在我，亦當下即是，隨處流露；只須擴而充之，自然沛然盛發，不但可以成己之德，且可進而成天下之務。充此四端之心以行仁政，可以保國保天下；不能擴充四端，則不仁不義，無禮無智，與禽獸何異？當然不足以事父母。

孟子曾指出，舜在深山之中，與木石居，與鹿豕遊，其異於深山野人者幾希。及其聞一善言，見一善行，若決江河，沛然莫之能禦。[26]這表示舜平日所存養的仁義之心，終於在一個觸機之下沛然而發，如江河之水，浩浩蕩蕩，莫可阻遏。由此可知，修養的關鍵，只在「存此心，養此心，充此心，擴此心」，離開了四端之心的擴充，便沒有修養之可言。至於平常的規行矩步，閉目靜坐，讀格言，唸禱詞……不過是一些外在的夾持工夫；如果沒有道德感，沒有道德意識，則道德心靈終將桎梏委縮，而所謂修養，亦就無從說起了。

## 三、知言與養氣

孟子「知言養氣」一章，是修養論的另一個重點。該章原文的順序，是從不動心講到養氣知言。其實孟子「四十不動心」，乃是通過他「知言」「養氣」的工夫而達致的。故本節先論知言，次論養氣，最後再說不動心。該章原文見公孫丑上篇，很長，不具引。下文本於孟子之意而討論。

### ㈠知言：言由心發，以心知言

告子有言：「不得於言，勿求於心；不得於心，勿求於氣。」孟子認為後二句尚猶可說，因為心於理有所不達，則理不得，心亦不安。此時求助於氣，亦是枉然。（譬如強詞奪理者，便是不得於心而求助於氣，但此類人亦終不能理得心安。）至於前二句「不得於言，勿求於心」，則孟子以為「不可」。原告子之意，以為言無涯涘，豈能盡得其故？所以雖於言有所不達，亦不必反求於心去了解它，以免擾亂了吾心的虛靜。然而不達於言，便是不達於理，理不得，又如何能強使心安？告子硬把捉一個心，強制使它不動，結果是「心與言不相干，心與氣不相貫」（朱子語）。這是取消問題，不是解決問題。須知異端邪說，生於其心，害於其政，乃是嚴重之事，豈可任其貽害世道人心，而不反求於心以了解其所以然之故？

一切言語，皆是隨順心之所思所想而說出來。言既由心發，自必以心知言。孟子的「知言」，正對告子「不得於言，勿求於心」而發。所謂「知言」，即是對言論思想的「是非、善惡、誠偽、得失」之精察明辨。孟子答公孫丑之問「何謂知言」，曰：

詖辭知其所蔽，淫辭知其所陷，邪辭知其所離，遁辭知其所窮。

「詖辭」是偏於一面而不見全體的言論，故有所蔽。「淫辭」是放蕩之言，如群居終日，言不及義，以及一切誨淫誨盜的言語文字，都是這一類。此類言詞，不但使自己陷溺其心，亦

---

26 見盡心上篇第十六章。禦、止也。阻擋、阻止之意。

使他人陷溺其心。「邪辭」是邪僻之言。凡言偽而辯，似是而非，訐以為直，以及一切惑世亂民的言論，都是離經叛道之言。「遁辭」是閃爍逃避之言，人之所言如妄而不實，一經究詰便將理屈辭窮。語云：「言為心聲」。言有病，正表示其心有病。詖、淫、邪、遁，是言之病，蔽、陷、離、窮，則是心之病。孟子列此四者，不過略舉大端而言之耳。

言由心發，由其言可以觀其心，故知言實即知心，知心亦即知人。《孟子》書中記載很多「知人論世」的話，如對告子、許行、宋牼、張儀、公孫衍，以及楊朱、墨子之論評，皆是他「知言」的實例。孟子認為「邪說誣民，充塞仁義，則率獸食人，人將相食」。他看出思想言論的紛歧邪亂，業已造成「觀念的災害」，所以便挺身而出，發其隱蔽，明其誠偽，辨其得失；他要「正人心，息邪說，拒詖行，放淫辭」，以繼三聖（大禹、周公、孔子）的志業。由此可知，孟子的「知言」，除了闢異端，息邪說，嚴辨人禽、義利、王霸、夷夏之外，是更有他積極面的端正人心之傾向，以弘揚聖人之道與平治天下之使命感的。

### (二)養氣：氣由心持，以心養氣

「知言」是遮撥邪說，詮表正道。「養氣」則是培養道德的勇氣，樹立中心的信念，以期擔當天下之重而無所疑懼。是即孟子所謂「不動心」。而養氣之道在於「自反、持志、直養、集義」。此四者相因相成，但為說明方便，仍分別簡述如下：

1.自反——「自反而縮」，「反身而誠」，乃培養浩然之氣的樞機。自反而縮（直）表示行事無所愧怍，故能理直氣壯而無所餒。反身而誠，則無隱曲、無偏私、無疑懼。如此，自能成就人格的「直、方、大」[27]。若只是血氣、意氣（男兒重意氣之意氣），便不過是「氣魄承當」，並沒有理性良知的反省自覺，不是「自反而縮，雖千萬人吾往矣」的義理之勇（大勇）。必須通過「自反」的工夫，反身以循理，纔能「以理生氣」，纔能說「浩然正氣」。

2.持志——孟子說「志，氣之帥也。氣，體之充也。夫志至焉，氣次焉，故曰持其志，無暴無氣」。志，是心之所向，亦是心所存主，志即是心，心可以約束氣，引導氣，所以志是氣之帥（主宰）。此所謂氣，是意指我們的生命力（氣是力量，不是實體）。視、聽、言、動，都是氣的作用。氣充滿於我們形體的每一個地方，故曰「氣，體之充也」。志既然是氣之帥，氣就應該隨著志走。志之所向（所在），生命力必隨而從之，就像士卒隨從主帥而用命一樣，故曰「志至焉，氣次焉。」（次、舍也，止也。）但生命力常是盲動的，當氣失其平，生命力便橫肆泛濫，所以持志工夫，除了積極面的「持其志」，還要在消極面「無暴其氣」（暴、亂也。不可使氣乖舛紛馳，橫肆泛濫。）氣，好比是水，「水能載舟，亦能覆舟」。人如果橫肆濫用其生命力，亦會像水之無防、舟之無舵，終將隨暴雨而成災，隨狂濤而覆沒。反之，如能持其志，則有所主其中；能無暴其氣，則無所放縱於外。中有所主則氣愈充，無所放縱於外則志愈固。以志帥氣，內外交養，氣便浩然充塞了。

---

27 語見《周易》坤卦文言。

3.直養——何謂「浩然之氣」？連孟子自己亦覺得「難言也」。所以分為二句來說。首先他說「其為氣也，至大至剛，以直養而無害，則塞於天地之間」。大而無限量謂之「至大」。剛而不可屈撓謂之「至剛。」依趙岐註，直養而無害，是「養之以義，而不以邪事干害之」。人能本著「天所與我」的仁義之性，以率性修道，內充外擴，而不以人為桎梏加以干擾，不以私意欲念加以妨害，則道德的勇氣必能日臻浩然剛大，而充塞於天地之間。

4.集義——孟子又說：「其為氣也，配義與道；無是，餒也。是集義所生者，非義襲而取之也。」義，是吾人性分中所固有的，道，即率性之謂（中庸云：率性之謂道）。由心所發的浩然之氣，其全幅內容都是配義與道的。失去義與道，氣就餒乏不振，無法達到浩然。而浩然之氣之所以存有，則是「集義所生」者。所謂集義，是隨時表現內心之義，以為其所當為之事。所以人的每一步生活，隨著內在的道德性（仁義禮智之性）走一次，便是集義一次。「集義所生」，是說浩然之氣乃是在「隨時表現內心之義」中，自然生發而出。故「集義」工夫是內發的，而非外鑠的。不可將集義看做外在的積集，外在的積集是無根的、有間斷的。無根就是「義外」，是「行仁義」而非「由仁義行」[28]。有間斷便是「忘」，不是「必有事焉」。像這樣隔斷心性之源，而又「一曝十寒」，如何能算是「集義」？當然無法把氣養得浩然充塞。

如上所述，通過「自反、持志、直養、集義」的工夫，就可以培養出剛大浩然之氣。此即本節所謂「氣由心持，以心養氣」。

## ㈢從知言養氣到不動心

孟子所謂「不動心」，乃是心不搖惑、無所疑懼之意。孟子「四十不動心」，與孔子「四十而不惑」，在道德修養的進境上是相同的。一個人面對重責大任，而能心不搖惑、無所疑懼，這當然是一種「大勇」，所以公孫丑認為不動心的孟子，遠過古時的勇士。勇士必能養其勇，然後乃能臨危不避，臨敵不懼。但各人養勇（養氣）之道並不盡同，故其「不動心」也不一樣。綜結孟子所論，可有三種類型：

1.勇士之不動心：或如北宮黝之凌物以輕之，以養其必勝之念，而達致的「勇凌於物之不動心」。或如孟施舍信勇之在己，以養其無懼之情，而達致的「恃己無懼之不動心」。

2.告子之不動心：是不得於言，勿求於心，心與言不相干；不得於心，勿求於氣，心與氣不相貫；而達致的「強制其心之不動心」。

3.儒者之不動心：或如曾子之反身循理（守約），或如孟子通過知言養氣工夫而以志帥氣。曾子孟子二人所達致的「反身循理」或「以志帥氣」的不動心，乃真正能夠「不憂、不惑、不懼；不淫、不移、不屈」者。

孟子有言：「人之德慧術知，恆存乎疢疾。獨孤臣孽子，其操心也危，其慮患也深，故

28 按：「行仁義」是把仁義推出去，視為外在之價值標準，然後遵而行之。「由仁義行」是順由我內在的仁義之心而行。二句見離婁上篇第十九章。

達。」[29]孤臣、孽子，處境複雜而艱危。由於他們操心於危疑之地，慮患於深微之間，故能磨練出德慧術知與堅毅之性格。然《中庸》有云：「苟非至德，至道不凝焉」[30]換言之，苟非其人，道不虛行。人如真有行道淑世之大志，則孟子「知言、養氣」的工夫，必不可忽。

## 第五節　價值、倫理觀

### 一、天爵與人爵

> 孟子曰：「有天爵者，有人爵者。仁義忠信，樂善不倦，此天爵也；公卿大夫，此人爵也。古之人修其天爵而人爵從之。今之人，修其天爵以要人爵，既得人爵，而棄其天爵，則惑之深者也。終亦必亡之而已矣。」（告子上）

爵，貴也。仁義忠信，樂善不倦，皆本乎天性，這種人性中先天本有的尊貴，謂之「天爵」。至於公卿大夫，則是人定的爵位，是政治等級中的尊貴，故謂之「人爵」。天爵，是價值世界中的道尊德貴；人爵，是感覺世界中的位尊爵貴。古之學者為己，故以天爵為性分之所固有而加以修養。能修其天爵，則人爵不待求而自至，此即《中庸》所謂「故大德必得其位，必得其祿」[31]。今之學者為人，故以修天爵為獲取人爵之手段，人爵既得，便棄其天爵而不修，最後，連已得到之人爵亦必亡失而不保。由此可知，天爵是道德人格上的尊貴，是永恆的；人爵是名位權勢上的尊貴，是可變的。前者操之在己，求則得之，可以常保；後者操之在人，求而不可必得，得之亦難以常保不失。而世人不明此理，竟外於生命而別求人生之價值，可謂迷惑已甚。

儒家的貴賤觀念，無論天爵人爵，都不是階級觀念，而是價值性的觀念。當天爵與人爵合一，便是「大德者受命」之時，在此可以說「有德則有福」（得位、得祿、得名、得壽，皆是福）。但有時「修其天爵」，而「人爵」未必「從之」，這時候，德與福便不能一致。而人生也就有了缺憾。順此缺憾可以接觸「命」之觀念。在儒家，是「盡義以知命」而達到「義命合一」。然則，是否亦可以「修德以受福」而達到「德福一致」呢？這是值得思量的問題。

雖然中庸說「大德必得其位，必得其祿，必得其名，必得其壽」[32]，但那只是就堯舜「受祿於天」而言。在現實的人間社會，有德者未必即有福；德與福是綜合關係，而不是分析關係。這其中的限制，儒者早有覺察，所以一方面說「先天而天弗違」一方面又說「後天

29 盡心上篇，第十八章。
30 語見《中庸》第二十七章。
31 語見《中庸》第十七章。
32 同註31。

而奉天時」。[33]依先天義，顯示道德創造之無外以及道德我之無限性；在這一面，可以說義命合一，亦可以說德福一致。依後天義，顯示宗教情操之敬畏與個體存在之有限性；在這一面，則不能說義命合一，亦不能說德福一致。而儒家價值論的落點，是定在主體的自覺實踐上。道德意識的自覺要求，是要求「合義、成德」，至於「命」與「福」，雖亦加以正視，但可不予計較。是故董生曰：「正其義不謀其利，明其道不計其功。」依儒家，義正即是利，而且是公利，是普遍之利；道明即是功，而且是大功，是長遠之功。這是儒家價值觀的一大要點。

## 二、義利與生死

義利之辨，是儒家價值論的中心。孔子說：「君子喻於義，小人喻於利。」[34]孟子承之，亦嚴辨義利。

> 孟子見梁惠王，王曰：「叟，不遠千里而來，亦將有以利吾國乎？」孟子對曰：「王何必曰利？亦有仁義而已矣。王曰何以利吾國，大夫曰何以利吾家，士庶人曰何以利吾身，上下交征利，而國危矣！……未有仁而遺其親者也，未有義而後其君者也。王亦曰仁義而已矣，何必曰利？」（梁惠王上）

孟子主張以仁政王道平治天下，而當時諸侯只求富國強兵，故攻人之城，掠人之地，戰禍連年，民不聊生。這都是由於各自求利而造成的結果。為了扭轉梁惠王唯利主義的價值觀，所以孟子劈頭第一句，便說「王何必曰利，亦有仁義而已矣」。因為如果人人以「利」為首要目標，則君卿大夫、士庶人等，皆將唯利是圖；如此交相取利，勢必因利害衝突而交相怨懟，於是上下離心離德，而國家也就陷於危亂之地了。反之，如以仁義之道作為政治的綱領，則人人不失其仁，不失其義，自能推愛於社會，以為其所當為。於是，親親敬長，講信修睦，扶弱濟傾，興滅繼絕：而致生民於康樂，進世界於大同，亦將成為理所應然，勢所必至之事。這樣的價值觀，纔是人類所嚮往的，所追求的。世人總以儒家陳義太高，其實，不講價值則已，要講價值，便應當稱理而談，稱義而說。人心悅理悅義，人性中亦本有仁義，然則，捨理義、仁義而談價值，可乎？

孟子曰：「魚，我所欲也；熊掌，亦我所欲也。二者不可得兼，舍魚而取熊掌也。生，亦我所欲也，義，亦有所欲也。二者不可得兼，舍生而取義者也。……生亦我所欲，所欲有甚於生者，故不為苟得也。死亦我所惡，所惡有甚於死者，故患有所不避也。……是故，所欲有甚於生者，所惡有甚於死者，非獨賢者有是心，人皆有之，賢者能勿喪耳。」（告子上）

33 語見《周易》乾卦文言。

34 見《論語》里仁篇。

此章以「魚與熊掌」比喻「生與死」，生與義雖同為我所欲得，但如果生而有害於義，則我寧可棄生命以成就義。孟子所謂「舍生取義」與孔子「殺身成仁」，同樣表示了超乎生命之上的人生價值之極則，而且宣示了強烈的殉道精神。

生死問題亦是價值觀的一大重點。儒家重視死得其所、死得其時，但不單獨討論死的問題。儒家亦重視喪葬祭祀之禮，而對於鬼神之事，則持「存而不論」的態度。

「殺身成仁」、「舍生取義」，在儒家是應然而必然的道德要求。這一個要求，同時即是以心性論為根基而透顯出來的「生死智慧」。在此，捨生而得生，死即是生（雖死猶生）；由於身之死而創造了更高層次的生之意義與生之價值。若有人問，「殺身、舍生」是否絕對必要？則儒家可以這樣回答：從行為方式上說，當然並非絕對必要，不殺身亦可以成仁，不捨生亦可以取義。但從生死的意義上說，這個問題其實是無須提出的。生命的意義和價值，在於是否能盡性至命，而不在身之存滅。身與道離，雖生猶死；身與道一，雖死何憾？故孔子曰：「朝聞道，夕死可矣。」這就是「不恐動人而平看生死」的真實之言。

> 孟子曰：「故天將降大任於是人也，必先苦其心志，勞其筋骨，餓其體膚，空乏其身，行拂亂其所為；所以動心忍性，增益其所不能……入則無法家拂士，出則無敵國外患者，國恆亡。然後知生於憂患而死於安樂也。」（告子上）

此章結語所謂「生於憂患，死於安樂」，意謂人常因憂患而生，因安樂而死。這是承「苦其心志」「動心忍性」而來的憂患意識，所顯示的另一層面的生死智慧。語云殷憂啟聖，多難興邦，便是「生於憂患」。耽於逸樂，不自振作，終致魚爛而亡，即是「死於安樂」。為此，特衍孟子之意為聯句。以資惕勵：記取生於憂患，以免死於安樂；莫教生於安樂，以致死於憂患。

## 三、親親仁民愛物：推愛

孟子曰：「君子之於物也，愛之而弗仁；於民也，仁之而弗親。親親而仁民，仁民而愛物。」（盡心上）

親親、仁民、愛物，都是仁愛之心的表露。程子曰：「統而言之，則皆仁；分而言之，則有序。」在具體的表現上，「親」切於「仁」，「仁」厚於「愛」。這個親疏之等，乃是人情之自然，是天理合當如此。所以「親親而仁民，仁民而愛物」，並不是人為的差別，而是天理本然之則。孟子此章所說，實可視為中國倫理思想之總綱。

一、在親親方面，上對父母是表現孝順之德，中對兄弟是表現友悌之德，下對子女是表現慈愛之德。孝悌慈的表現，既能顯示縱的生命之承續，又能顧及橫的親情之聯繫。所以明儒羅近溪說「家家戶戶皆靠孝悌慈過日子也」。如果人類不孝不悌不慈，則人間生活將立即動物化而淪為禽獸世界，而道德文化的價值，亦將全面崩解而重歸洪荒。

二、在仁民方面，(1)就通向社會而言，即是禮運大同章所謂「不獨親其親，不獨子其子」，以及孟子所謂「老吾老以及人之老，幼吾幼以及人之幼」。這亦正是孔子所謂「老者安之，少者懷之，朋友信之」的情懷。(2)就通向政治而言，一方面是修德愛民，「以不忍人之心，行不忍人之政」，使黎民百姓皆有恆產，而能養生喪死無所憾。一方面是「保民如赤子」，教人以孝悌人倫，使匹夫匹婦各得其所，而能安居樂業。(3)就通向世界而言，即是中國人最為熟習的「四海一家」、「天下為公」、「世界大同」的精神。

三、在愛物方面，由「民胞物與」而進到「以天地萬物為一體」，即可充分顯示儒家所講的「仁」，纔真正是無限的愛。而墨家提倡愛無差等的「兼愛」，排斥差別性以突顯普遍性，其普遍性是抽象掛空而不能落實的。依據儒家的思想，「仁」字上不說差等，差等的意思是落在「愛」字上說。因此，我們可以對應墨家兼愛之說，提出二句話作為回答：仁通萬物，而愛有差等；仁無差等，而行愛有序。二句歸為一句，便是「仁無差等，而愛有差等」。因此，儒家主張「推愛」，而孟子「親親而仁民，仁民而愛物」的話，實最能簡切地闡明「推愛」之義。

總起來說，親親表現的是「天倫愛」，仁民表現的是「人類愛」，愛物表現的是「宇宙愛」，孟子所闡述的不只是儒家的倫理思想，事實上就是中華民族的倫理規範。但儒家倫理規範的表現方式，必須隨時代社會之變遷，而進行全面性的調整，必須順應時宜而「因之、革之、損之、益之」。如此而後，自能重新建構起普遍適用的倫理規範。[35]

# 第六節 政治思想之精義

## 一、推仁心，行仁政

孟子常說先王之道，先王指堯舜禹湯文武，先王之道即是仁政王道。孟子說：

> 人皆有不忍人之心。先王有不忍人之心，斯有不忍人之政矣。以不忍人之心，行不忍人之政。天下可運之掌上。（公孫丑上）

安於不仁謂之忍。不忍人之心，即是仁心，亦即怵惕惻隱之心。聖王與民同好惡，同憂樂，滿腔子是惻隱之心，故能「推仁心，行仁政」。推，是儒家最基本、亦是最可貴的精神。孔子所謂「己所不欲，勿施於人」是推己之恕，而「己欲立而立人，己欲達而達人」，則更是恕道的積極表現。到孟子，對這種推擴的道理，繼續加以發揮。他說：

> 凡有四端於我者，知皆擴而充之矣，若火之始然，泉之始達。苟能充之，足以保四海；苟不充之，不足以事父母。（公孫丑上）

35 關於這方面的問題，我有一篇論文「儒家倫理基軸之省察」，編入《哲學史與儒學論評》（臺北：臺灣學生書局），頁七九—一〇一，可參閱。

> 老吾老以及人之老，幼吾幼以及人之幼，天下可運於掌……故推恩足以保四海，不推恩無以保妻子。古之人之所以大過人者，善推其所為而已矣。（梁惠王上）

擴充四端之心，近則可以事父母，大則可以保四海，而「老吾老、幼吾幼」二句，亦仍然是推擴吾心之仁，由己之父母子女以及於天下人之父母子女，這是極其自然而又順情合理之事。對於這種「舉斯心加於彼」的行為，孟子稱之為「推恩」。古先聖王「以不忍人之心，行不忍人之政」，亦無非是「善推其所為」而已。

孟子的政治思想並不以君為中心，而是以民為中心（見下第二大段）。故孟子論君道，亦以貴德愛民為本旨。茲分三點，簡述如下：

(1)以德行仁——以德行仁，即是以德行政。仁恩及於民，則人民心悅誠服。孟子曾說到周文王發政施仁，必以「鰥、寡、孤、獨」四者為先。[36]但有仁心仁德，如無「道揆法守」，仍然不能平治天下。故孟子言治，實是以德為本，以法為用。可見德化的治道，並不疏忽法制的功用。自古「禮、法」並舉，亦是此意。

(2)貴德尊士——孟子認為「以天下與人，易；為天下得人，難。」[37]故為君者必須「貴德而尊士」，以使「賢者在位，能者在職。」[38]一國之君果能做到「尊賢使能，俊傑在位，則天下之士，皆悅而立於其朝矣。」[39]如此，便是「為天下得人者謂之仁」了。

(3)與民同好惡——孟子指出，民之「所欲」，為之積聚以滿足他們的需要；民之「所惡」則不可施行以免招致他們的怨怒。孟子之意，與《大學》所謂「民之所好好之，民之所惡惡之」同一旨趣。孟子論政，特重民意。為政者不但要與民同好惡，還要「與民同憂樂」[40]，甚至用賢、殺人，亦應依據民意。所以說：「國人皆曰賢，然後察之，見賢焉，然後用之……國人皆曰可殺，然後察之，見可殺焉，然後殺之。」[41]總之，一切以人民為主體，一切以民意為依歸。這就是孟子政治思想的基本要義。

## 二、民爲貴、重民生

孟子曰：「民為貴。社稷次之，君為輕。是故得乎丘民而為天子，得乎天子而為諸侯，得乎諸侯而為大夫。諸侯危社稷，則變置。犧牲既成，粢盛既潔，祭祀以時，然而旱乾水溢，則變置社稷。」（盡心下）

孟子「民貴君輕」之說，在人類政治思想史上，實為先聲。「君」與「社稷」可以變置

36 見《孟子》梁惠王下篇第五章。
37 見《孟子》滕文公上第四章。
38 見《孟子》公孫丑上篇第四章。
39 同上，第五章。
40 梁惠王下第四章云：「樂民之樂者，民亦樂其樂。憂民之憂者，民亦憂其憂。樂以天下，憂以天下。」
41 同上，第七章。

（變換舊的，更置新的），而「民」則不可。在儒家的政治思想裡，「民」是政治的重心，君與社稷，皆為「民」而存在。而為政之道，愛民安民而已。國以民為本，民以食為天，所以政治之首要在民生。以下試分為「養民、教民、使民、保民」四目，略作說明。

(1)養民——孟子以「黎民不飢不寒」、「養生喪死無憾」為「王道」之始基。為期達到這個目的，必先做到下列三事：第一、「為民制產」：孟子認為「民無恆產，則無恆心」，明君為民制產，必使「仰足以事父母，俯足以畜妻子，樂歲終身飽，凶年免於死亡。」[42]孟子之言，不但上承孔子「先富後教」之義，而與管仲「衣食足則知榮辱，倉廩實則知禮義」，意思亦正相同。儒家講道德，是理想主義的精神，而政治之事則採取經驗主義的態度。道德和政治的分際，在儒家本甚清楚，而近人動輒說儒家是泛道德主義實乃濫用詞語，是顢頇而不相干的混扯。[43]第二、「不違農時」：所謂「雞豚狗彘之畜，無失其時，七十者可以食肉矣。百畝之田，勿奪其時，數口之家，可以無飢矣。」[44]第三、「薄其賦斂」：儒家向來主張輕傜役，薄賦斂，以什一之稅為原則。孟子對於自古行之的「布縷之征，粟米之征，力役之征」，認為應該「用其一而緩其二」[45]，尤其顯示他薄賦斂、惜民力的主張。

(2)教民——孟子認為「善政不如善教之得民也」[46]。而教民之道，是「謹庠序之教，申之以孝弟之義」[47]。教的重點，是「父子有親，君臣有義，夫婦有別，長幼有序，朋友有信。」[48]至於知識技術的教育，在古代農業社會的需要性並不迫切，而工商百業的知識技能，亦自有其行業本身的傳習方法。從歷代遺留的器物，可知先民智能之靈巧和技藝之精美。

(3)使民——使民之道，首在與民同好惡、同憂樂。孟子說：「以佚道使民，雖勞不怨。以生道殺民，雖死不怨殺者。」[49]佚道，是使民安逸之道。人民為自己生活之安佚而勞動，故能勞而不怨。生道，是使人民活命獲生之道。如除暴安良，以殺止殺之類。至於「勞心」「勞力」之分別，是依於分工而來的位分之不同。此乃天下之通義，古今不變之常則。

(4)保民——孟子認為，保民之道，在以不忍人之心，推為不忍人之政。他因齊宣王見牛之觳觫而不忍殺，以指點此一念之不忍即是仁心之根牙，如能「舉斯心加諸彼」，「推恩」

42 參見梁惠王上篇第七章。

43 按：就「德化的治道」而說儒家是「泛道德主義」，乃是不相干的拉扯，至少亦是不明分際的顢頇之見。道德而格律化、教條化，而又直接以此格律教條強壓於人，乃成為奴役人民的泛道德主義，是王船山所謂「立理以限事」。儒家以不忍人之仁講道德，決不容許奴役人民，決不是那種格律化教條化的「立理以限事」的泛道德主義。此意，牟宗三先生《政道與治道》（臺北：臺灣學生書局）第三章第四節後段有辨析，請參看。

44 梁惠王上篇第三章。

45 盡心下篇第二十七章。

46 盡心上篇第十四章。

47 梁惠王上篇第七章。

48 滕文公上篇第四章。

49 盡心上篇第十二章。

以保四海，此即所謂「保民而王」。[50]孟子曾說「古之為關也，將以禦暴；今之為關也，將以為暴。」[51]設關以禦暴，是為了保民；設關以為暴，則是為了虐民（關起門來行暴政）。戰國時代，諸侯相互攻伐，「爭地以戰，殺人盈野；爭城以戰，殺人盈城」。孟子認為「率土地而食人肉，罪不容於死。」[52]凡殘民以逞，未盡「保民」之責者，孟子皆嚴加貶斥，故曰「五霸者，三王之罪人也」，「今之諸侯，五霸之罪人也」，「今之大夫，今之諸侯之罪人也。」[53]

以上所述，是孟子論政之綜括。孟子倡言行王道，在崇尚詐力的戰國時代，實顯示一特殊之立場。但這套政治理論，本質上仍只是傳統政治中「修德愛民」觀念的引申。而真正具有「政治思想」之重大意義，而又有創闢性之見解的，則是孟子在萬章上篇所提出的有關政權轉移的理論。

## 三、政權轉移的軌道問題

在孔子的時代，周文（禮樂文化）的理想還盪漾於士民的心懷之中，所以孔子對政治的意向，是想重建周文的秩序，重開周公的禮樂政教，而並沒有建立一個新政權的想法。雖然他說過「其或繼周者」，亦只是順三代禮樂之因革損益而言；他講大同小康亦說到堯舜禪讓與三代世襲，但對於政權轉移的理論，則沒有明確的表示。孟子生當戰國中期，周室衰微已甚，士民心中早已不存興復周室之意念，孟子亦遂寄希望於新王興起。他既有建立新政權的意向，自必論及有關政權轉移的問題，這亦是孟子書中最有意義的政治思想。[54]

孟子之文有二章，一是萬章上第五章，論「天與即人與：民意政治」。全章的意思主要有四：

(1)「天子不能以天下與人」：這是一個極好的觀念，因為天下不是一個「物品」，不可私相授受。

(2)「天子能薦人於天，不能使天與之天下」：在此，孟子提出的「推薦」觀念，相當於今天民主政治向選民提名「候選人」。但提名是一回事，選民是否投票支持被提名者當選，又是一回事。所謂「不能使天與之天下」，亦正表示這個意思。同理，諸侯亦只能向天子推薦賢才，但不能使天子一定將諸侯之位給予你所推薦的候選人。大夫向諸侯薦舉人才，亦是如此。

(3)「天與之」是通過「人與之」而表示：被薦者的「行與事」皆得民心，是即無異於今日之候選人經由公民「普選」而獲得選民之熱烈支持。這種經過「推薦」（薦人於天）與

---

50 梁惠王上篇第七章。

51 盡心下篇第八章。

52 離婁上篇第十四章。

53 告子下篇第七章。

54 牟宗三《政道與治道》曾引孟子萬章上五、六兩章，加以論述，請參閱。

「普選」（由行事之得人心來顯示）而得天下，以踐天子之位，完全是「德」的觀念、「公天下」的觀念。在此，沒有人權運動，沒有訂定憲法，而是就這最實際的行事與最具體的民心之向背，以表示天理合當如此。這天理一經正視而被認定，就成為不可動搖的信念，成為良心上不能違悖的真理。這裡顯示了一個政治實踐上的最高律則，即「天意不可違逆，民心不可違背。」。我們也可以說，這是一種「主觀形態的民主」。如果將此律則「客觀法制化」，便是今天民主政治的形態。

(4)「天視自我民視，天聽自我民聽」：這是孟子引《尚書・泰誓》之言，以印證「天與之」是通過「人與之」而表示。天的視聽既然通過人民的視聽而顯示，則所謂「天命之歸」，實際上即是民心之所向，民心即天心，民意即天意。

萬章上篇第六章，又順承上章「推薦與普選」的最高原則，再申論「禪」（傳賢）、「繼」（傳子）與「革命」，以論述「政權轉移」之問題。其要點有五：

(1)天子薦人於天，類似今之提名競選，而禹之子啟得天下，則近乎今日之連選連任。但啟再傳天下於其子太康，則不可；所以終於有后羿奪位之事。而少康之中興，實憑武力；而亦由於后羿寒浞之相繼行暴，予少康以可乘之機。

(2)「謳歌者不謳歌益而謳歌啟，曰：吾君之子也！」這表示人民不能忘懷大禹治水之功，而其子啟又很賢能，於是愛屋及烏，而擁戴啟繼其父禹為天子。大禹雖然推薦了益，但益相禹的年數少，施於人民的惠澤亦不足以拉轉人民戀舊（感念大禹）之情。這些都非人力所能為，而是「天」「命」。

(3)「天與賢則與賢，天與子則與子。」無論「與賢」或「與子」，皆視天心民意而定。但「吾君之子也」這種戀舊之情，只是一時的，可一而不可再。啟繼承禹，近乎連選連任，但連選連任亦有限制，故「吾君之子」沒有理由永遠拉長。孟子的說法，是表示政權轉移，無論與賢、與子，皆決定於民意；而並不表示承認世襲家天下為合理，此所以孟子又盛讚湯武之革命。

(4)「匹夫而有天下者，德必若舜禹，而又有天子薦之者。」這是說有天下而為天子，除了要有德，還要有現任天子的推薦；孔子有其德而無人薦，所以「不有天下」。在此可以看出孟子這個理論，缺少一步積極有效地「使聖人為天子」的客觀法制。

(5)「繼世以有天下，天之所廢，必若桀紂者也。」這是說在世襲家天下的制度下，在位天子的惡行必須落到夏桀商紂的程度，纔會為天所廢；夏之啟很賢，商之太甲雖失德而知悔改，周之成王亦很賢，三人皆能承繼先業，故天不廢之。而亦以此故，「益、伊尹、周公不有天下」。這裡所透露的，是表示孟子對於並不合理的家天下，除了肯定湯武革命之外，還沒有想出一個有效的處理辦法。

無論「禪」「繼」或「革命」，都是以「德」取天下，都是以「民心」作為政權轉移的依據。孟子都加以肯定承認，並引孔子之言曰：「唐虞禪，夏后殷周繼，其義一也。」其實，這三者是有不同的。「禪」是公天下，「繼」是家天下，而「革命」則是以非常手段取天下。以革命對禪而言，禪是揖讓，革命是征誅；一個是德，一個是德加上力。以革命對繼而言，一方面是對家天下世襲傳子之挑戰（因為子不必賢，傳到桀紂這樣的暴君，當然要對付），一方面又是另一個新世系的家天下之形成。

總之，關於政權轉移的軌道問題，孟子所提供的理論方向，的確有重大的意義和價值。這裡所欠缺的，只是如何落實到制度上，確立「推薦」（提名候選人）「人與」（公民投票普選）「不與」（依法罷免）的法制，以保證「公天下」理想之實現。這三個問題，儒家一直未能落實在法制上作架構之思考；在此，顯示儒家的外王學有所不足。但亦須知，這個問題乃是人類共同之問題。在西方世界亦要到一六八九年英國通過「權利法案」之後，纔算開始正視這個問題，而有了初步的解決之道。較之我國辛亥革命成功，亦不過早二百二十餘年而已。[55]

55 按：英國權利法案通過前二十七年（一六六三），黃梨洲《明夷待訪錄》成書，一七四八年法人孟德斯鳩《法意》出版。一七七六年美國獨立，一七八九年法國大革命，一八六七年日本明治維新開始，一九一一年辛亥革命成功。

# 第五章　老子的哲學

## 第一節　道家的先期人物

《論語》所載孔子遇到的南方隱士，大致而言，都屬於道家的先期人物。如：

(1)子路宿於石門。晨門曰：「奚自？」子路曰：「自孔氏。」曰：「是知其不可而為之者與！」（憲問）

(2)子擊磬於衛，有荷蕢而過孔氏之門者，曰：「有心哉，擊磬乎！」既而曰：「鄙哉，硜硜乎！莫己知也，斯已而已矣！『深則厲，淺則揭』。」子曰：「果哉！末之難矣。」（憲問）

(3)楚狂接輿，歌而過孔子，曰：「鳳兮鳳兮，何德之衰。往者不可諫，來者猶可追。已而，已而！今之從政者殆而！」孔子下，欲與之言，趨而辟之，不得與之言。（微子）

(4)長沮、桀溺耦而耕，孔子過之，使子路問津焉。長沮曰：「夫執輿者為誰？」子路曰：「為孔丘。」長沮曰：「是魯孔丘乎？」曰：「是也。」曰：「是知津矣。」問於桀溺，桀溺曰：「子為誰？」曰：「為仲由。」曰：「是魯孔丘之徒與？」曰：「然。」曰：「滔滔者天下皆是也，而誰與易之？且而與其從辟人之士，豈若從辟世之士哉？」耰而不輟。子路行以告，夫子憮然曰：「鳥獸不可與同群，吾非斯人之徒與而誰與？天下有道，丘不與易也。」（微子）

(5)子路從而後，遇丈人，以杖荷蓧。子路問曰：「子見夫子乎？」丈人曰：「四體不勤，五穀不分，孰為夫子？」植其杖而芸。子路拱而立。止子路宿，殺雞為黍而食之，見其二子焉。明日，子路行以告。子曰：「隱者也。」使子路反見之。至，則行矣。子路曰：「不仕無義。長幼之節，不可廢也；君臣之義，如之何其廢之？欲潔其身而亂大倫。君子之仕也，行其義也。道之不行，已知之矣。」（微子）

孔子為了尋求行道的機會，率領群弟子周遊列國，栖栖皇皇，行走於道路。而另一些散處鄉野的隱逸之士，雖或欽慕孔子的人品，而對他「知其不可而為之」的情懷，則疏隔而無所會心，乃對孔子深致其「鳳兮鳳兮，何德之衰」的惋歎。他們面對「滔滔者天下皆是」的混亂而無可奈何，只深切感受「今之從政者殆而」，乃心灰意冷，「欲潔其身」以自保。而孔子與人為徒，豈可絕人逃世以自潔？故曰「鳥獸不可與同群，吾非斯人之徒與而誰與？」

因為天下無道，故君子亟欲出仕以「行義」於天下。可惜在位者不識其賢而用之，在野者又不知其心而譏之：如楚狂接輿只知孔子之德而不知孔子之「心」。荷蕢稍知孔子擊磬之心，而又誤會孔子堅執而不解放手。其中只有荷蓧丈人較為特別。他以責為諷，說了一句「四體不勤，五穀不分，孰為夫子？」之後，便「植杖而芸」，不再理會子路。但待他看到子路斂手而立的敬態，便肫懇留宿，雞黍待客，並召其二子來見子路，可謂風高意厚。當晚他與子路所談，必有未完之衷曲。次日，孔子聽子路說了，便要子路回去看他，雖然是為要表白心迹，曉之以義，而契慕之情亦自在其中。賢聖相接之際，其間必有美者。千古之下，想其人德，猶不勝惓惓之心焉。

據此可見，情切救世者與忘情避世者，實皆真心之人。只因價值之取向有別，而處世之態度亦遂不同。再如楊朱「為我」，也屬道家早期之思想。他與墨子之「兼愛」各有所執。一個抓住個體性，而卻忽視普遍性；一個抓住普遍性，而卻忽視差別性。各趨一端而互有偏失，故孟子兩闢之。

道家之說，自是針對周文疲弊（有文無質）而發。唯《老子》書之作者及其成書之年代，難以考定。但老子「絕聖棄智，絕仁棄義」，明顯地針對儒家而發。故老子在孔子之後，實無可疑。孟子闢楊墨而未及老子，則其時《老子》之書尚未流行。而莊子與孟子同時而稍晚，故《莊子》書中便常稱道老子。唯老莊二人之風格及其表達方式、義理之形態，皆有不同。老子立綱維，莊子則消化之而調適上遂，此可說是甚為自然之發展。為免分隔，故連章以論老莊，而列於孟子章之後。老子之人或書，雖可能略早於孟子，亦無傷也。

再者，上文第一章之後，有一段「附識」，介紹郭沂教授論述「郭店竹簡出土對先秦哲學之關係述略」，亦可資參閱。

## 第二節　「無」的智慧之進路

### 一、以「無爲」對治「有爲」

對周文之弊，是諸子各家共同感受到的。儒家認為當時的周文（周代的禮樂文化），不但出現「文勝質」的偏差，甚至已經落到「有文無質」的地步。因而主張要以生命的真誠（內在的質）貫注於禮文形式（外在的文），使禮樂之文不至於流為虛架子。所以孔子說「人而不仁，如禮何？人而不仁，如樂何？」[1] 沒有內在的仁義之心，禮樂將如何顯現其規範之價值？又將如何顯發其教化之功能？換言之，禮樂之所以能顯發其化民成俗的效用，實乃人的仁義之心在起著主導的作用。儒家以禮樂為本的禮樂文化之所以能夠源遠流長，緜緜不盡，正是由於它掌握了「人同此心，心同此理」的價值主脈。

但道家精神與儒家相反。儒家在任何時、任何地，都要發揮禮樂的教化功能，也就是說，都要有所作為。[2] 而老子則以為一切「有為」，皆將造成人為的災害，故視周文為虛架子[3]，認為全套的禮樂文化，皆將桎梏生命的自由，妨礙生命的自在[4]。故主張「無為」以對治「有為」。

## 二、從「無爲」到「無」

「無為」，本是生活實踐的一種態度，但久而久之，這生活實踐的態度，漸漸抽象化（觀念化）、普遍化（原則化）。於是，「事」（生活行為）上的「無為」，進而轉為從「理」（觀念）上說的「無」。「無」的正面意義是「自然」，意思是要避免不自然的人為之害。有如：

---

1 見《論語·八佾》。

2 儒家所講之「有為」，是「義之與比」、「由仁義行」，並非道家所擔心的「人為造作」。故儒家之積極有為，是順理性而為之，可以避免干擾、操縱、控制、把持、扭曲、傷害……之弊病。而孔子說「無為也者，其舜也歟！」可見儒家亦承認「無為」之意義與價值，只是儒家不以「無為」為綱，而以「仁」為綱。

3 按：周代之禮樂文化，基本上是貴族文化。貴族生命健康充沛之時，有文有質，彬彬稱盛。貴族生命一旦塌落，禮樂便成為虛文形式，不再能表現生命之真誠與活力。是之謂有文無質的虛架子。

4 禮文本不是虛架子，本不會桎梏生命。禮的形式，本都可以收進來而內在於人的生命。孟子從恭敬辭讓之心說「禮」，《禮記》亦說「禮者，仁之表也。」皆表示禮樂必以仁義為內在的根。故儒家「以質救文」，是以仁義之心，充實開擴禮樂文化之真精神、真功能。

(1)生命的紛馳——主要是生理感官的欲求，如飲食男女之類。

(2)心理的情緒——含名利心、得失心、計較心。（表現出來便是好惡與喜怒哀樂之情。）

(3)意念的造作——含觀念系統之拘蔽，以及因觀念而形成的災害。

「無」的觀念，本由「無為」而來，是由遮撥人為的「干擾、把持、矯揉、造作」等等的「有為」，以求得主體之自由自在、自得自適。若將「無」作動詞用（無掉有為、不要有為），它本是一個生活實踐的觀念。如果轉變一下，將「無」轉為名詞，作為本體概念來看，它亦只是虛層上的意思，因為並無一個物叫做「無」也。（然而，道家卻以無為本、以無為道。）

## 三、以作用層上的「無」，作爲實有層上的「本」

老子的道，不同於儒家。儒家的道，是形上的實體，而且是道德之根、價值之源。道，是一個創生實體，是實實可以創生萬物、創生價值的。（故儒家以仁為道，而不以無為道。）

老子由人生問題上的生活實踐，轉進到形上的存有領域，而以「無」為道。從「無為」到「無」，「無」轉成名詞，這已是第二步（生活實踐上的「無為」，才是第一步）。老子這個思路，依牟宗三先生的說法[5]，是以作用層上的「無」（本是「無為」二字），用來作為實有層上的「本」（此本，名之為道）。

作用層上的無，儒家其實也常用到。從《尚書・洪範》「無有作好，遵王之道；無有作惡，遵王之路。」直到王陽明致良知四句教頭一句「無善無惡心之體」[6]，皆是其例。「無有作好、作惡」，不是不要「好惡」，只是要使好惡皆得其正，不可有作意的偏好偏惡。而「無有作好、作惡」的「無」，正是作用義的無。王陽明「無善無惡心之體」，也不是說無有善、無有惡，而是指「心之體」乃是至善的心體。至善的心體是無相的。所謂「無善無惡」，便是無善相無惡相的意思。事行上的善惡是相對的善惡，故善行有善相，惡行有惡相。而至善的心體是無相的（惡相固無，善相也不可得而有。）所以特別用「無善無惡」來指述「心之體」。陽明又有一句話：「無善無惡，是謂至善。」[7]由此便可證知吾人上文的疏解，是恰切肯當的。而「無善無惡」的無，亦是作用義的無。

歷來各家各派的形上實體，意指有同有異，有虛有實。而老子以「無」為道，則是很特別的。

## 第三節　以無為道與道之雙重性

5 參牟宗三《中國哲學十九講》第七講「道之作用的表象」（臺北：臺灣學生書局）。

6 《王陽明全書》年譜五十六歲下：「無善無惡心之體，有善有惡意之動，知善知惡是良知，為善去惡是格物。」其義，蔡仁厚《王陽明哲學》（臺北：三民書局）第七章可參看。

7 王陽明《傳習錄》中卷，「答歐陽崇一書」。

## 一、以無爲道與道體的形容

「道」是通名，人人可講。老子是通過「無」來了解「道」，進而又以「無」來規定「道」。由「無」而「有」，再進到「無、有」與「物」的關係，這就是形上學存有論的問題。（宇宙論正是在這裡講。）

有關「道體」的形容（描述），可分為三點述之如下：

(1)「道可道，非常道；名可名，非常名。」[8]這是形式的表示，指出「道」雖有稱謂，而實不可定義；這是「道」的性格（無限性、永恆性）所決定的。在此無法以有限的言語，來說明無限的意義，故不可定義（道無定名）。「道可道」之前「道」字，是名詞，指道體（恆常之道）；後「道」字，是動詞，指言說。可以言說的道，就不是那恆常的道體。「名可名，非常名」亦同此解。凡是可以用名詞概念解說的「名」，不但有限制性，亦有可變性，故不是恆常之名。

老子這幾句形式的規定語，簡切中肯。顯示出智慧的哲學，與知識性的科學不同。科學真理是「可道、可名」的知識性之真理，而哲學的形上之道，則只可體證、體現，而無法以名詞概念恰如其分地加以表述。老子對「實踐的智慧」之性格，做了開宗明義的指點和形容。

(2)「有物混成，先天地生。寂兮寥兮，獨立而不改，周行而不殆，可以為天下母。吾不知其名，字之曰「道」。[9]

道，不是物，而首句卻說「有物」，這是為了說話方便，必須起個頭。這個物（指道而言）既無形無狀，也無聲無臭，然而它卻是真實的存有。它混然而成，在未有天地之先，它便存在了。（這是指出道的先在性。）而「寂兮寥兮」是說「道」靜而無聲，動而無形。「獨立而不改」是指說道之絕對性、永恆性。「周行而不殆」是指說道之周遍流行而不息。殆、通怠，不怠、謂無窮盡，不停息。這樣的東西可以作為天下萬物的實現原理，所以說「可以為天下母」。但這樣的東西，你知道它名叫什麼嗎？道，不可道；名，不可名。老子承認「吾不知其名」。可是總得有稱謂，才好說話呀！於是，老子也就給了一個名字，曰「道」。[10]

(3)「視之不見，名曰夷；聽之不聞，名曰希；摶之不得，名曰微。此三者不可致詰……復歸於無物，是之謂無狀之狀，無物之象，是謂恍惚。」[11]

道不是經驗世界的「物」故「視之不見」，「聽之不聞」，「摶之不得」（摶音團，以手

---

8 見《老子》第一章。

9 見《老子》第二十五章。

10 若再勉強為「道」加幾個名字則「大、逝、遠、反」皆無所不可。但也都只是道之形容，不必過為「甚解」。文見二十五章。

11 見《老子》第十四章。

拍擊或摸觸，皆可曰摶）。河上公注云：「無色曰夷，無聲曰希，無形曰微。」老子以「夷、希、微」形容道，既然無聲無臭，無形無色，自然「不可致詰」，故「復歸於無物」。「無狀之狀，無物之象」[12]，王弼注曰：「欲言無邪，而物由以成；欲言有邪，而不見其形。」「恍惚」，正謂若有若無，不在經驗世界中。此章所說，皆是對道之形容（描述）。

## 二、由無中帶出有、道之雙重性

老子以無為道，再由無中帶出有，故老子之道，又實有雙重性。老子有云：「道之為物，唯恍唯忽。忽兮恍兮，其中有象；恍兮忽兮，其中有物。」[13]「道之為物」，不可言說，故用「忽兮恍，恍兮忽」來形容。在恍惚之中而「有象、有物」，便是由「無」中帶出「有」。因此，牟先生視「無」與「有」為道之雙重性。[14]

> 無，名天地之始；有，名萬物之母。故常無，欲以觀其妙；常有，欲以觀其徼。此兩者同出而異名，同謂之玄。玄之又玄，眾妙之門。[15]

首二句，前句之「無，名天地之始」，是向後返以顯本，見道之「無」性（無，是始）。後句「有，名萬物之母」，是向前伸以見用，顯道之「有」性（有，是母）。無與有，即是道之雙重性。

其次二句，「常無，欲以觀其妙」，妙是就道本身說，此句只無而不能有。「常有，欲以觀其徼」，徼音叫，歸趣也，有嚮往之義，表示欲向。道要實現萬物，成就萬物，即表示一種欲向。既然是道的欲向，必不會脫離道而一往不返，仍將與道合流。王弼以「歸終」解此徼字，甚為諦當。由「無」的心境可以觀道之玄妙；由「有」的心境可以觀道之欲向（實現物、成就物）。

再次幾句，「此兩者」即指「無」與「有」，二者同出於道而異名。既同出於道，故二者又可以合，合便是玄（意即無與有合，方顯玄妙之用）。由玄而恢復道生萬物的具體作用（若只是「無」，便不能顯發此具體作用）。「玄之又玄，眾妙之門」，表示「玄」之用，不能只有一次，道之玄用是相續不已的，故必須「玄之又玄」，方可成其為「眾妙之門」。由此可以看出，「玄之又玄」句，顯出「由無到有」之意向，而「眾妙之門」句則更明示關鍵。「妙」而曰「眾」，是顯示道妙萬有，「門」字則意指道與物相通的門路（關鍵）。由此門路，才可以說道生萬物。

簡括而言，玄，是道生萬物的根據。由無與有之綜合，方見道之真實義、具體義。萬事萬物即由此「玄」而得以一一實現、一一成就。而「無、有」與「物」的關係，亦落在此處

12 「無物之象」，高亨《老子正詁》謂蘇轍、林希夷諸本，皆作「無象之象」，可參證。

13 見《老子》第二十一章。

14 參牟宗三《中國哲學十九講》第六講「玄理系統之性格」。

15 見《老子》首章。所引前二句之句讀，亦可讀為「無名，天地之始；有名，萬物之母。」不影響義理。

說。

# 第四節　境界形態的形上學

## 一、道生物，「生」乃「實現」義

天下萬物生於有，有生於無。[16]

依老子，「無」是天地萬物之「始」之「本」，此「本」即是「道」。凡是「道」，皆可以說：

客觀性、實體性、創生性。

此是道之「三性」。道之創生義，用於儒家甚恰當。儒家是實有形態的形上學，其天道誠體本為創生性之實體，天道生德乃儒家之常義。故依儒家義理，講天地生生，特顯順當而自然。而道家以無為道，故依老子義理講「道生物」便覺「生」字太強烈，與道家虛靜之意不相應。對老子所謂生，必須讓開一步細細斟酌。它應該是「出自」義、「推至」義，不宜從創生義上說。而上述道之三性，實只是一種姿態。故道家講「道生物」，「生」字應是「實現」義，道，是一個「實現原理」（不說它是創生原理）。有了道（無為），萬物便可以免於人為造作的災害，而得以自在、自得。[17]在此，亦是「有道則生，無道則死」，道是萬物的活路、生路，故亦說「道生物」。

## 二、道與一二三

道生一，一生二，二生三，三生萬物。[18]

道，是萬物的實現原理，它能實現萬物，使萬物成為如此之存在。這可以用「使然者然」來表述。「然者」指如此這般的萬物，然者何以成其為「然」（如此樣態），其中必有「所以然」。在「使然者然」這個「使」字上，就含有「所以然」。[19]這「所以然」即指「道」而言。道，就是使萬物得以成其為如此這般之樣態的所以然之理（根據、理由）。

16 見《老子》第四十章。

17 按，宋儒程明道有詩句云：「萬物靜觀皆自得。」靜觀，是不加上人的主觀好惡和一切成見，而如其為物而觀之。毛毛蟲就是毛毛蟲，癩蝦蟆就是癩蝦蟆，這樣，萬物皆不受干擾而自由自在，自得其樂。程子這句詩，深合道家意思。

18 見《老子》第四十二章。

19 「所以然」有二層，一指「內在的所以然」，即內在於事物本身的「質、量、關係」，這是物的結構之理（亦曰形構之理），這是科學家用心用力之所在。而就道家之「道」說所以然，乃是「超越的所以然」，指萬物所以如此存在的根據（存在之理），或萬物所以如此實現的根據（實理之理）。

「道生一，一生二，二生三」，此處的「一二三」不應作數字看，而應就形上之道而言。一、二、三，乃是對於「道」的展示，一步一步的推進，直到「生萬物」。此中的「一」與「無」相應合，指道之「無」性。「二」與「有」相應合，指道之「有」性。「無」與「有」合一便是「玄」，三生萬物的「三」，正與「玄」相應合；「玄之又玄，眾妙之門」，所以說「三生萬物」。於此，可見道家言道的真實義。

## 三、不生之生，無爲之爲，不主之主

老子有言：「道生之，德畜之。」[20]道，是萬物之所共由（由道而生）；德，是物之所自得（德者得也，得而畜之於己）。所謂生於有、生於無、道生之，以及生一、生二、生三之「生」，自是表示縱貫生生的關係。在此，很容易想到道有創生萬物的作用。但道家言「生」，實在只是王弼所謂「不塞其源，不禁其性」之下使「萬物自生」。生，只是意義的表示，而實無積極之創生。此之謂「不生之生，無為之為，不主之主。」

凡創生，皆是意志之表現。而道家講「無為」，正好不要意志，要遮撥一切有為的意欲活動。通過「致虛守靜」的工夫，以作用地來保住物之自生。在這裡，重在觀照玄覽（玄，深遠也。覽謂觀覽而知），是靜態的、橫的。牟先生提出「縱者橫講」[21]之語，以說明道家境界形態之形上學，是甚為恰當的。

## 四、境界形態的形上學

道的「客觀性、實體性」，是對於道之「體」的體悟；道的「創生性、實現性」，則是對道之「用」的體悟。依據道之三性，亦可以把老子的思想看做是一個實有形態的形上學。但這只是老子學的一個姿態，這個姿態是可以化除的。（循「不生之生，無為之為，不主之主」，即可化除其實有形態之形上學的姿態。）

道家以「無」為「道」，而「無」並非一個實有之體，天地間也沒有一個東西叫做「無」。所以「無」（無為）只是一個境界。（化除人為造作的不自然，便是「無」的境界。）

在牟先生對道家的說統裡，衡定道家之「無」的智慧所完成的系統，乃是「境界形態的形上學」。道家不作原則的肯定，故不回答「是什麼」的問題，他只有「如何」的問題：如何通過修證工夫來達到「無」的境界，以期「作用地保存價值」[22]，「無為而無不為」。

20 見《老子》第五十一章。

21 縱者指縱貫創生（如天生萬物、父母生子女，皆是縱貫之關係）。道家將縱貫創生轉為觀萬物之自生，故是「縱者橫講」。參牟宗三《中國哲學十九講》第六講。

22 按：道家實無所謂創生萬物，創造價值。但它以無為的原則與「無」的智慧所顯示的作用，可以使萬物或價值在不受傷害，不受破壞的情形下，得到保存與實現。這就叫做「作用地保存」。郭象順王弼「不塞其源，不禁其性」之「萬物自生」而說「無也豈能生哉？不生天地而天地自生，斯乃不生之生也。」

# 第五節　人生的智慧：正言若反

## 一、致虛守靜

《老子》第十六章有云：

> 致虛極，守靜篤。

虛，是道的境界，亦是生命的無為。靜，是工夫的旨趣，即指心靈的清靜。致虛而達於極至，守靜而達於純篤，此便是老子的修證工夫。這裡所顯示的，是一種「靜斂的主體自由」，而不是「道德的主體自由」。其目的在於消解人為造作而歸於清靜無為，以期進到「讓開、不著、自適自在」的境界。

## 二、反文歸質的人生企向

老子以為「禮是忠信之薄而亂之首」[23]所以他要向後返，由禮返歸於義，由義返歸於仁，由仁返歸於德，由德返歸於道。他認為禮文是虛架子，有文而無質，人失其忠信乃成世亂，故主張層層後返，以返樸歸真，歸根復命。

然而，老子以無為道，他雖然和儒家一樣也想「以質救文」，但他的質只是清靜無為的道，而道又不含具價值內容，所以連「仁義」也要加以否定。[24]然則，人生的企向畢竟何在呢？

## 三、正言若反

《老子》第十九章云：

> 絕聖棄智，民利百信；絕仁棄義，民復孝慈；絕巧棄利，盜賊無有。

老子對人為造作的災害，的確有痛切之感，所以通過「正言若反」（詭辭為用）的方式，亦即通過「無」的智慧以保存「有」（萬物與價值）。所謂「後其身而身先，忘其身而身存。」[25]這個「忘」字，便是一絕大之工夫，也是一絕高之智慧。王弼注老有云：「絕聖而後聖功存，棄仁而後仁德厚」，亦仍然是「正言若反」（第七十八章）「無為而無不為」

23 《老子》第三十八章：「失道而後德，失德而後仁，失仁而後義，失義而後禮，禮者忠信之薄而亂之首。」

24 返樸歸真，否定仁義，老莊皆然。《莊子．馬蹄》：「夫殘璞以為器，工匠之罪也。毀道德以為仁義，聖人之過也。」其實，老莊不懂儒家。依儒家，道德為虛位，仁義為定名。仁義彰顯道德，使道德具體真實化，如此方能成就人文之美盛。不過，道家自有其道，自有其智慧，見下節「正言若反」。

25 見《老子》第七章。

（第四十八章）的旨趣。

「正言若反」這個「反」字，可以有下列之含義。

⑴反向而行——如上引「後其身而身先，忘其身而身存」句中所含藏的道理就很深透，簡淺而言之：後其身（其人謙退）者，從不與人爭先，到最後反而名列前茅。忘其身者，不知自私，不知自利，與世無所爭，乃能無災無難而身存。語云：「入山尋寶，無心於寶者得之。」意亦相通。

⑵循環反覆——《老子》第五十八章：「禍兮福之所倚，福兮禍之所伏。」語云：禍福無門，唯人自招，人受禍而戒懼，慎而行之，自能招福。人享福而驕泰，沉溺而陷之，勢必遭禍。吉凶、休咎、利害，皆循環反覆，無有窮止，慎於取捨而已。

⑶反者道之動——見《老子》第四十章。此句指出道之內在的對反性，正是道所以能顯發動用的資藉；道之用，可以順勢而行，也可以逆勢而為。正反相生，相反相成，也是道理之自然。又第二十六章云：「將欲翕之，必固張之；將欲弱之，必固強之；將欲廢之，必固興之；將欲奪之，必固與之。」這也可以視為對「反者道之動」的具體說明。

## 第六節　立身之道與政治理想

## 一、守柔以立身

《老子》第四十三章有「知足不辱，知止不殆」之言。人能知足、知止、乃可守柔。剛柔本相濟，而老子捨剛而取柔，以為「天下之至柔，可以馳騁天下之至堅」（四十四章）故守柔以立身。

另外，《老子》第四章又有「挫其銳，解其紛，和其光，同其塵」之說。[26]這也是「守柔」以致用。抑止道之銳利（挫其銳），柔和道之光芒（和其光），依然是清靜無為之道；故能免於「治絲益紛」而解消事物之紛雜（解其紛），也能免於「格格不入」而可與塵俗和同為一（同其塵）。此「和光同塵」之意，不但通於守柔以立身，也可與「不爭以處世」相呼應。

## 二、不爭以處世

「守柔」故「不爭」。老子有云：「上善若水，水善利萬物而不爭，處眾人之所惡，故幾於道。」[27]老子以水德喻「上善」。水善利萬物而不爭，故近於道。而「江海」之所以成為「百谷之王」，也是因為它「善下之」；處於低下之地，容納川谷之水，故能成其深廣浩

---

26 此四句，一三句之「其」字，指「道」而言，二四句之「其」字，則指「物」而言。

27 見《老子》第八章。

瀚。人能效法水德而不爭，則是以「不爭」爭之。「以其不爭，故天下莫能與之爭。」（第六十六章）這種態度，也可能流為權術，但我們只做智慧看。到最後，便是「生而不有，為而不恃，功成而弗居。」（第二章）此便是處世的智慧。

## 三、由「無爲」引出政治理想

老子以「致虛極，守靜篤」為修養工夫，其主體常駐於「無為」之境。所以不重視創造活動，也不積極肯定人文價值，而只是「處無為之事，行不言之教」（第二章），其「小國寡民」之政治理想，亦正由「無為」而引出。故五十七章云：

> 我無為而民自化
> 我好靜而民自正
> 我無事而民自富（無事、謂無傜役徵召之事）
> 我無欲而民自樸

此四句皆可用「無為而無不為」[28]之意作解說。在老子的國度裡——

> 有器而不用，不乘舟輿，不陳甲兵，復結繩而用之，鄰國相望，雞犬之聲相聞，民至老死不相往來。

這樣的生活，真個是「返樸歸真」、「天清地寧」。

28 拙撰《新儒家與新世紀》（臺北：臺灣學生書局），頁二一九—二二九「道家無為與儒佛之關涉」文中之第一節，曾說明「無為」的智慧之普遍性，可參閱。

# 第六章　莊子的智慧

## 第一節　老子與莊子的同與異

老子、莊子[1]，同為道家代表人物，在義理骨幹上，二人屬於同一個玄理的玄學系統，這是客觀地說。若主觀地看，則二人實有不同的風貌。[2]

### 一、風格的不同

就義理繫屬於人而言：

(1)老子沉潛而堅實：沉潛，則多隱而不發，故顯深邃；堅實，則體立而用藏，故顯綱維。道家思想，先有老子之「立」，而後乃有莊子之「化」。

1 莊子，名周，生卒年不詳。馬敘倫《莊子年表》訂為周烈王七年（西元前三六九年），至周赧王二十九年（西元前二五六年），大體可從。

2 說本牟宗三先生，見《才性與玄理》（臺北：臺灣學生書局）第六章第二節。

(2)莊子顯豁而透脫：顯豁，故全幅朗現。無淺無深，淺即是深；無隱無顯，隱即是顯；淺深隱顯，通而為一。透脫，故全體透明。全體在用，用即是體；全用在體，體即是用。體用綱維，化而為一。

## 二、表達方法的不同

(1)老子採取的是分解的方式。

老子是開系統的人物，他的系統，可謂「綱張目舉，各有分際」。而內容則「概念豐富，連貫而生」。

(2)莊子則採取描述的（非分解的）方式。

莊子隨老子的系統，通而化之。所謂「卮言曼衍」（隨機而轉），「重言尊老」（並無我見），「寓言寄意」（推陳出新，隨起隨止）。牟宗三先生指出：在莊子那漫畫式的描述中，正顯示「恢詭譎怪，道通為一」[3]的玄智，此之謂無理路的理路。

## 三、義理形態（不是內容）的不同

(1)老子言「道」，道還有三性（客觀性、實體性、創生性）的姿態，還有實有形態的形貌。（唯此形貌，實只是「無」的境界形態。）

(2)莊子順老子之境界形態，而表現「亦無有，亦無無，不知何者為有，何者為無」，時空一起化掉的「不著於物」的獨化境界。（無對待故為獨，乃絕對自由的精神境界）。故齊物論曰：「天地與我並生，萬物與我為一。」[4]又曰：「既已為一矣，且得有言乎？既已謂之一矣，且得無言乎？」到底是有言，還是無言？皆不是，亦皆是，無法說。正面的，負面的，來回循環說下去，其目的即在化掉一切言詮，以顯「道」之本身。此便是「詭辭為用」。[5]

## 第二節　道心顯發的觀照之慧

### 一、心之本性，虛靜而止

莊子言心，自是道家之道心。道心虛靜而止，不起是非，不生好惡，所謂「聖人用心若鏡，不迗不迎。」[6]心猶如此鏡，虛而能照，一照即過，不藏一物。此最合虛無虛靜之旨。

3 「恢、詭、譎、怪」乃是道的特異姿態；而「道通為一」，則是精神心靈所達到的「化」的境界。二句通起來看，正顯示所謂「辯證的統一」。

4 此二句乃是玄通之境界（去掉相對之比較，達到絕對之玄通），與儒家仁心之感通遍潤（民胞物與、萬物一體）不同。一個是道化，一個是德化。

5 因為道家以「無」為「道」，故必須化掉一切，乃能顯示道（無）之為道。王弼所謂「絕聖而後聖功存，棄仁而後仁德厚」，也同樣是詭辭為用。

6 《莊子・知北遊》：「無有所將（將、送也），無有所迎。」成玄英疏：「聖心如鏡，不送不迎。」

故以鏡喻心，道家最宜。在儒家雖亦可以用，但喻不能盡意（心之創生的意思說不到）。

再者，「成心有執，道心無執」。超脫欲求、好惡、知解、成見，以心之恬靜，涵養心之靈知，如此「以恬養知，知恬交養」，乃能顯發觀照之用，以與天地萬物相通。

人與物本相通而不相礙，當人見到老鼠、蟑螂、毛毛蟲，若能不起分別心、計較心，則它們與我實不相礙，何必去之而後快？程子詩云：「萬物靜觀皆自得」。靜觀，即是以虛靜道心如其為物而觀之。這時候，老鼠、蟑螂、毛毛蟲，都可以免於人為傷害，而如如自得自在。可見我心虛靜，則物亦定止。定止不擾，故皆得以保存。

## 二、觀照之用

道心對於萬物，採（超越的）觀照之態度，不以喜怒哀樂入於其間，而如其為「物之在其自己」而觀之。它是什麼便是什麼，此之謂「物各付物」。於是大小物類，各歸其位，此之謂自適自存、自得自在。至於觀人生之事變，則「安時處順」[7]順而處之，不違道，不計較。如此，則無己，亦無物。故〈逍遙遊〉云：「至人無己，神人無功，聖人無名。」（無字，作動詞看。無掉「己、功、名」，歸於清靜自然而無為。）

另如「心齋、喪我、坐忘」[8]，亦皆顯示「內外兩忘而不著，與物俱化而不失」的即寂即感的境界。

### 三、心靈之直觀慧照

道心之觀照，不受形體、知識、好惡，以及價值觀之限制，故能「應於化而解於物」，而臻於「獨與天地精神相往來」之境界。人從物中解脫出來，不溺於物，亦不與物對，乃能與物俱化。而所謂「獨」，即無對待之謂。無待者，自由自得而無限制，故能逍遙。而「與天地精神相往來」，亦正是「逍遙」之謂。

## 第三節　一死生、齊物我、泯是非

### 一、渾化生死（一死生）

大塊「載我以形，勞我以生（生、指人生歷程），佚我以老，息我以死。」（大宗師）。形、生、老、死，乃形軀之成毀過程（與萬物相同），道家視此為自然之運行，豁達透脫，

7　語見《莊子・養生主》。

8　「心齋」，語見《莊子・人間世》，意謂清靜定止。「喪我」，語見《莊子・齊物論》，意謂「無己」，與「心齋、坐忘」之義相通。「坐忘」，語見《莊子・大宗師》，文曰：「墮肢體，黜聰明，離形去知，同於大通，此謂坐忘。」

故不起波瀾。[9]而「真我」則不繫縛於形軀，不執著於生死，所謂「古之真人，不知悅生，不知惡死」，故能渾化生死。

## 二、渾化物我（齊物我）

《莊子・齊物論》有一則寓言故事：

> 「昔者莊周夢為胡蝶，栩栩然胡蝶也，自喻適志與，不知周也。（謂此時之蝶，自快得意，豫悅飛舞，不知本是莊周夢中之物。與、略同於哉。）俄然覺，則蘧蘧然周也。不知周之夢為胡蝶與，胡蝶之夢為周與，周與胡蝶，則必有分矣。（莊周與胡蝶，自有分別。而或夢或覺，只是流轉，必須賓主消泯，乃能與物俱化。）此之謂物化。」

這是一個美麗的寓言故事。蝴蝶是外界之物，莊周是個體形軀。(1)夢中之我，可化為蝶，亦可為魚、為鳥。(2)醒覺之我，可為莊周，亦可為某甲、某乙。(3)「蝶、魚、鳥」與「周、甲、乙」，皆是在同一層上流轉。必須超越此層，方顯「真我」（齊物我、通人我的道化之我）。這也是與天地精神相往來之義。

凡是相對的個體，皆有分別變化，而絕對的真我纔可與天地精神相往來。莊子借夢以烘托齊物逍遙之境界。所謂「物化」，即與物俱化也。與萬物俱化的我，也就是道化的我。

## 三、息言止辯（泯是非）

凡理論，有立就有破。破人者又將為後來者所破。故理論也和事物一樣，隨生隨滅。故〈齊物論〉曰：

方生方死，方死方生；方可方不可，方不可方可。……

物極必反，在事物世界，總是生生死死，是是非非，相循不息。而「方可方不可」，是表示主觀的可否，不能成為一個標準，而只是一種認定。「可乎可，不可乎不可」，乃隨物之可不可，而可之或不可之。如此纔是因任自然，不加人為。知識之追求，就如「形與影競走」，必自陷於理論遊戲中。

平常「是其所是，非其所非」，皆屬一定限制中之成見（成心所執之肯定或否定）。實則，是非本身乃難以決定者。所謂「是亦一無窮，非亦一無窮」這也本是實際之情形。[10]故莊子主張息言止辯，以存養虛靈之明覺（葆光）。

---

9 道家言渾化生死，故〈德充符〉云「以生死為一條」。如此，自可不起波瀾。而佛家則視「生、老、病、死」之生滅流轉為無常苦。故以出離苦海為修行之基本目標。理學家說「佛以生死恐動人」，固不誣也。

10 人世不免有是非，而是非之爭，很難定論，猶如人之爭年，各說自己與某古人同歲，競相前推，結果是「後息者為勝耳」。

不過，為了立價值之標準，則又必須肯定「明辨是非」之意義。知能上之是非，只是相對之是非，而道德上之是非，則是安身立命之憑依，不容置疑。

**〔附識〕**

本書第二卷第六章，論說「向、郭之莊學」，凡莊子之——

「逍遙義」　「齊物義」

「迹冥義」　「天籟義」

「養生義」　「天刑義」

皆將於該章加以討論，茲從略。

## 第四節　道家智慧的特性與意義

### 一、道家的「道」要通過「無」來了解

道家以無為道，此「無」不是西方式的存有論的概念，而是修養境界上的一個虛靜的境界。「境界」隨主觀之修養而超升（此不是心隨境轉，而是境隨心轉）。主觀之心修養到何種程度，則所見之外境亦隨之而達到那個程度（水漲船高）。在此，主觀客觀是通而為一的。

## 二、道家只有「如何」的問題，沒有「是什麼」的問題

道家不正面肯定聖智仁義（但也沒有正式否認），而只是順著儒家而「提到」這些。儒家講仁義聖智，道家就追問如何體現它，以什麼最好的方式把它體現出來？道家說「絕聖棄智，絕仁棄義」，並不是從實有層上否定；而是用一種作用地否定（遮撥的方式），以達到作用地肯定或作用地保存。[11]此乃詭辭為用，屬於「無」的智慧。平常以為老莊反智、反道德，乃是不相應、不中肯的誤解。

## 三、儒家講仁義聖智，屬於實有層

儒家所講的仁義聖智，是正面的原則的肯定，屬實有層。我們要問，儒家是否亦有作用層的「無」？當然有。孔子說：「無為而治者，其舜也與！」又說：「予欲無言。」舜之為政，德盛而民自化，無須等待朝廷之有所作為。天無言，而四時運行，萬物化生。故孔子亦欲法天而無言。《易傳》也說「易無思也，無為也，寂然不動，感而遂通天下之故。」而更早的《詩經》說「上天之載（事），無聲無臭。」《尚書・洪範》更說「無有作好，遵王之道；無有作惡，遵王之路。」人當然有好惡（如好善惡惡），這是在實有層上的肯定。但好

11 所謂作用地否定，或作用地肯定，是如此：作用地否定，是「去其名、去其文」；作用地肯定、保存，是「存其實、存其質」。儒家則採正面的態度，要求名實相應，文質彬彬。

惡如何表現呢?要表現好惡之正，就必須「無有作好、無有作惡」。作、是作意。作意的好惡乃是偏好偏惡；去掉偏好偏惡，纔可能真正好其所當好，惡其所當惡。《尚書》「無有作好、作惡」的話，正是從作用層上說。這也就是老子之所謂「正言若反」，莊子之所謂「弔詭」（詭辭為用，反反得正）。

據上所說，可見學問有共通性、自發性。凡是智慧，都是當下呈現，都常從作用上講。在這裡，儒釋道三教並無不同。將義理客觀化，可以成學問（各成一套），而智慧之表現，則仍然是作用的。

## 四、宋儒對佛老的忌諱應予消解

宋儒以來，因為重建道統之故而闢佛老，雖非不對，但不免過之。[12]故宜鬆脫一步，將忌諱予以消解。若依然堅持那個忌諱，以為一講到「無」，便是來自佛老；這不但對儒家之開展不利，對佛老之隔閡亦將難以消除。因而對中國文化之恰當了解，亦將形成糾結與混濫。

譬如程明道〈定性書〉所謂：

> 天地之常，以其心普萬物而無心；聖人之情，以其情順萬事而無情。

「以其心」，是在實有層上肯定心。「而無心」，則是作用層上的話。正如「無有作好、作惡」那個「無」。去掉有意造作，以「無心」的方式表現「心」，以無情的方式表現「情」。這正是通過作用之「無」，來表現實有層上的價值（天地之心、聖人之情）。

又如王陽明致良知四句教第一句「無善無惡心之體」，亦是要遮撥「相對的善相、惡相」，以透顯「超脫善惡對待」的絕對至善之心體（無善無惡，是謂至善）。陽明所謂「有心俱是實，無心俱是幻」，這是從實有層上講，是對良知本心的肯定。但他又說「有心俱是幻，無心俱是實」，這就是作用層上的說法了。有意的心與造作的心，是虛幻的；必須不起意、不造作的心，纔是真實的。

明道與陽明所講，皆兼顧了實有層與作用層，既精透，又平正，並無問題。在儒釋道三教中，道家只有作用層（但道家自己未有分別，混而為一，事實上是可以分開說明的。）儒家兩層都有。佛教亦有兩層。但般若學與禪宗，則只在作用層上說話。[13]這是應該而且可以理解的。牟先生屢屢指出這作用層上的「無」，是共法，乃三教之所同。故呼籲講中國哲學與儒家學問的人，應把千年以來這個無謂的禁忌，予以解除，然後乃能暢通中國文化的慧命。

---

12 按：宋儒忌諱佛老，朱子尤甚。程明道、王陽明亦闢佛老。但二人之言，皆活脫明通。見下文。

13 佛教中的般若系（空宗）只顧不停地破執著（觀空破執），未從正面實有層上作肯定之表示。禪宗「無心為道」，棒喝交加，對正面實有層未曾著意。故皆顯特異。

# 第七章　名家與墨辯

名家通過墨辯而到荀子之「正名」，可視為一系相承的邏輯心靈之發展，代表中國文化「重智」的一面。名家的代表人物是惠施與公孫龍，二人生卒年皆不可確考。惠施與莊子同時而稍早，公孫龍與荀子並世而早卒。墨辯之理論，即針對名家而發。本章先述名家與辯者之徒，再及墨辯。而各節之論述，多參採蔡仁厚《墨家哲學》（臺北：東大圖書公司）下卷、「墨辯」第二章與第三章之論述。至於荀子「正名」之思想，則留待荀子章再行討論。

## 第一節　惠施之「合同異」

《莊子・天下篇》云：

> 惠施多方，其書五車，其道舛駁，其言也不中。歷物之意，曰（謂其歷指事物之意，有曰）：「至大無外，謂之大一；至小無內，謂之小一。無厚，不可積也；其大千里。

天與地卑，山與澤平。日方中方睨，物方生方死。大同而與小同異，此之謂小同異；萬物畢同畢異，此之謂大同異。南方無窮而有窮，今日適越而昔來：連環可解也。我知天下之中央，燕之北越之南是也。氾愛萬物，天地一體也。」惠施以此為大觀於天下，而曉辯者；天下之辯者相與樂之。（謂惠施自以為於天下之理獨觀其大，以此曉示辯者之徒，辯者之徒亦樂相與論辯也。）

以下試分條加以疏解。

## 一、大一與小一

至大無外，謂之大一；至小無內，謂之小一。

所謂大一，是說至大的整一；所謂小一，是說至小的整一。「至大」以「無外」來規定，「至小」以「無內」來規定。這種規定是形式的規定，是邏輯的規定。至於事實上有沒有合乎這種規定的「至大」與「至小」，那是很難說的。例如「宇宙」可說是至大了，但是否就是「無外」的至大？經驗知識並不能給我們確定的答案。所以只作邏輯的規定，這是名理之談，而不是經驗事實的表述。「至大」如此，「至小」亦然。如歐氏幾何上之「點」，雖然「無部分、無量度」，但集無窮數之點又可成一有長度而無寬度之「線」。既然是「無內」，又如何能成有長度之線？這是不可思議的。所以事實上的至大至小，實在不容易說。

惠施的「至大、至小」提供邏輯的定義，規定了「至大、至小」的模型，這是形式的、名理的，亦是抽象的。由惠施之名理進到莊子之玄理，那就是〈秋水篇〉所表示的：渾化大小之別，而通於無大無小的渾一。（此方面，在此不必涉及。）

## 二、其大千里

無厚，不可積也，其大千里。

「無厚」，謂有寬度而無厚度。如幾何上之「面」，便是無厚的。無厚不可積，不能積為有厚之「體」。但雖無體積，卻可有面積，所以說「其大千里」。其大千里，不是指述一個一定是千里的定量，也不是指一個有千里之大的實量。這裡只是虛說，是邏輯地說，只表示「無厚不可積」的「大」，可以至於無窮。

## 三、天地卑、山澤平

天與地卑，山與澤平。

天無所謂在上，地無所謂在下，山無所謂高，澤亦無所謂低。這條的主旨，是在泯除因比較而顯出的上下高低之差別相。凡是比較，都必須立一標準，但標準之立又常是主觀的，實無定準。因比較而顯出的上下高低，都是關係詞，都是虛概念。如標準不立，便無從比較，而關係亦隨之而泯除。又，如果立一個相反的標準，說地上天下，澤高山低，亦無所不可。所以這裡所謂「天與地卑，山與澤平」，並不是在一個標準之下的實然肯定之詞，意思只是說明天地山澤無所謂上下高低。這是名理之談。

莊子從修道的立場，透視一切因為比較而顯出的差別相，皆為虛妄，皆成執，所以必須超越而化除，然後乃可進到渾化之境，以逍遙齊物。這是由名理進到玄理了。

名理是形上地談，玄理是主觀修證地談。名理之辯是「智者」第一步的開端，開拓了一個理境；玄理之證，則是「達者」進一步的圓融。儒者言性理，卻又是一種「慧」。《二程遺書》載明道之言：「愚者以東為東，以西為西，隨象所見而已。智者知東不必為東，西不必為西。唯聖人明於定分，須以東為東，以西為西。」明道此言，纔真正是「到家」的圓熟之言。過程中的特異之見，到最後精彩銷盡，一切歸於平平。惠施與莊子都是「知東不必為東，西不必為西」的智者。（雖然一是名理之辯，一是玄理之證，型態不同。）莊子能泯除差別以顯渾一，卻不能成就差別性，還沒有達到「聖人明於定分」的境界。「明於定分」，則大小、高低、美醜、智愚……一草一木皆須如如成就，「各正性命」，普遍性與差別性，同時成立。此方是聖者德慧之潤物成物。所以，牟先生認為，道家的玄理到底還有一間未達。名理、玄理、性理，各有它的理境，不可不察。

## 四、方生方死

日方中方睨，物方生方死。

此句從「至變」的觀點，說明事物差別之相對性不能成立，一切都是而不是：日剛剛中，即是剛剛不中；物剛剛生，即是剛剛死。依此，時間之三世（過去、現在、未來）不能建立；生死之對立亦不能建立。

此三、四兩條，已進入「合同異」之理境。惠施與公孫龍，同為名家之中堅人物，但二人的名理與思理皆不同。公孫龍的名理是「邏輯域」，其思理嚮往「存有」；而惠施的名理是傾向於「辯證域」，其思理嚮往「變」而至於「合同異」之一體。因此，惠施的名理容易消融於莊子之玄理，而莊子亦說「物方生方死，方死方生，方可方不可，方不可方可」又說「彼是（彼此）莫得其偶，是謂道樞。」（皆見齊物論）。他是承接惠施之名理而做玄理之談，以進到所謂一生死、泯是非、化彼此的境界。

## 五、小同異與大同異

大同而與小同異，此之謂小同異；萬物畢同畢異，此之謂大同異。

「大同」與「小同」的差別，叫做「小同異」。小同異是相對的同異。萬物畢同畢異，叫做「大同異」。大同異是絕對的同異。

相對之同異的小同異，亦即綱目層級中的同異。例如：人與人之間為大同，人與動物之間為小同，這是一層。中國人與中國人之間為大同，中國人與歐洲人之間為小同，這又是一層。這裡所說的同，是相似性或同一性。這種同的大小多少是比較而言，所以是相對的。而無論大同或小同，其中皆含有一種異，即差異性或不相似性。同屬一目（如中國人與中國人）相似性大，差異性小；不同目而同屬一綱（如中國人與歐洲人，雖不同目但同屬於「人」這一綱），則相似性小，差異性大。總之，大同的同性多，小同的同性少。而無論同或異，都是比較的，所以總在層級之中。這種綱目層級中的同或異，惠施即名曰「小同異」。

萬物畢同，是大同異中絕對的同；萬物必異，是大同異中絕對的異。

(1)「畢異」是落在個體上說，就個體而言，是個個不同的。此即西哲所謂「天下無兩滴水完全相同」。這是絕對的異。絕對的異，是不涉及同異之程度的；一涉及程度之比較，便是小同異中的同異。

(2)「畢同」卻不落在個體上說，而是從普遍上說。萬物必同，不是說萬物個個皆同，乃是萬物皆因分得一普遍性而成其為同，或皆屬於此普遍性而得合同。就其因普遍性皆得「合同」而言，亦不涉及同之程度問題，這亦是絕對的同。——故畢同是落在普遍性上說，萬物皆同於那個普遍性（此絕對的普遍性，可意指天、道、上帝）。畢異則落在個體上說，無二物完全相同。

## 六、連環可解也

南方無窮而有窮，今日適越而昔來：連環可解也。

此條，歷來皆分為三句分別作解，往往莫知所云，或者文句雖可以講得通，而又不成義理。牟先生認為[1]，自「至大無外」以下，無有單辭獨句指一事者，皆是集若干句合成一段，為一意，說一事理。故當合三句為一條。「南方無窮而有窮，今日適越而昔來」，這二句從表面上看，皆自相矛盾，但惠施表示，雖似有矛盾，而實「連環可解也」。連環可解，是說連環宛轉而可通解。惠施說這句話時，顯然他有一種圓圈之洞見。就宇宙而言，南方無窮，但若將宇宙看做是一個圓形，而向南一直走，隨著圓形而又轉回來，如此，便是「無窮而有窮」了。這種洞見，也可說是一種想像，猶如相對論視宇宙為「無邊而有限」。從無邊際而言，是無窮；就有限而言，則是有窮。因此，所謂「南方無窮而有窮」，如果真是連環可解，則非從圓形去想不可。否則，便只是詭辯而已。

至於次句「今日適越而昔來」，卻並不如此明顯易解，牟先生推想[2]，惠施說這句話時，心中可能有一種朦朧的直覺，以為時間方面一如空間方面一樣，有如圓形之可以轉回。但事實上，時間並不能隨空間之圓而圓流，時間之過去、現在、未來，總是不可逆轉的。由

1 參牟宗三《名家與荀子》（臺北：臺灣學生書局）「惠施與辯者之徒之怪說」章之第一節：對於「合同異」之論述。

2 同註1。

於惠施不自覺中有一種混擾之移置：移時作空，所以說出這句話。想來當他說這句詭辭之時，心中必甚得意，故亦以為連環可解，其實是隨上一句而來的錯覺。

## 七、天下之中央

我知天下之中央，燕之北越之南是也。

這一條明顯表示圓形之宇宙。燕本在天下之北，越本在天下之南。由燕而南，由越而北，相向而湊，便可求得天下之中央。通常決定南、北、中，都是如此想、如此說。如今偏不相向而湊，而要背反而馳。由燕向北、由越向南而延伸，如果是直線拉長，當然得不到天下之中央；如今既說天下之中央在燕之北、越之南，自然非是圓形不可。這也是連環可解的思理。

## 八、氾愛萬物，天地一體

氾愛萬物，天地一體也。

惠施的思理傾向於合同異，由名理之談而開拓我的理境，豁達我們的心胸，而嚮往大、同、平、圓，所以主張「氾愛萬物，天地一體」。這句話是落在人生上的綜結之言。這句話本身不是名理之談，因而亦不該在「歷物之意」中。一般所謂「歷物十事」，是把第六條分而為三。今合三句為一條，故只應說「歷物八事」。如果這最後一條並不歷物的再劃出來，便只有「歷物七事」了。

## 第二節　公孫龍之「離堅白」

### 一、綜述「名實、通變、指物」各篇主旨

公孫龍的年輩稍後於惠施。今本《公孫龍子》共六篇：跡府、白馬論、指物論、通變論、堅白論、名實論。

「跡府」一篇，是後人彙記公孫龍事跡之文字，其餘五篇則代表公孫龍之思想。[3]

「名實篇」旨在「審名實，慎所謂」。（按：孔子之正名，後來向兩路發展，一是儒家正名分之春秋教，另一則是名家純名理之名理域。）

「通變篇」旨在闡述「變與不變」之理。（此文多用譬喻，故內容拉雜，義理欠明確。）

「指物篇」以首一句「物莫非指，而指非指」為全文之張本，旨在說明「物」與「指」

3 探討公孫龍之思想，請參閱牟宗三《名家與荀子》之「公孫龍之名理」一章，以及陳癸淼《公孫龍子疏解》（臺北：蘭臺書局）。另鄺錦倫〈公孫龍「指物篇」試釋〉（臺北：幼獅月刊第四十卷第五期），亦當參閱。

之關係。首句表示認識論之關係，一切「物」皆可用「指」來指謂它，也即可用概念來描述它。通過概念，方可對物有清晰之認識。而我們平時所說的各種「物」，也無非就是概念所指述的那個物，故曰「物莫非指」。但我們所指之物的內涵，並不等於用來指述物的那個概念，所以又說「而指非指」。（前指字，指所指之物）

又，次句可引出兩層解釋。第一層是說，「物」不等於用來指述物的那個概念（或命題）。譬如說，花是最美的東西，但花並不等於最美的東西。第二層是說，「物本身」的內涵，不等於「用概念指述出來的那個物」的內容，此便涉及存有論的問題。公孫龍的本意究竟如何？由於文獻的限制及其論辯之詭異性，頗難確定。可以只是第一層，也可能兼言第二層。不過，兩層都表示「離」的思理。

下文將對「白馬論」與「堅白論」進行討論。

## 二、「白馬論」的思理

公孫龍在「跡府篇」答孔穿曰「龍之所以為名者，乃以白馬之論爾」。可見「白馬論」是公孫龍理論的中心所在。這個理論就是平常所謂「白馬非馬」之辯。但這個理論之確定的意義，還是應該從「白馬論」的原文尋求解答。原文開端說：

> 白馬非馬……馬者，所以命形也；白者，所以命色也。命色者，非命形也；故曰：白

馬非馬。

命、以名命之也。「馬」之名是用來命其「形」，「白」之名是用來命其「色」。命色之「白」，不同於命形之「馬」。而「白馬」一詞中有「白」，「馬」一詞中無「白」，可見「白馬」與「馬」實有不同。所以說「白馬非馬」。以上是約略順著文義作解。但「白馬非馬」之說所以引起爭辯，關鍵還是在那個「非」字。公孫龍所謂「白馬非馬」的「非」字，不是內容的否定；因為白馬有馬的屬性，公孫龍也不能隨意抹煞。其次，這個「非」字也不是指類與類之間的排拒關係；因為白馬類包含於馬類之中，公孫龍也不能否認。公孫龍用「非」這個字，實際上是表示「不相等」的意思，而不是不相屬或不相含之意。這從他的原文，也可以明顯的看出來。白馬論云：

求馬，黃黑馬皆可致；求白馬，黃黑馬不可致……故黃黑馬一也，而可以應有馬，而不可以應有白馬；是白馬之非馬，審矣。

從「馬」這個概念的外延方面說，它包含各種顏色的馬，故曰：「求馬，黃黑馬皆可致」。但當我們只說「白馬」之時，則白馬的外延不包括黃馬黑馬在內，因為「白馬」的內容比「馬」多有一個白色的特質，而內容增多則外延變狹，所以它只能應用於白色的馬，而不能應用於黃黑色的馬，故曰「求白馬，則黃黑馬不可致」。總之，同樣是黃黑馬擺在這裡，當人問有馬否？我可以答應說「有馬」。但當人問有白馬否？我就不可答應說「有白馬」了。可見白馬與馬是有分別的。因為「馬」是大類，而「白馬」被包含於馬類之中，其應用範圍較小，當然不能與馬相等。據此，「白馬非馬」的「非」字，自是「不相等」「不等於」之意。

公孫龍所用「非」字的涵義既已明白，試進而再看他在原文中如何討論「白」與「馬」這二個概念。

> 馬固有色，故有白馬。使馬無色，有馬如已耳，安取白馬？故白者，非馬也。白馬者，馬與白也。

這是說「白」概念與「馬」概念不同，「馬」這個概念並不含某一種顏色的條件，所以「馬」與「白」並沒有一定的關係。而「白馬」則由「白」與「馬」二個概念合成，因而由白與馬合成的「白馬」，和那與白無一定關係的「馬」，並不一樣。公孫龍這個說法，本無怪奇之處。但由此而說「白馬非馬」，其中用了一個含混不明的「非」字，遂使人誤以為「白馬非馬」，是指白馬不屬於馬類，這樣就於理難通了。

公孫龍是不是想利用這種含混來炫耀他的智辯，我們無法確知。所可知的，論難一方不贊同「白馬非馬」，而認為「白馬是馬」，這是從「實」方面說；公孫龍說「白馬非馬」是從「名」方面說，亦即從概念的內容與外延上說「白馬」不等於「馬」。其中爭辯的關鍵，說穿了，只在一個「非」字的解釋。白馬篇又云：

> 白馬者，言白定所白也。定所白者，非白也。

這裡有一個特殊的用語，即「定所白」一詞。「白」是一種性質，這種性質落在一個定體上面，則他自身亦就受了一種限定。更具體地說，「白」是一種顏色，具有這種顏色的「馬」，是「所白」（白，作動詞用）；「白」落在「馬」概念上，即是「定」於其「所白」。所以「馬」這個殊相，就是使「白」這個共相受限定的「所白」。「白」與「馬」互相限定，於是就有了「白馬」這個概念。（白馬之「白」是限定的白，白馬之「馬」也是限定的馬。）如順其原句，似乎應該這樣解釋：所謂白馬，是說「白」這個共相限定於「所白」的那個殊相的馬。（白落於馬這個定體上，白即與馬合而為「白馬」。）下句「定所白者，非白也」。是表示這限定於「所白」（指馬）的白馬之白，並不是「白」之自身。因為白馬之白是殊相之白，與共相之白不同。解析到這裡，我們可以將「白馬非馬」的確定意義，歸結為二點：

(1)「白馬」與「馬」概念之內容與外延不相等，故曰「白馬非馬」。

(2)「白概念」與「馬概念」不同，「白馬」一概念，由「白」與「馬」二個概念組合而成。而「馬」概念不含「白」概念，故曰「白馬非馬」。

公孫龍的白馬非馬之辯，可以說是中國最早討論到「性質」之獨立存在的，它和柏拉圖的理念（理型）說有相似之處。把性質從個別事物中抽離出來，而看做是獨立的存在，這在古代思想上，乃是一個重要的進步。公孫龍「白馬非馬」之論的貢獻，主要即在於此。這個問題在「堅白論」中，言之尤為詳明。

## 三、「堅白論」的思理

公孫龍的「離堅白」，是以「堅白石」之辯論為中心而展開的。堅白論云：

> 堅、白、石，三，可乎？曰：不可。曰：二，可乎？曰：可。曰：何哉？曰：無堅得白，其舉也二；無白得堅，其舉也二。

我們對於一塊「堅硬的白色石頭」這樣的「物實」，能否說它同時具有堅、白、石三者？依論難的一方看來，堅、白、石三物合體，當然可以說是「三」，但公孫龍則不以為然。他認為不能有三，只能有二。他的理由是「無堅得白，其舉也二；無白得堅，其舉也二。」就人的視覺而言，只能看出那石頭是白的，而看不出它是堅硬的。同理，就觸覺而言，只能觸知那石頭是堅硬的，而觸不出它是白的。因此，分別從視覺與觸覺上的認知而言，我們只能分別得知「白、石」二者或「堅、石」二者，而不能「堅、白、石」三者同時為一種感官所覺知。——這表示「石」或與「堅」離，或與「白」離，離堅時不離白，離白時不離堅；而不會在同一時間既離堅又離白，而與「堅」「白」二者同時全相離。但「堅與白」二者之間卻是可以相離的。（視不得堅，觸不得白，故堅白可離。）堅白如何相離？公孫龍說：

> 視不得其所堅，而得其所白者，無堅也；拊不得其所白，而得其所堅者，無白也。

這是說，由視之知覺僅能得「白」，由拊之知覺僅能得「堅」；拊而不視則不得白，視而不拊則不得堅。所以「堅」與「白」並非必然地一同呈現於某一知覺（如視覺或觸覺），所以「堅」與「白」可以相離。它之所以能相離，是因為二者本是兩個不同的性質，而分別為不同的知覺能力所把握。因此，堅白論又云：

> 得其白，得其堅，見與不見離。（見與）不見離，一一不相盈，故離。離也者，藏也。

視可以得其白，拊可以得其堅。如單就視覺而言，只能見白而不能見堅，如此，則所見之白與所不見之堅相離，所以說「見與不見離」。總之，就感官知覺上說，堅與白不能同時呈現於視覺或觸覺之中，堅與白不能同時呈現，這就表示堅與白不相盈。（一一不相盈之「一一」，即指堅與白而言。不相盈，意即不相合。）彼此既不相盈，所以永遠分離。「離」是就「不呈現」而言，所以說「離也者，藏也。」

不過，論難的一方也可以說「堅白域於石」，而反對「離」。域、界限也。有限定、局限之意。「域於石」即定於石、盈於石的意思。依難者之意，堅白相盈於石乃是一個客觀的真實，「目不能堅，拊不能白」的現象，不過是主觀的感官功能如此，並不能根據這一點而判定客觀存在之石無堅或無白。客觀之石，既有堅，又有白，所以說堅白不相離而相盈與石。

對於這一點，公孫龍又辯駁說：

> 物白焉，不定其所白。物堅焉，不定其所堅。不定者兼，惡乎其石也？

上引各節，公孫龍皆從感官之不能同時見白得堅而說「堅白離」。這裡換一個角度，從堅白之「普遍的自性」上說堅白離。這和白馬論後段的論調正相類同。所謂「不定其所白」，是指不限定於所白之物的那個「白」自身，亦即抽象而普遍的「白之自性、白之共相」。

前說白馬之「白」是「限定之白」，不是普遍的「白之自性、白之共相」；而此處「物白焉，不定其所白」，是說：具體之物雖可以具有白色的屬性，但是「白之自性」卻不受限制而定著於它所白的這個物上。堅與白既各有它的自性，而不為某物所限定，此即表示這不受限定的「白之自性」可以兼「白物」而卻不限定於白物；「堅的自性」可以兼「堅物」而卻不限定於堅物。然則，怎麼可以因為「石白、石堅」，就以為「白定於石、堅定於石」，並據此而主張「堅白域於石」呢？須知，不限定於石的「堅、白」之自性，可以與任何物兼合而成為白物，何必一定限於石呢？（「不定者兼，惡乎其石也」？惡音巫，何也。）堅與白既各有自性，而不必然限定於石，則堅白相盈於石而為「三」之說，也當然不能成立。公孫龍從具體實有之物而提煉出「物之自性」這個概念，亦即以「性質」之獨立自存作為他理論的基礎，的確是思想史上的一大進步。

## 第三節　辯者之徒的怪說

《莊子・天下篇》在舉述惠施「歷物之意」八事之後，又列舉了辯者的主張二十一條，並說：

> 辯者以此與惠施相應，終身無窮。桓團公孫龍辯者之徒，飾人之心，易人之意，能勝人之口，不能服人之心，辯者之囿也。

《荀子・不苟篇》亦說：

> 山淵平，天地比，齊秦襲，入乎耳，出乎口，鉤有須，卵有毛，是說之難持者也，而惠施鄧析能之。

荀子所舉的七條和天下篇所列的辯者之說，有一部分相類似。在「非十二子」篇中，荀子又斥惠施鄧析為「好治怪說、玩琦辭」。然則，不苟篇所舉七條與天下篇所錄二十一事，便是

「琦辭怪說」了。唯荀子歸之於惠施鄧析（實與鄧析無關），而天下篇則歸之於桓團公孫龍辯者之徒，並說「辯者以此與惠施相應，終身無窮。」這裡所謂「相應」，既可以是對立之應，亦可以是應和之應。假如真有相與應和的情形，則天下篇所列二十一事，亦有一部分可以歸之於惠施，或者至少與惠施有相當之關係。

根據惠施「合同異」的思理與公孫龍「離堅白」的思理，可將此二十一事分別歸屬二人。

甲、「合同異」組（歸屬惠施）：

1. 卵有毛。
2. 犬可以為羊。
3. 馬有卵。
4. 丁子有尾。
5. 白狗黑。
6. 山出口。
7. 郢有天下。
8. 龜長於蛇。

乙、「離堅白」組（歸屬公孫龍）：

1. 火不熱。
2. 目不見。
3. 矩不方，規不可以為圓。
4. 鑿不圍枘。
8. 鏃矢之疾，而有不行不止之時。
9. 一尺之棰，日取其半，萬世不竭。
10. 狗非犬。
11. 孤駒未嘗有母。

5. 指不至，至不絕。
6. 輪不輾地。
7. 飛鳥之影未嘗動也。
12. 黃馬驪牛三。
13. 雞三足。

這二十一事，都是單辭孤義，即使視之為一種陳述，也認為它有相當的表意，但由於不知它何所據而云然，所以仍然很難有確定的意義，因此亦很難決定它一定屬於那一組。關於這一點，馮友蘭氏《中國哲學史》亦曾作說明：「辯者之書，除公孫龍子存一部分外，其餘均佚。今所知惠施及其他辯者之學說，僅莊子天下篇所舉數十事。然天下篇所舉，僅有辯論所得之斷案。至所以達此斷案之前提，則天下篇未言及之。自邏輯言，同一之斷案，可由許多不同之前提推來。吾人若知一論辯之前提，則可推知其斷案。若僅知其斷案，則無由定其係由何前提推論而得，其可能之前提甚多故也。故嚴格言之，天下篇所舉惠施等學說數十事，對之不能作歷史的研究。蓋吾人可隨意為此等斷案加上不同的前提而皆可通。注釋者可隨時與以解析，不易斷定何者真合惠施等之說也。」

牟先生以為[4]，話雖如此，而如果我們依據惠施「合同異」的思理與公孫龍「離堅白」的思理，則對於這二十一事亦可以得到一個理解的線索，而增加它的表意性，並且使它所表的意有比較確定的範圍，而不至於漫蕩泛濫，隨意作解。

4 參見牟宗三《名家與荀子》，「惠施與辯者之徒之怪說」一節之論述。

## 一、「合同異」組八句

惠施說「小同異、大同異」，含有一種「如何同、如何異」的客觀地辯論。其小同異由比較而顯，是綱目層級中的同或異。而大同異中的「畢同」，是落在普遍性說，因綱目層級之層層向上而達至一最高之綱，得一最高之普遍性，因而使萬物皆同於此。故畢同不能落在個體上說，不能說成一一個體之物皆同。而大同異中的「畢異」，卻是落在個體上說，故個個不同，沒有兩個個體相同。

據此可知，惠施之合同異，自有它一定的思理；它可能是「詭辭」，但卻不是「詭辯」（因它在理上可以講得通，而詭辯則否）。這些詭辭語句，可以是抒意語句或明理語句，但卻不是經驗的述事語句或指物語句。而上文所列合同異組八事中的前五事：1.「卵有毛」，2.「犬可以為羊」，3.「馬有卵」，4.「丁子有尾」，5.「白狗黑」，卻正是落在經驗實事上說了。這真是所謂「琦辭怪說」、所謂「詭辯」。假若以這種怪說來表明「合同異」，那就成為攪擾，將會使得合同異的理境與意義消失，所以，最好還是保持它琦辭怪說的面貌。

至於莊子，他是從主觀修證上「因其所同而同之」，以期達到「天地與我並生，萬物與我為一」之渾同或玄同之境。但莊子也不能在經驗實物上說「犬可以為羊」。再如佛家證真，說平等性（普遍性）；照俗，說差別性。證真時，無任何相，一切皆空皆如。但照俗時，落在假名上，仍不能說卵有毛、馬有卵、犬可以為羊等等。即使照真俗圓時，亦只能在一一之假名上皆見「實相」，說色即是空，空即是色，而卻不能在色上說「白狗黑」。可見講義理自有分際，不能隨意混淆。是琦辭怪說，便還他為琦辭怪說算了。再如：

6.「山出口」：這條在字句上亦難以索解，可說並不表意。一般的解釋，亦只是隨意猜測。原意如何？不得而知。這裡不作強解。

7.「郢有天下」：若謂「一攝一切」，任何一點皆可為天下之中心，任何一個中心皆可涵攝天下（此所謂天下，是指一窮盡無漏之圓圈，與政治上統有的天下不相干），如此說「郢有天下」亦無不可。這是破除空間上對待的限制所顯示的合同異。（與歷事八物中「天下之中央，燕之北、越之南」之義相通。）

8.「龜長於蛇」：這條若是破除長短之差別相，則與莊子所謂「天下莫大於秋毫之末，而泰山為小」之意相類，也可以指向合同異。[5]

由以上所考察，合同異組之八句，除7.、8.二句外，其餘皆很難作合理而成義理之解析，所以終於為怪說。至於荀子不苟篇所舉七事，除「山淵平」、「天地比」與「天與地卑，山與澤平」類同，都是要泯除高下之差別相，義可通。其餘五條，皆屬怪說。[6]

---

5 按：舊解謂「蛇形雖長，而命不久，龜形雖短，而命甚長。」此恐不合原意。又此條與「卵有毛」、「馬有卵」「丁子有尾」等，若看做經驗命題，則「不矛盾即可能」。雖然現實上並未發現這些事象，但在邏輯上卻是可能的。不過歷來不從這方面想，也無人作這種解釋。

6 參蔡仁厚《墨家哲學》（臺北：東大圖書公司），下卷第二章之四。

## 二、「離堅白」組十三句

「離堅白」是說堅與白是二個獨立的概念，可離而自存自有，各有它獨立的自性，這就是離堅白所透露的思想。茲對這十三句作一簡要之說明。

1.「火不熱」：

熱，是人的感覺，不是火的屬性。火與熱，各是一個獨立的概念、獨立的存有，故二者可離。

2.「目不見」：

目本身不能見，必有待於「光」「神經作用」而後能見。故目與見可離。

3.「矩不方，規不可以為圓」：

「矩」、「方之物」、「方之自身」三個概念，都不能相等，故可以離。「規」、「圓之物」、「圓之自身」也不相等而可離。

4.「鑿不圍枘」：

舊解「枘積於鑿，則枘異圍。異圍，是不相圍也」，此可以通；意即各是各，互不相涉，乃「離」之思想。

5.「指不至，至不絕」：

此句不易解。似乎是如此：用一個概念來指謂存在物，此概念與存在物之間，總有距離而不能至於物。即使能至於物，亦不能盡（絕、有盡之義），即不能窮盡此物之意義。此表示概念與存在物之間，有分別而可離。

6. 「輪不輾地」（不動、故不輾地）：

7. 「飛鳥之影未嘗動也」（動在鳥，而不在影）：[7]

8. 「鏃矢之疾，而有不行不止之時」（行、動也；止、靜也）：

此三句，皆顯示一無窮分割（離）之思想。在無窮分割之下，時間之「瞬」與空間之「點」皆無法建立。沒有時空之架構，則運動成為不可能。（根本無所動與靜）

9. 「一尺之棰，日取其半，萬世不竭」：

依無窮分割之思想，將量度抽象化而視為數學量；於是，半中有半，永無窮止（萬世不竭）。

10. 「狗非犬」：

---

7 以「動在鳥，而不在影」解「飛鳥之影，未嘗動也」，牟先生以為，這樣解釋，不違常識，但卻未必是原句的本意。原句的意思，可能是要說明「動之不可能」。不但否定影之動，就是鳥之動也不可能。這樣才表示思理，才是名理之談。凡說明運動不可能，其基本關鍵，即在拆除時空的架格。而依中國心靈之玄思而言，拆除時空相，即無運動可言。所以六祖慧能說：「不是風動，不是旛動，是仁者心動」。心若一止，則一切皆止，超越時空相，雖動而常靜；其實亦無動，亦無靜，連靜也不可以說，而只是「如如之存有」。若不從主觀修證之牽連上說，只從純「理」上說「不動」，則只是拆除時空之關係。既拆除便是「離」之義。參同註4。

狗，乃未成豪（毫）之犬（小犬），故不等於犬。（狗與犬，皆是獨立之觀念，各是各，故可離。）

11.「孤駒未嘗有母」：

「孤」則無母，若說「孤駒而有母」，便自相矛盾。

12.「黃馬驪牛三」：

「三」有形之三（牛、馬、牛馬）；有色之三（黃、驪、黃驪）；有形色之三（黃馬、驪牛、黃馬驪牛）。又，牛、馬兩個個體，加上其色而為三。凡此，皆為「離」之思想。

13.「雞三足」：

一般之解說，⑴雞雖二足，須神而行，故曰三足。⑵或曰，雞二足，加上足之共相，故為三。共相可以外於物而獨立自存，但不能以「物之共相」與「物之個數」合為數目字。故⑴⑵兩種解釋表示「離」之思理。若據離之思理，則可類比於「目不見」而曰「雞足不行」，但不可曰「雞三足」。故此條實乃怪說。

以上討論惠施之「合同異」，公孫龍之「離堅白」。「合同異」之思想為莊子之玄理所吸收。「離堅白」之思理，則以「性質」（物之自性、共相）此一概念之獨立自存為立論基礎，可惜後繼無人，終於式微不彰。

## 第四節　墨辯中的哲學性理論

「墨辯」指《墨子》書中「經上、經下、經說上、經說下、大取、小取」六篇文獻。其時代在名家之後，而成篇則在莊子天下篇之前，乃後期墨家之理論。（請參閱陳癸淼《墨辯研究》（臺北：臺灣學生書局）與蔡仁厚《墨家哲學》下卷。）

## 一、同異交得

惠施有「合同異」的思理，是名理之談；而墨辯論及同異問題，則是質實的觀點而近乎常識。

墨辯以為萬事萬物有同有異。普遍性上之同（畢同），不礙個體之異；個體之異（畢異），亦不礙彼此有某些條件之同。如說「世上沒有兩滴水是相同的」但這兩滴水終究同為水。可見各類事物，都是同中有異，異中有同。墨辯又以為同異本由比較而得（同異交得），故須立比較之標準。但不同類之事物，不可同用一種標準。如曰「木與夜孰長？」「智與粟孰多？」之類。

## 二、堅白相盈

公孫龍有「離堅白」的思理，而墨辯則以為堅白相盈不相外，堅白石重合而不離。雖說「視不得堅，拊不得白」，但事實上「堅白域於石」而不離。又以為「白馬」與「馬」乃小類與大類之別，兩類之關係，只能「是」而不能「非」，故曰「白馬，馬也，乘白馬乘馬也」。假若要在兩類之間用非字連接，則須用加詞以成為「是而不然」之方式：如「盜，人也（是）；愛盜，非愛人也（不然）。」其意在為「白馬非馬」此一命題提供一正確之使用法。

## 三、三名與三謂

墨經上七十九、八十兩條言及「三名」與「三謂」，茲略作說明。

1.三名：⑴達名——是全類之名，如「物」包舉一切，是最普遍之名，故曰「達名」。荀子正名篇所說的「大共名」，便相當於「達名」。⑵類名——小類之名，如「馬」為「物」中之一類，類有很多層級，由「馬」向上推，有「獸類」「動物類」「生物類」「物類」；由「馬」向下推，有「白馬」「黃馬」之分，還有「此白馬」「彼白馬」一一之個體。⑶私名——即個體之名。如「臧」本為人名，猶如「春香、秋香」本為人名，後來纔演變為奴僕通用之名。

2.三謂：⑴移謂——狗是犬。表示類與類之包含關係，移狗類於犬類之中，故謂之移謂。⑵舉謂——狗是未成豪之犬，此表示定義關係。舉述某物所具之條件以定其名義，故謂之舉謂。⑶加謂——這是狗。意在將個體歸類，加一個類名於個體物上，故謂之加謂。

3.謂詞與類：同一謂詞，常不能同時用於包含關係之小類或個體。例如小取篇云「車，木也；乘車，非乘木也。」「船，木也；入船，非入木也。」「盜，人也；多盜，非多人也。無盜，非無人也。」

## 四、條件關係

墨經所謂「小故」「大故」，即邏輯上所說的「必要條件」與「充足必要條件」。

(1)「小故」的界定語，是「有之不必然，無之必不然」。用普通語句來說：有了它不一定行（因它不是充足條件），沒有它卻一定不行（因為它是必要條件），這就是小故。

(2)「大故」的界定語，是「有之必然，無之必不然」。用普通語句來說：有了它一定行，沒有它一定不行（因為它是既充足而又必要的條件），這就是大故。

至於「小故」舉「體也若有端」為例證，是表示端（點）是體的必要條件，而非充足條件（有端不必能成體，但無端必不能成體）。所以小故只是「部分因」，必要而不充足。「大故」舉「若見之成見」為例證。上見字指「能見」一面，謂有所視；下見字指「所見」一面，謂有所睹。如有所視，必有所睹（雖在黑夜，猶睹乎黯黯者然）；反之，目無所視，必無所睹。所以「大故」是「全部因」，充足而又必要。

還有一種「充足條件」，其界定語是「有之必然，無之不必不然」。如下雨則地濕，不下雨不一定地不濕。（墨辯未論及充足條件。）

## 五、知識問題

1.能知與所知——(1)「知、材也」。材、指人能知的才具（感官之能）。此是能知（所以知）一面，是認知的主觀條件。(2)「知、接也」。接、謂與外物接觸以知外物之形色大小長短。此是所知的一面，是認知的客觀條件。（以能知接於所知，即可成知識。）

2.求知之目的——「慮、求也」。求、表示正面撲著於物的認知之動機（有所求即是目的）。

3.理解的能力——「恕、明也」（恕、古智字）。以其知（理解能力）論物（對物作解析、推論、綜合、判斷），則其認知可達於精審明晰。

4.獲得知識的途徑——(1)聞（傳言之）：由傳授而得的知識。(2)說（方不障）：比類推論而無礙，是由推論而得的知識。（如，室外人說：我看見一匹馬。室內人問：什麼顏色？答：和你的床單同一顏色。曰：噢、是白馬。）(3)親（身親焉）：由直接經驗而得的知識。

5.感覺以外的知識：時空——(1)久（時間），彌異時也。合古今旦莫。（彌、遍也、滿也。）(2)宇（空間），彌異所也。蒙東西南北。久與宇，皆不由五路（五官）而知。

6.以單位點之觀念，辯駁無限分割之說——認為「斫半」必須有單位計算其半，但到達一不可再分之單位點（端），便不可斫矣。故反對「一尺之棰，日取其半，萬世不竭」之說。

墨辯中還有「辯說」、「道德觀」，以及有關「力學、光學、幾何學」之科學知識，皆請參閱蔡仁厚《墨家哲學》（臺北：東大圖書公司），下卷第五、六、七各章之討論，茲從略。

# 第八章　中庸易傳的形上思想

《中庸》和《易傳》[1]的時代，很難確定。就其成為一部完整的文獻而言，可能晚於荀子亦未可知。但就其義理的傳承與語脈淵源而言，無疑的是孔門義理，而且是孟子之後應該有的一步發展。所以，就哲學史的線索而言，列《中庸》於孟子之後、荀子之前，應屬允當。

若將《中庸》《易傳》向後拖，與西漢董仲舒宇宙論中心的思想等同並觀，那就成為重大的錯誤。《中庸》《易傳》都不是對價值作存有論的解釋，而是對存有作價值的解釋。譬如《中庸》以「誠」規定天道，又言「慎獨」、「致中和」，以及「至誠、盡性」、「贊天地之化育」。而《易傳》以「生德」規定天道，又言「窮神知化」（窮至生物不測之神，契知陰陽妙合之化），以及「窮理、盡性、至命」，與「敬以直內，義以方外」。凡此，皆可看出《中庸》《易傳》仍然是以道德主體為中心之思想，故只應上屬於孔子，而不可下拖於西

1 《中庸》本為《禮記》之一篇，今與《論語》、《孟子》、《大學》合為《四書》。《易傳》是解釋《易經》的，《易經》中除了卦辭、爻辭，其餘的文字，都是《易傳》。包含1.彖辭上，2.彖辭下，3.象辭上，4.象辭下，5.繫辭上，6.繫辭下，7.文言，8.說卦，9.序卦，10.雜卦。

漢。

儒家從孔子到孟子，再從孟子發展到《中庸》《易傳》，這些儒者的生命皆有著前後相通的存在地呼應。《中庸》《易傳》的發展，是表示要順由孔子的「仁」、孟子的「心、性」，而向存在方面伸展。經過這一步伸展，道德界與存在界遂通而為一：講道德有其形上之根據，而形上學依然基於道德。故宇宙秩序即是道德秩序（存在原理與實現原理通而為一）。

因此，我們可以說，由孔孟發展到《中庸》《易傳》，實已透出了一個道德形上學的基型。下至宋明，則是這個基型的究極完成。

## 第一節　「天命之謂性」所涉及的意義

《中庸》首章云：

> 天命之謂性，率性之謂道，修道之謂教。道也者，不可須臾離也，可離、非道也。是故君子戒慎乎其所不睹，恐懼乎其所不聞。莫見乎隱，莫顯乎微，故君子慎其獨也。喜怒哀樂之未發，謂之中；發而皆中節，謂之和。中也者，天下之大本也；和也者，天下之達道也。致中和，天地位焉，萬物育焉。

此首段，極為重要。簡言之，它顯示了三個義理脈絡：

1. 由超越而內在（由天而人）——「天命之謂性」。
2. 德性工夫——歸結於「慎獨」。
3. 由內在而超越（由人而天）——致中和。（致其中則天地位；致其和則萬物育。）

以下，再分三小節做一說明。

## 一、言性的進路

儒家言性的進路，主要以孟子與《中庸》為代表。

1. 孟子主仁義內在，又言四端，他是由心善指證性善。即心而言性，是道德的進路。由此而開闢內在的生命領域，成立主觀性原則。（凡言「求放心」、「先立其大」、「擴充四端」、「盡心知性」、「反身而誠」，皆顯示道德的進路。）

2. 《中庸》言「天命之謂性」，表示天命天道流行下貫而為性，這是從天道建立性體，是宇宙論的進路。何以要採取此一進路？遠而言之，是呼應孔子以前「天命下貫而為人之性」的思想趨勢。[2] 近而言之，是對孟子內在的道德心性而換一個進路——從天道天命處說

2 按：此一思想趨勢，是隨著「宗教人文化」而透露出來；但只是一個發端，並未十分顯豁，亦未普遍受到正視。再加上孔子又別開生面，從「仁」而展開德性實踐的領域。孟子更承之而大加發揮。故直到《中庸》，才重新呼應此一天命天道下貫而為性的思想趨勢而加以講論。相關之三段文獻，已見上第一章第四節之末，可參閱。

下來，以顯示心性的絕對普遍性。這是客觀地從天道建立性體[3]，以成立客觀性原則。

## 二、「天命之謂性」的二種方式

1.宗教的命法：由「人格神、意志天」命給人以如此這般之性，此義自亦可說。但如此的命法，人的主體性不能充分成立。故儒家言性，不取此路。

2.宇宙論式的命法：形上實體的天，在它生生不已（生物不測）的活動中，降命於人（流行於人）而為人之性。在此，又有二義可說：

(1)由個體之性同源於天命，而說「普遍性」（人人一樣）。

(2)由個體承受天命以各成其性，而說「差別性」（各不相同）。

普遍性的性，是超越的創造真幾（真幾、猶言真實的本體），是道德創造的根源，在此說「人物同體」。差別性的性，是個性、脾性、類不同之性，在此說「人禽之辨」。

## 三、性、道、教

天命於人者，是超越意義價值意義的性（宋儒名之為天地之性、本然之性、義理之性）。「率性」之率，循也。循性而行，猶如孟子「由仁義行」。順性之命而行之，自能成就人道，道不在性之外，故率性（循性、順性）即可成道。——但如果是就氣化沉下來而說天地委形，就形氣說命，是謂「氣命」（不是理命、德命）；氣命之性即氣之結聚所成的性（生之謂性、氣質之性）。氣質之性必須加以變化，以去其偏雜，故「循性」不是從氣性說。

修道之「修」，朱註解為「品節之」，甚為妥切。依品類而節制之，亦即斟酌損益之意。人之行道，常有各種各類的蔽塞、阻滯、曲折，皆須一一因時因地因人因事而制其宜，而後乃能過程順適各得其宜而成善成德。這就是「修道之謂教」的真實意義之所在。（教、即指儒家內聖成德之教。）

## 第二節 慎獨、致中和

### 一、慎獨以成德

「慎獨」這個觀念，是上接曾子「守約」[4]而來。所謂「戒慎乎其所不睹，恐懼乎其所不聞」，是表示君子之心，必須常存敬畏。對於可見可聞之事，固然不可輕忽；而目所不見，耳所不聞之事（如存心、動機），也同樣要戒慎恐懼。因為目不見，心見；耳不聞，心

3 孟子嘗謂四端之心，乃「天所與我者」。此已含具「自天道建立性體」之意蘊，唯言之不甚明確、不甚顯豁耳。

4 《孟子・公孫丑上》知言養氣章，孟子有謂「孟施舍之守氣，又不如曾子之守約也。」約，要也。信守義理之要，以辨事之是非善惡，是即修身之要也。

聞。故幽隱之中與細微之事，形迹未見而幾已先動；人雖不知而自己則知之甚明，豈能欺蒙得過？「遏人欲於將萌，而不使其滋長於隱微之中」（朱註語）。故「人所不知而己所獨知」之處，最為道德實踐之緊要關頭。儒家言工夫，無論孔子之「吾無隱乎爾」或孟子之「反身而誠」，皆可引歸「慎獨」。《大學》從誠意講慎獨，《中庸》從「莫見、莫隱」之性體指點慎獨，皆已握住成德工夫之關竅。

## 二、致中和

喜、怒、哀、樂，是情。當喜怒哀樂潛伏未發之時，謂之「中」。中是「天下之大本」。這是承「天命之謂性」而言中，中即性也。

性體顯發而為情，情之發或中節，或不中節。（中節之中，去聲，猶言合也。中節，意即合乎節度。）當其發而「皆中節」時，便謂之「和」。和是天下之達道（通天下莫不皆然之道，謂之達道）。未發之中，是體；已發之和，是用。中，是「寂然不動」；和，是「感而遂通」。[5]合起來說，謂之「致中和」，分而言之，也可說「致其中，致其和」。

## 三、由致中和通向存在界

「致中和」的致，朱註所謂「推而極之也」。致中和，意即將「中」「和」原則推擴到極處，以充分顯發其功能作用，使天下事事物物皆能各安其位，各遂其生。而且，又不止於眼前的一般事物而已。即使天地乾坤，也必須靠「中」的原則以「安其位」；宇宙萬物之化育，也要靠「和」的原則以「遂其生」（完成其充分之化育）。

由此可知，《中庸》本乎中和原則而講說道德實踐，實已由道德界通向存在界，而成為宇宙萬物存在的共同依據。儒家義理的向度，一直都是「合天人，通物我，貫古今，徹幽明」。儒家的道，感通無隔，遍潤無方。中（大中至正）的原則，可使空間裡的物類，一一得其安頓而各得其所。和（陰陽和合）的原則，也可以通貫時間，使往古來今的事事物物，分別獲得適當的潤澤。

## 第三節 誠體流行、生物不測

### 一、天道以誠為體

《中庸》第二十章云：

5 《易・繫辭傳上》第十章：「易、無思也，無為也，寂然不動，感而遂通天下之故，非天下之至神，其孰能與於此！」儒家言實體，其究極意義必是「即體即用」，體用不二；「即寂即感」，寂感一如。同時，儒家義理，通達無礙。既可分而言之，又可合而言之。唯儒家尚篤實，不以此為勝場耳。

> 誠者，天之道也。誠之者，人之道也。

第一句是以「誠」規定天道。天道以誠為體。第二句「誠之」，是使之誠，使不誠歸於誠。其實，天道是誠，人道亦是誠。但人不免私欲之蔽，故須經過工夫而達到誠。

《中庸》又云：

> 自誠明，謂之性；自明誠，謂之教。誠則明矣，明則誠矣。[6]

「自誠明，謂之性」，表示誠體自明。由誠而明，猶如孟子所謂「堯舜性之」。性之，是順性而行，從容中道。堯舜與天合德，所表現的是天地境界。「自明誠，謂之教」，是表示由明而誠，明則可至於誠。「明」的工夫，猶如孟子所謂「湯武反之」。性之，是順性而行。反之，則是反省自覺，克己復禮；必須通過工夫以復其誠，故謂之「教」。「誠則明矣」，是承體起用；「明則誠矣」，是即用見體。這是即體即用、體用不二的境界。後世理學家所謂「即本體即工夫，即工夫即本體」，意亦猶是也。（各句「即」字，猶今語「同時是」。）

## 二、盡性與致曲

《中庸》第二十二章云：

> 唯天下之至誠，為能盡其性。能盡其性，則能盡人之性；能盡人之性，則能盡物之

> 性；能盡物之性，則可以贊天地之化育；可以贊天地之化育，則可以與天地參矣。

「盡性」，謂充分無漏地表現天性之善，使「知之無不明，處之無不當」。人能盡己之性，便能推而及於人、及於物，所以說，由盡己之性而盡人之性，而盡物之性，使宇宙萬物「各適其性，各遂其生，各盡其用，各得其所」。蓋天生萬物，各有參差；不但有智愚賢不肖之差別，也有稟賦清濁、厚薄、強弱之不同，同時，還有時地之宜不宜等等。凡天地化育上的不齊不足，皆須由人來「贊天地之化育」，以補其憾。贊、助也。在此，可知「人道」之重要。人能補天地之不足，故「人」可與「天、地」鼎足而三，而稱為「三才」。

《中庸》又云：

> 其次致曲。曲能有誠，誠則形，形則著，著則明，明則動，動則變，變則化。唯天下至誠，為能化。7

「致曲」之曲，一偏也，指一部分而言。大賢以下，不能如同聖人之至誠盡性，故須一步一步來。能在一事一物上真實無妄，自然就可以誠於中而形於外。「形則著，著則明」，「形、著、明」三字，皆是由隱微而顯明之意，故朱註云：「形者，積中而形外；著，則又

---

6 見《中庸》第二十一章。

7 見《中庸》第二十三章。

加顯矣；明，則又有光輝發越之盛也。」動，是誠能感動物、鼓舞物。變，是從不善變而為善。化，是指「形、著、明、動、變」之功自不能已。化字，便是指功德之化的神妙，有不知其所以然者。致曲而至於「化」，則也不異於聖人。故曰「唯天下至誠為能化」。

按：若稍作引申，則也可以說今之科學知識，正是「致曲」之學。分門別類，步步探索，層層研究，再將成果歸納成為有條理、有系統之說明，是即科學知識也。

## 三、誠體流行、生物不測

### (一)誠是創生之真幾：

由誠體之流行而成其始，由誠體之貫徹而成其終。所以說「誠者，物之終始。不誠無物。」[8] 一切事物，皆由誠而成始成終。在此成始成終之過程中，事事物物皆得以成為真實之存在。若離開了誠，便不能從始到終，貫徹完成。下文又云：

> 誠者，非自成己而已也，所以成物也。成己、仁也，成物、知也，性之德也，合內外之道也，故時措之宜也。[9]

君子盡誠，故內以成己，外以成物。成己，是存養仁體；成物，是誠明之用。仁與知（智），皆是性之本德。合內外之道而時措之宜，則其全體大用皆可充分昭顯。

### (二)天道生物不可測

天地之道，「博厚、高明、悠久」。博厚以載物，高明以覆物，悠久以成物。由於「其為物不貳」，故其生化萬物神妙而不可測。[10]這個意思，是《中庸》作者對形上實體極佳之體會。

《中庸》又引《詩經》周頌、維天之命之詩，而加以申義，也極有慧識與靈感。其言曰：

> 詩云：「維天之命，於穆不已。」蓋曰天之所以為天也。「於乎不顯，文王之德之純。」蓋曰文王之所以為文也，純亦不已。[11]

天命本體的特徵，一是深遠深邃，無限無極。一是流行不已，生生不息。《中庸》作者以為「維天之命，於穆不已」這二句詩，正好表出了天之所以為天。而文王顯發之德，乃是純德。文德之純，即是文王之所以為文。而且，以文王為代表的人德之純，並非寂止之德，乃是生動活潑的不已之德。天命穆而不已，人德純亦不已，其義一也。天人對顯，相得益彰。《易．乾彖》云：「天行健，君子以自強不息。」也是天人對顯，與《中庸》同一思路。

---

8 見《中庸》第二十五章。
9 同註7。
10 參見《中庸》第二十六章。
11 《中庸》第二十六章。「於穆」之於，音烏，歎辭。穆，深遠也。「於乎」同嗚乎。不，讀為丕，大也。

# 第四節　乾道變化，各正性命

## 一、乾知坤能

《易・繫辭上》有云：

> 乾知大始，坤作成物。乾以易知，坤以簡能。

### ㈠乾知大始，乾以易知

知，主也。主管其事而實現之也。乾所主者，是創生萬物。而創生萬物之始，乃是「大始」。若問乾以何種方式主管創生之始？答曰「易」。[12]以「易」的方式而能主管萬物創生，自非尋常，所以說「神妙」而「不可測」。《中庸》亦說「其為物不貳，則其生物不測。」意思相同。

### ㈡坤作成物，坤以簡能

乾主創始，坤主終成。萬物之生成，乾坤接續，善始善終。故物之成其為物，實由坤以終成之。坤以何種方式顯示其終成萬物之能？答曰「簡」。朱子曰：「坤順而靜，凡其所能，皆從乎陽而不自作，故為之以簡而能成物。」[13]乾以易，坤以簡，「易簡則天下之理得矣」。[14]

## 二、以乾元統坤元

易曰：「大哉乾元，萬物資始。至哉坤元，萬物資生。」[15]

乾元乃創生原則，故萬物資藉之以為生之始。坤元乃終成原則，故萬物資藉之以為生之成。所謂「資始」「資生」，字相異而義相通貫。始者，氣之始；生者，形之始。（形之始，實亦含蘊形體之終成也。）

乾、坤，乃易之門戶。易是生道，生化萬物，不可偏取，不可斷絕，故必須乾坤並建。同時建立而相承互依，並非「二元」。曰乾元，曰坤元，字面上雖說為二個元，但自始至終，一以貫之。故自來皆說「乾坤並建，以乾元統坤元」也。[16]

---

12 按：易有三義：簡易、變易、不易。三義似相異，而實又因果連環，相反相成。唯其簡而不繁雜，故能應感而起變化；而萬變不離其宗，一切變易，無非是生生之德的顯現。故就事言，有變；就理言，不變。

13 見朱熹《周易本義》繫辭上註。

14 見《易．繫辭上》首章之末。

15 前二句，見《易．乾象》。後二句，見《易．坤象》。

16 按：乾坤並建，並非乾坤二元。同理，後世理學家言理言氣，亦非理氣二元。理主導氣，氣服從理，氣豈得與理為二元？歷來重氣者，也不是氣本論。討論氣之功能、氣之重要，可以謂之「氣論」，也可加以研究而名為「氣學」，但絕不是儒家思想中有「氣本論」、「主氣論」。

## 三、乾道變化，各正性命

乾道即天道。天道生生是憑藉陰陽之氣的分合變化，以顯現其生化之神妙。在天道之流行貫注中，萬物一方面承天道之下貫而得天命之性（此一面是心性、理命），一方面又稟受陰陽（五行）之氣以凝成各自的形體（此一面是氣稟、身命）。所謂「各正性命」，即宇宙萬物皆得以成其為一一之個體，一一之真實的存在（各正其性，各定其命）。

## 四、繼善成性

《易・繫辭上》第五章云：

> 一陰一陽之謂道，繼之者善也，成之者性也。

(1)一陰一陽之謂道：陰陽是氣，不是道，也不是一個陰加一個陽便謂之道。道，必須顯現，須在一陰一陽之妙合變化中見。藉著陽氣之伸與陰氣之聚，乃能顯示出道創生萬物的終始過程。這就是「一陰一陽之謂道」一語的真實意指。

(2)繼善成性：「繼之者善也，成之者性也」。「繼之、成之」兩「之」字，皆指「道」而言。能繼續此道而不使它止絕，便謂之「善」。善，是道的價值內容。進一步，不但能繼續道而不斷絕，而且還能完成此道於己身而成為個體之性。（客觀的道，內在於個體，轉為主觀

（主體）之性。）繼善成性，是宇宙論式的，與孟子直言「內在的道德心性」不同。而與《中庸》「天命之謂性」的路數，則相通相類。

## 第五節　寂感之神——本體論的妙用

《易・繫辭上》第五章云：「生生之謂易」。又云：「顯諸仁，藏諸用，鼓萬物而不與聖人同憂，盛德大業至矣哉。」繫辭下首章亦云：「天地之大德曰生。」

### 一、天以生爲道

天以何為道？依《易傳》，天以「生」為道。「生」乃天地之大德。生生不息，生化萬物，既是天地之「德」，也是天之所以為「道」的本質意義所在。離開「生化」，即無天道天德可言。這是《易傳》的思路，同時也是《中庸》的思路。[17]

生生之易道，顯之於仁心之感應，藏之於生化之大用（顯諸仁，藏諸用）。同時，天道之生化，周遍充滿（富有之謂大業，大而無外；日新之謂盛德，久而無窮。）由乾之靜專動直（專、謂

17 《中庸》云：「天地之道，可一言而盡也。其為物不貳，則其生物不測。」《易傳》亦有「陰陽不測之謂神」之言。（繫辭上第五章）

專一，直、謂創生），縱貫創生，說「大生」；由坤之靜翕動闢（翕、合也，闢、開也），橫通衍生，說「廣生」。整本《易傳》，實皆生生之道的多方展現與說明。

## 二、易道寂感之神

《易傳・繫辭上》第十章云：

> 易，無思也，無為也。寂然不動，感而遂通天下之故。非天下之至神，其孰能與於此！

「寂然不動」，言道之體；「感而遂通」，言道之用。朱子《周易本義》曰：「寂然者，感之體；感通者，寂之用。」感之體，指寂體乃感通起用之依據。寂之用，指感通乃寂體顯發之功能（作用）；而易體本身，則「無思、無為」，而且無形體、無聲臭、無方所。然而，它能由寂通感，感而遂通。故可以通晝夜、徹幽明、貫始終。所謂「範圍天地之化而不過，曲成萬物而不遺」。[18]易道生化與天地之化恰恰相應，無過無不及。「曲成」之曲，本指一偏，轉而為每一偏、每一部分。故曲成萬物，是說萬物皆一一成就之而無所遺漏。既無過，又無不及，也無遺漏，此正見天道（易道）之周遍圓通；故又曰「神無方而易無體」。朱子本義云：「至神之妙，無有方所；易之變化，無有形體。」天道神體之所以「生物不測」，正因為「神無方而易無體」，故能寂而通感，「感而遂通天下之故」。（故、事也，事事物物也。）

## 三、窮神知化

《易・說卦》第六章云：

> 神也者，妙萬物而為言也。

這裡所謂「神」，既不指從氣而言的鬼神之神，也不指宗教上的人格神（意志天）之神。而是從天道易體「神感神應、妙運生生」而言之。所以，儒家所謂「神」，乃是就天道「妙運陰陽生化萬物」而言。天道之主導或運用陰陽氣化，乃神妙而不可測者，故「妙萬物」之妙，作動詞解，乃謂妙運萬物。而完整地說，實乃天道妙運陰陽氣化以生萬物。而天道生化之事，深邃奧妙，不易言之，故用一個「神」字。意謂天道之生化，乃無限神妙之事也。

繫辭下第五章有云：

> 窮神知化。

18 見《易傳・繫辭上》第四章。「範圍」二字，當從「相應」之意作解。「範圍天地之化」，意即易道生生與天地之化恰恰相應，不增不減，故無「過之」，也無「不及」。

此「神」字亦指天道易體至神之用。窮至其生物不測之神，契知其陰陽妙合之化，而後乃能「繼志述事」。從萬物生生，可見天地之「志」；從陰陽變化妙合，可見天地生化之「事」。繼志、述事，乃是「人道」。純亦不已地表現道德行為，以創造各種價值，是「繼志」；贊天地之化育，使萬物各得其所、各遂其生，便是「述事」。述、循也。循天地生化而實成其事也。

## 第六節　宇宙論的演生與三極之道

### 一、宇宙論的演生

上一節的述論，乃是本體論的妙用義之說明。這是儒家道德形上學的特色之一。《易傳·繫辭上》第十一章有幾句話，則屬於宇宙論的演生義之說明。文曰：

> 是故易有太極，是生兩儀，兩儀生四象，四象生八卦。……

「太極」，指道體，統易道、易理、易體而言之。「生兩儀」各句之「生」字，不是產生，乃引發而出之意，王船山所謂「發現」是也。[19]「兩儀」謂陰陽或天地。「四象」謂少陽、老陽、少陰、老陰。「八卦」謂乾天、坤地、坎水、離火、艮山、兌澤、巽風、震雷。[20]但天道生生，不是數字之遞進。此一演生之陳述，實意是要顯示天道之妙用。所以，這種宇宙論的演生義，必須關聯本體論的妙用義來了解，方為中肯。（否則，無法明白它何以如此演生，以及它所以如此演生之根據。）

## 二、三極之道

《易傳・說卦傳》第二章云：

> 昔者聖人之作易也，將以順性命之理，是以立天之道，曰陰與陽。立地之道，曰柔與剛。立人之道，曰仁與義。

(1)立天之道，曰陰與陽：「立」字，乃顯立之意。天道藉陰陽變化而顯現其具體之流行。此具體之流行不已，實即萬物之生生不息。但若不資藉陰陽之氣的分合變化，則天道之生生無由顯發完成。故曰「立天之道，曰陰與陽」。

(2)立地之道，曰柔與剛：得剛而成形者，是為男、雄、牡；得柔以成形者，則為女、雌、牝。無有男女、雄雌、牡牝之分的物類，也可以作「剛」與「柔」之原則性的分類。故

---

19 見熊十力《十力語要》卷三，頁十三下之引說。

20 兩儀：陽⚊，陰⚋。四象：少陽⚎，老陽⚌，少陰⚍，老陰⚏。八卦：乾三連☰，坤六斷☷，震仰盂☳，艮覆盌☶，離中虛☲，坎中滿☵，兌上缺☱，巽下斷☴。

曰「立地之道，曰柔與剛。」。

⑶立人之道，曰仁與義：仁道親親，是主觀性原則；義道尊尊，是客觀性原則。仁道親其所當親，義道尊其所當尊，二者乃人道之綱常，故曰「立人之道，曰仁與義。」合天道、地道、人道而言，則謂之三極之道。

## 三、由三極之道合天人——道德的形上學之初成

《易傳》雖然形上學宇宙論的意味很重，但其底子乃是道德意識。其性質，是道德的形上學。故曰：「君子敬以直內，義以方外，敬義立而德不孤。」（坤文言），又如「大人者，與天地合其德，與日月合其明」云云（乾文言），皆透顯出「合天人」的趨向。

宋明儒所講論的學問，後世稱之為道學、理學、性理學、心性之學；其實，宋明階段的儒學，根本就是順《中庸》、《易傳》、《論語》、《孟子》而開顯出來的「道德的形上學」。

基於道德的形上學，康德嚮往之而做不出來，因為西方欠缺傳統做憑藉。而儒家則從先秦到宋明相續講習，所以能充分究極地完成之。在儒家，道德形上學是真實的，不只是理境上的嚮往而已。

附識一：《大學》只提供實踐的綱領，如「三綱領」「八條目」，而義理之方向則不顯豁、

不明確，將與宋明理學一併討論

附識二：「陰、陽」是儒家哲學思想中的重要觀念。但層次不高，不算是主導性的觀念。至於「陰陽家」的思想，將與《呂氏春秋》以及董仲舒的天人感應之學，併合而稍加論述。

# 第九章 荀子的學說

荀子名況，字卿，亦作孫卿。戰國時趙人。其生年約晚於孟子四五十年。游學於齊之稷下，至齊襄王時（西元前二七九—二六五），「最為老師，三為祭酒」。荀子的生平事迹，拙著《孔孟荀哲學》荀子之部第一章，有論敘，可參閱。簡要而言之。荀子年十五，游學於齊，五十以後適楚，嘗為蘭陵令。六十左右返齊，時諸儒凋零，唯荀子德望崇隆，故「三為祭酒」。七十以後入秦，後歸趙，議兵於趙王之前，八十左右或嘗親歷邯鄲之圍，故臣道篇敘論平原君、信陵君存趙之功。若荀子壽至九十，則及見李斯入秦。而春申君死時，荀子已九十八，及秦始皇統一天下，荀子若仍健在，則已一百一十餘歲矣。

孔子之後，孟荀繼起，先後成為儒家之宗師。孟子順承孔子之仁而發揮，開出心性之學的義理規模；荀子則順承孔子外王禮憲之緒，彰顯禮義之統。後世尊孟子為儒家正宗，雖非偶然；但荀子受到長期之貶抑，亦有違學術之公。此下將分從天論、性論、心論、名論與禮義之統，進行討論。

# 第一節　制天用天的思想

## 一、天之自然義

荀子以天為自然，自然的天，沒有理智，沒有愛憎好惡，亦無所謂意志的作用。而自然之生，亦只是天地之「真」，而不是天地之「善」或天地之「德」。

### ㈠自然的天——沒有意志、沒有理智、沒有愛憎

荀子說：「不為而成，不求而得，夫是之謂天職。」「為」與「求」是意志的作用，天既「不為、不求」，表示天是沒有意志的。又說：「天行有常，不為堯存，不為桀亡。」堯是聖王，桀是暴君，而天並不因為人的賢聖或昏暴而改其常行，可見天是不識不知，沒有理智的。不識不知，無所愛，無所憎，亦因而沒有感應，它只是循著永恆的軌道，機械地、自然地運行而已。

至於天論篇所謂「天有常道矣，地有常數矣」，其所謂常道，只是意指自然的法則、自然的秩序。這個自然的法則秩序，始終為天地所遵循，所以亦名之為常道。但荀子自己說過：「道者，非天之道，非地之道，人之所以道也，君子之所道也。」[1]牟宗三先生認為「荀子只言人道以治天，而天則無所謂道，即有道，亦只是自然之道。」[2]所以，荀子所謂天，不是宗教的，不是道德的，亦不是形上的，而只是自然的，是可以作為科學研究之對象

的。

### (二)自然之「生」——只是天地之真，而非天地之善

就天之「生」而言，儒者皆視為天之德、天之善。故曰「天地之大德曰生」。[3]生，是天地之德，天地之生化萬物，即是生生之德的流行發用，這是善的昭顯，亦是價值的創造。由此可知，孔孟是以道德心（仁）、理想主義的態度，來體認天之「善」（德）；荀子則是以認知心（智）、理智主義的態度，以認識天之「真」。荀子雖承認天地是「生之始」，但天地之生，乃是「不見其事而見其功」的自然之生；凡天生而自然者，皆是負面的、被治的，所以不能說善，亦不能說德。亦以此故，人對天無可言「法」，無可言「合」，故荀子不說天人合一，而言「天人之分」。

## 二、天人之分

天人相對，分而為二，天歸天，人歸人，天與人各有其分。荀子天論篇云：

1 見《荀子・儒效篇》。
2 牟宗三《名家與荀子》（臺北：臺灣學生書局），頁二一四。
3 《周易・繫辭傳下》第一章。

> 天行有常，不為堯存，不為桀亡。應之以治則吉，應之以亂則凶。[4]……故明於天人之分，則可謂至人矣。

天行有常，自然運行，既無意志存乎其中，亦與人間之事不相感應。吉凶禍福皆由人為，不關乎天。荀子認為，天既不能禍福人生，亦不能影響治亂。禹桀之時，天地四時都一樣，而禹則治，桀則亂，可見治亂在人，而不在天地四時。如果人能夠「應之以治」——以合乎禮義的行為來肆應，譬如「強本節用，養備動時，脩道不貳」，則能得福而吉；縱有水旱之災，寒暑之厄，祅怪之變，人民依然可以衣食無虞，幸福康寧。反之，如果人「應之以亂」——以不合禮義的行為來肆應，譬如「本荒用侈，養略動罕，倍（背）道妄行」，則必得禍而凶；縱然風調雨順，寒暑宜人，祅怪不至，人民依然會有饑寒之累，疾病之災。由此可證，治亂吉凶的關鍵，只在人為而不在天意。怨天求天都沒有用，有用的是人為。所以荀子稱「明於天人之分」者為「至人」。天論篇又云：

> 天職既立，天功既成，形具而神生，好惡喜怒哀樂臧焉，夫是之謂天情（自然之情）。耳目鼻口形能各有接而不相能也，夫是之謂天官。心居中虛以治五官，夫是之謂天君。財非其類以養其類[5]，夫是之謂天養。順其類者謂之福，逆其類者謂之禍，夫是之謂天政。
>
> 暗其天君，亂其天官，棄其天養，逆其天政，背其天情，以喪天功，夫是之謂大凶。

> 聖人清其天君，正其天官，備其天養，順其天政，養其天情，以全其天功。如是，則知其所為，知其所不為矣；則天地官而萬物役矣。其行曲治，其養曲適，其生不傷，夫是之謂知天。

天職、天功，屬於宇宙的天。而天情、天官、天君、天養、天政，則屬於人生人文的範圍。（以其皆屬於天生之自然，故亦用「天」字而名之為天情、天官、天君；以其順乎自然而為，故亦謂之天養、天政。）自「暗其天君」至「以喪天功」，這是毀其生；自「清其天君」至「以全其天功」，這是成其生。成毀的關鍵在天君（心）之「清」或「暗」，而心之清明或昏暗，乃是人事，不關乎天。

聖人「清其天君，正其天官，備其天養，順其天政，養其天情，以全其天功」，是聖人為其人事之所當為，而且亦仍然是在「天人之分」的原則之下，克盡人的職分。所以荀子說：「如是則知其所為，知其所不為矣」。其「所為」者，是人的職分，「所不為」者，則指「不與天爭職」。宇宙一面的天職天功，是人所不為的，故「不求知天」。而所為的這一

---

4 按：《荀子・不苟篇》云：「禮義之謂治，非禮義之謂亂。」合乎禮義的行為謂之治，不合禮義的行為謂之亂。此所謂「應之以治，應之以亂」，正可據以作解。

5 按：財、裁也。非其類、謂禽獸草木；其類、謂人類。裁萬物以養人類，乃順乎自然之養，故謂之「天養」。

面，屬於人的職分，當然必須知之。知人職而為之，則天地萬物皆為我用（天地官，萬物役），不但其行可曲盡其治，其養可曲盡其適，而且亦可不傷害天地之生，如是便謂之「知天」。由此可知，「不求知天」，是不求知「天職、天功」之所以然，而「知天」是順天人之分而「知其所為，知其所不為」。

天之「所以然」有二層。經驗層的所以然，是事物本身的「形構之理」（形成之理、構造之理），這是科學家所探索的。超越層的所以然，是事物之所以如此存在的形上根據，是為「存在之理」、「實現之理」；儒家正宗所體證的「天道、天理」，即是這一層上的所以然。對於這兩層所以然，荀子皆視為「無用之辯，不急之察，棄而不治」。由於不求知經驗層的所以然，所以未曾開出科學知識（此非才智問題，而是態度問題）；由於不求知超越層的所以然，乃顯出荀子本源不透，所以其論天、論性，皆與儒家正宗大流之思想，形成極大的差異。

## 三、天生人成

上述天之自然義，天人之分義，皆是荀子「天生人成」這個原則的張本。富國篇云：「天地生之，聖人成之」。而首先指出「天生人成」乃荀子思想之基本原則的，是牟宗三先生[6]。之後，講荀子者，類能言之。荀子云：

> 天有其時，地有其財，人有其治，夫是之謂能參。舍其所以參，而願其所參，則惑矣。（天論篇）
>
> 故曰天地合而萬物生，陰陽接而變化起，性偽合而天下治。天能生物，不能辨物也；地能載人，不能治人也。宇中萬物生人之屬，待聖人然後分也。（禮論篇）

此二節很明顯地表示「天生人成」的原則。前一節指出天地只能供給「時」與「財」，而人則能加以治理。能治理天時地財而善加利用，就叫做「能參」。參，乃「人有其治」的引申，含有治理、成就之義。「所以參」即所以治，亦即能治，指人這一面；「所參」即所治，指天時地財。「舍其所以參，而願其所參」，亦即捨棄人這一面的「能治」而不為，而徒然希慕「所治」一面的天時地財之用，這是棄人而從天，捨本而逐末，所以說「則惑矣」。後一節是說，天地只能生物、載人，卻不能辨物、治人（辨、亦治也）；萬物與人類，皆有待聖人之道（禮義）以定其分位，而後乃能各得其所，各得其宜。據此可知，前節是就治天地而言，後節是就治人物而言。由此天生人成之原則所透顯的，乃是「自然世界為人文世界所主宰」的思想。

「天生人成」之原則，荀子在王制篇亦有綱領性之說明。其言曰：

---

6 參見《名家與荀子》頁二一三——二二八。

> 天地者，生之始也。禮義者，治之始也。君子者，禮義之始也。為之、貫之、積重之、致好之者，君子之始也。故天地生君子，君子理天地；君子者，天地之參也，萬物之總也，民之父母也。無君子，則天地不理，禮義無統，上無君師，下無父子，夫是之謂至亂。

天地是「生之始」，但天地只能生而不能治，必須以禮義行其治。而禮義乃君子所生，所以君子是「天地之參，萬物之總，民之父母」。如果沒有君子，則天地萬物（自然世界）之條理秩序，禮義法度（人文世界）之綱紀統領，皆將無法顯立，故曰「天地生君子，君子理天地」。

又前節引「天職既立，天功既成」一段，亦是對「天人之分」與「天生人成」一原則之說明。前半段說的是「天地生之」，後半段說的是「聖人成之」。「生」是天地的職能，是自然而然的。而「成」則必須通過禮義的效用。聖人清其「天君」而制禮義，以禮被諸「天官」則天官正，被諸「天養」則天養備，被諸「天政」則天政順，被諸「天情」則天情養。在禮義的廣被中，天之所生得以成，天之功用得以全。由此可知，天之功在「生」，人之能在「成」。假若一任天生而不加人治，則天之所生濫而無節，而天功亦將有毀喪之虞。所以必須節之以禮義，而後乃能成其生。

## 四、制天用天與事天

荀子認為，人之所以為人，在於——

(1)人有辨：「人之所以為人者，何已（以）也？曰：以其有辨也……辨莫大於分，分莫大於禮。」（非相篇）

(2)人能群：「人何以能群？曰：分。分何以能行？曰：義。故義以分則和，和則一，一則多力，多力則彊，彊則勝物，故宮室可得而居也。故序四時，裁萬物，兼利天下，無它故焉，得之分義也。」（王制篇）

以禮義明分，各任其事，各得其宜，因而上下齊心，和衷共濟，於是便有了力量。強有力則可以制裁自然，生活亦遂可得改善。所以說「序四時，裁萬物，兼利天下，無它故焉，得之分義也。」這就是荀子主張「禮義為制天用天之根本」的確切證明。

天論篇有一段話，特別為近人所稱賞：

大天而思之，孰與物畜而制之。從天而頌之，孰與制天命而用之。望時而待之，孰與應時而使之。因物而多之，孰與騁能而化之。思物而物之，孰與理物而勿失之也。願於物之所以生，孰與有（佑）物之所以成。故錯人而思天，則失萬物之情。

這是荀子「制天用天」之思想最有代表性的一段文字，語句的形式亦很明顯地是天人相對而說。荀子要把天看做自然物而制裁它，要憑藉天生之物而利用它，要應時耕作而役使它，要運用智能以增加生產，要治理萬物使之各得其宜，各盡其用。總之，他認為物之生在天，而成物則在人。為期在人為中成就價值，就必須制裁利用天生之自然物。

荀子既視天為自然，又言天人之分，天生人成，而主張制天用天，他何以又言「事天」？在此，可有二點解答：

(1)荀子所說的「天」，實含兩層意思，一是自然義，如前文所說。二是本始義，天是「生之始」，亦是「生之本」。事天以報本返始，是道德真誠之流露，亦是人文精神之表現，而並非有所祈求於天。

(2)荀子不言天道，不言地道，而言人道、治道，所以「禮義之統」為其思想最高之綱領。在禮義之統所涵蘊的人文理想中，正人心、厚風俗的禮樂教化是重要的內容之一。禮中既有祭禮，則「祭天、事天」自是應有之義。

荀子尚理智，但他不是淺薄的「理智一元論」者，他的思想是理智的理性主義，或理智的人文主義。他反對慕天、頌天，而卻將「事天地」與「尊先祖」「隆君師」同時並舉，而稱之為「禮之三本」。這裡所顯示的純是「報本返始」之義，而並沒有祈願求福的意思，亦沒有依賴信靠的心理，更不帶任何迷信的色彩。儒家後來所特重的「三祭」之禮，正與荀子「禮之三本」相互關聯。[7]

## 第二節　化性起偽

## 一、性之三義

荀子對於性的界說，有三則很簡要的話：⑴正名篇：「生之所以然者，謂之性。性（生）之和所生，精合感應，不事而自然，謂之性。」⑵性惡篇：「凡性者，天之就也。不可學，不可事……不可學不可事而在人者，謂之性。」⑶禮論篇：「性者，本始材朴也。」這三則文字，分別表示性之「自然義」、「生就義」、「質樸義」[8]凡順「生之謂性」一路言性者，必涵此三義。這表示性只是自然生命之質，是中性的，沒有道德理性，沒有善的根。

第一則，直就「生之所以然」說性。荀子所說的「生之所以然」，是屬於形而下的所以然。他是就自然生命之自然徵象而作陳述，所謂「生之所以然謂之性」，意即「生之自然謂之性」。故下文接著又說：「性之和所生，精合感應，不事而自然，謂之性。」這幾句話，正是對上句「生之所以然謂之性」所作的申述。古時，性與生二字可以互用，「性之和」即是「生之和」[9]。楊倞註「和」字云：「陰陽沖和氣也。」牟先生解「生之和」為「自然生

7 按：儒家三祭，是「祭天地、祭祖先、祭聖賢」。天地為宇宙生命之本始，祖先為個體（族類）生命之本始，聖賢為文化生命之本始，故皆應「報本返始」以祀敬之。昔時稱「天地君親師」，今已無君，宜改為「天地聖親師」之神位，並配以聯云：「天生地養，盛德廣大；聖道師教，親恩綿長。」

8 參牟宗三《才性與玄理》（臺北：臺灣學生書局），頁二、三。

9 按：王先謙《荀子集解》即已作此解釋。

命之絪蘊」[10]，義尤顯豁。自然生命之絪蘊所生發（蒸發）的自然徵象，如感官之自然感應，生理之自然欲求，生物之自然本能，心理之自然情緒，總起來便名之曰「性」。這種意義的性，實只是「自然之性」。

第二則，由「天之就」說性。凡是天所生就的自然之質，都是不可學而得，不可事而成。這先天生就、自然如此的質素，落在人的生命中便謂之性。這是性之「生就義」。

第三則，就「本始材朴」說性。先天本始如此的素樸之材質，即是性。這是性之「質樸義」。董仲舒云：「性之名，非生與！如其生之自然之質，謂之性。」[11]董子之言，可以視為「生之謂性」最恰當的解析，亦可視為「性者本始材朴也」這句話的註腳。

## 二、性之內容（性惡）

荀子言性，其內容果何所指？性惡篇云：

> 夫好利而欲得者，此人之情性也。
>
> 今人之性，生而有好利焉……生而有疾惡焉……生而有耳目之欲，有好聲色焉。
>
> 若夫目好色，耳好聲，口好味，心好利，骨體膚理好愉佚，是皆生於人之情性者也。

榮辱篇亦有類似的話。統括荀子之言性，其內容不外下列三行：

(1)感官的本能：如耳目口鼻之辨聲色臭味，骨體膚理之辨寒暑疾癢等等。

(2)生理的欲望：如饑欲食，寒欲暖，勞欲息，以及耳目之欲等等。

(3)心理的反應：好利而欲得，好利而惡害，以及疾惡（恨怒厭惡）之情等等。

這三行內容，都是生物生命的內容，只能算是人的動物性之遺留。在這裡，只能見到「人之所以為動物」的自然生命之徵象，而不能見到「人之所以為人」的道德價值之內容。就動物性而言性，則性中只有盲目的好與惡，而沒有合理的迎或拒；只有實然的生物生命之活動，而沒有應然的道德價值之取向。荀子所見到的人性，只是這一層生物生理的自然生命，如果順其生物生命之活動而不加引導節制，則「性惡」便是很自然的結論。而事實上，荀子亦正是把「性、情、欲」三者看做是同質同層的。

正名篇云：

性者，天之就也。情者，性之質也。欲者，情之應也。

「性者天之就」，是說性是先天生就、生而即有的。「情者性之質」，是說性以情為質（質地、本質），情外無性，性外無情，性與情是同質同位的。故荀子書中，情性二字常常連合

---

10 見牟宗三《心體與性體》（臺北：正中書局），第一冊頁八八。絪縕、交密之狀。二字語出《易・繫辭傳下》第五章。

11 見《董氏春秋繁露》卷十，深察名號第三十五。

作複詞用。「欲者情之應」，是說欲是應情而生的。耳目聲色之好即是欲，欲乃應愛好之情而生，有了愛好之情，便引生獲得之欲，所以說「好利欲得」乃是「人之情性」。荀子分別界定性、情、欲，卻正好說明三者並無實質上的差異。而「以欲為性」，亦遂成為荀子論性的最大特色。[12]

順自然生命的欲求說下去，當然不見有善而只見其惡。由「性惡」而透出自然之質這一層的不足，自然之質既有不足，則主觀地彰顯心君之重要，客觀地彰顯禮義之重要。（在荀子思想中，天與性皆屬負面；心與禮義則居於正面之地位。）其實，荀子亦未必不知自然之質既有惡的傾向，亦有善的傾向。[13]但即使性有善的傾向，仍須治之以禮義，要通過「師法之化，禮義之導」，而後乃能表現合乎禮義文理的善行。人，不能停在自然之質這一層上，必須超越這一層以開出道德理性的領域，所以荀子既言人性惡，隨即又言「化性起偽」。平常總說荀子「主性惡」，我覺得這個「主」字下得太重，「人之性惡」其實只是荀子的觀點、說法，而「化性起偽」纔是他的正面主張。

## 三、化性起偽

性惡篇開宗明義第一句，便說：「人之性惡，其善者、偽也。」善出於偽，不出於性。然則，性與偽如何區分？

性惡篇云：「凡性者，天之就也。不可學，不可事。禮義者，聖人之所生也，人之所學而能，所事而成者也。不可學，不可事，而在人者[14]，謂之性。可學而能，可事而成，之在人者，謂之偽。是性偽之分也。」

又云：「若夫目好色，耳好聲，口好味，心好利，骨體膚理好愉佚，是皆生於人之情性者也；感而自然，不待事而後生之者也。夫感而不能然，必且待事而後然者，謂之生於偽，是性偽之所生，其不同之徵也。故聖人化性而起偽。」

「不可學，不可事」的自然之質，以及「感而自然，不待事而後生」的愛好之情，是說明「性」之自然義。「可學而能，可事而成」，以及「感而不能然，必且待事而後然」，是指說「偽」之人為義。這是荀子對性與偽所作的區分。

就「性」而言，聖人與眾人同，就「偽」而言，則因人而有異。所以性惡篇說「故聖人之所以同於眾，其不異於眾者，性也。所以異而過眾者，偽也。」

性與偽雖然不同，但偽卻必須以性為底子。性是原料，偽是加工（矯飾、美化），而人格

---

12 參見徐復觀《中國人性論史先秦篇》（臺北：臺灣商務印書館），頁二三四。

13 按：荀子禮論篇云：「無偽，則性不能自美。」性雖不能「自美」而可以使之美。荀子這句話，實亦表示性含有「可美」的傾向。

14 「而在人者」，顧千里謂當作「之在天者」。見王先謙《荀子集解》引。

則是加工之後的成品。[15]故禮論篇云：

性者，本始材朴也。偽者，文理隆盛也。（文理、謂禮文之理）無性，則偽之無所加；無偽，則性不能自美。

本始材朴之性，是施設人為的底子（無性，則偽無所加），而人事之偽，則是矯飾或美化性的工夫（無偽，則性不能自美）。性雖不能自美，但加上偽的工夫，則可以成就「文理隆盛」之美善。可見善不出於性而出於偽。所以荀子主張「化性起偽」。董生賢良對策所謂「質樸之謂性，性非教化不成」，意亦同此。

然則，如何化性起偽？

依荀子，化性起偽的工夫，內在面要靠知慮，外在面要靠禮義。但心的知慮，只有選擇判斷的作用，卻不能發動行為；而禮義是客觀外在的，它可以作為行為之規範，但不能使人就範。所以，行為的動機，出於情性之好惡；好惡之正確與否，出於知慮之選擇判斷；依選擇判斷而發動實際行為的，則是材性之能。榮辱篇云：「材性知能，君子小人一也。」可見不但「性」人人相同，「知」與「能」亦人人相同。正因為「知、能、性」同樣具有普遍性，「化性起偽」的可能性纔得以建立起來。知（慮）可以積，愈積而愈明；能可以習，愈習而愈能。性則只能化而不可積，故荀子又有「隆性」「隆積」之辨。

儒效篇云：「故有師法者，人之大寶也；無師法者，人之大殃也。人師法，則隆性矣；有師法，則隆積矣。而師法者，所得乎積[16]，非所受乎性，性不足以獨立而治。」[17]

「隆性」，謂恣其性情之欲，這是順先天的自然生命走。「隆積」，謂重視積習以化於善，這是加強後天的人為以成就價值。

荀子認為，聖人由積而致，不由天生。聖人之所以大過人者，只是「積慮習能」之功。人的「知、能」與性同樣皆由天生，而性必須化，知慮才能則須加以積習。聖人既由積習而成，然則，人皆可至聖人否？

依荀子，「塗之人可以為禹」（性惡篇）人如能積善不息，亦可至乎聖人。但原則上雖人人皆可為禹，而事實上未必能為禹，此即荀子所謂「無辨合符驗」[18]之故。在荀子，人之積到底有沒有「自發性」？若有，他自然可以積慮習能以成就善；若無，則它可能根本沒有求積的意願，當然亦就不可強使之積，而「積善不息」之言亦遂失其根據矣。若在孟子，則

15 見陳大齊《荀子學說》（臺北：中華文化出版事業委員會印行），頁五八。
16 「所得乎積」，積字原作情，楊倞註以為乃積字之誤，是，今據改。
17 「性不足以獨立而治」，原本無「性」字，據王念孫補。
18 「辨合符驗」語見性惡篇。辨、別也。別、名詞，指券據而言（周禮小宰鄭注，別之為兩，二家各執其一）。符，以竹為之，亦相合以取信之物。荀子是經驗主義之性格，故事事講求徵驗。

可不發生這種問題。

孟子肯定仁義禮智是「天所與我者」，是「我固有之，人皆有之」的。人人皆有心性之善，皆有良知良能，人只須擴充其先天本有的心性之善與良知良能，就可以成就善德善行。此事完全操之在己而無須求之於外，所以是自覺自主的，道德的力量亦是內發自發的。以是，孟子只說「是不為也，非不能也」。而人之「不為」，實只是一時之「弗思」，或物欲之「梏亡、陷溺」。而人之良知本心，必不安於「不為」，必不忍於「梏亡、陷溺」。此不安不忍之心隨時從內促使人警覺，所以必能自發的「悅理義」而好善惡惡，以表現道德行為。

而依荀子，則欠缺這種內發自發的憤悱不容已的力量，因而，對於「塗之人」何以「可以為禹」而又「不能為禹」，事實上並不能提供充分的解答，因為人的內在生命中既沒有善的根源（道德之根，價值之源），則其內發向善的意願與自發為善的力量，就欠缺先天的必然性，這正是荀子所謂「可以而不可使」的關鍵所在。

然則，「化性起偽」以成德成善的根據畢竟何在？依荀子，內在的根據是「心」，外在的標準則是「禮義」之道。

## 四、以心治性

前文說過，依荀子，性是負面的，心是正面的。所以荀子思想中的心性關係，可以說是

「以心治性」。不過，並不是直接以心治性，乃是通過禮義而治性。

荀子言心，與孟子不同。孟子所說的仁義之心（四端之心、不忍之心、良心、本心），是「道德的心」。荀子所說的知慮思辨之心，則是「認知的心」，是認知主體（知性主體）。荀子說「心，生而有知。」[19]這個具有「能知」作用的心，不但可以認知事物以成就知識（雖然荀子並沒有在這方面著力），而且可以認知「道」。解蔽篇云：

> 人何以知道？曰：心。心何以知？曰：虛壹而靜。心知道然後可道，可道然後能守道以禁非道。

荀子在此，說到「心」與「道」（禮義）的關係。心的認知能力可以認知「道」，認知了道然後就能肯定道（可道），肯定了道就能守道不悖以禁制非道（不合禮義）的行為。據此可知，「知道」是「可道」的前提。可道又是「守道以禁非道」的前提。禮義之道是行為的標準，人必須守禮行道，而後乃能成就善的價值。

在此，我們可以提出三步考察：

1. 心是否必然地能認知禮義？
2. 心認知禮義之後，是否必然地能以禮義來治性？

---

19 語見《荀子・解蔽篇》。

3. 心是否必然地能依從心之「所可」而化惡成善？

這三步考察，第一問無問題，第二問也可無問題。因為荀子言心，除了認知義，亦可含有實踐義。雖然荀子所說的心不能「生起」行為活動，但卻能使行為活動依其「所可」而表現。
20 荀子的問題，是在第三問。蓋心是否必然地能以禮義治性，關鍵不在心，而在性。心能「知道」而「可道」，當然亦能表示「守道以禁非道」的意思，但這只是心之知慮所作的選擇判斷，而真正發動行為的，卻要靠材性之能。然則先天本惡的自然之性，果能依從「心之所可」而表現善的行為乎？這纔是問題的關鍵所在。然而，在荀子的系統裡，這個問題是沒有回答的（這是系統的限制所在）。

但另外還有一個相關的問題，卻必須在此作一討論，是即「人之性惡，則禮義由何而生？」性惡篇云：

> 凡禮義者，是生於聖人之偽，非故生於人之性也。……聖人積思慮，習偽故（偽故，謂往古累積而成之經驗知識），以生禮義而起法度，然則禮義法度者，是生於聖人之偽，非故生於人之性也。……故聖人化性而起偽，偽起而生禮義，禮義生而制法度；然則，禮義法度者，是聖人之所生也。

荀子認為禮義是「聖人所生」，這句話本身沒有問題。依孔孟，亦可以說禮義是聖人所生（創制），但聖人創制禮義法度的根據，決不在外，而必在內。故孔子曰「人而不仁，如禮何？」[21]孟子更明白表示「仁義禮智根於心」。[22]人人皆有道德的本心，皆有仁義禮智之性，則聖人之創制禮義，亦不過先得我心之同然而順仁義之心做出來，亦即以心同理同的道德心性為根據而做出來。故依孔孟，應該說「順性起偽」，一切價值皆是順道德心性的內在要求而步步實踐出來。禮義法度本就是眾人性分中的事，人亦可以隨時隨分表現禮義法度，各人表現之程度雖有不同，但「人人皆於禮義有分」則可無疑。肯定人人皆於禮義有分，方能建立禮義的必然性與普遍性。

但依荀子的說法，聖人之性（自然本惡之性）與眾人同，則聖人之「偽起而生禮義」，並不繫於他的德性（性德），而是繫於他的才能。性分中既無禮義之事而有待於聖人之才能，則無論「偽起而生禮義」或「禮義之偽」皆將成為可遇而不可求，因而禮義之必然性與普遍性，根本無從建立。雖說禮義可學而知，可學而能，但人之性分中既無此事，則雖「可」而「未必能」；如此，則眾人根本沒有「與於禮義」之分，豈不鄙夷生民甚哉！[23]荀子隆禮義而反性善，「禮義」與「性善」既已置於相對衝突的位置，則其所謂禮義，乃失去人性之基礎與內在之根據；而人之為善成德，亦遂失其內發性與自發性矣。然則，由荀子一轉手而為

20 參蔡仁厚《孔孟荀哲學》（臺北：臺灣學生書局）卷下、荀子之部第三章、第四節。
21 《論語．八佾篇》。
22 《孟子．盡心篇》。
23 參牟宗三《名家與荀子》，頁二二七。

李斯韓非，雖不是荀子始料所及，而亦並非偶然也。[24]

## 第三節　以智識心——知性主體之透顯

荀子所說的「心」，與孟子不同。孟子所說的仁義之心——四端之心、不忍之心、良心、本心，乃是道德的心，是道德主體（亦曰德性主體）。而荀子所說的知慮思辨之心，則是認知的心，是認知主體（亦曰知性主體）。牟先生指出，孟子是「以仁識心」，荀子是「以智識心」[25]。這個分判，實信而有徵。孔子以後，先秦儒家的兩大代表人物，正是孟子與荀子，二人分別開出「德性主體」與「知性主體」，可謂雙美相濟。由此亦可看出先秦儒家的學術心靈，確實深廣而弘通；對於當前儒家第三期的發展。尤足顯示重大的意義。

### 一、以智識心

解蔽篇云：「人，生而有知……心，生而有知。」此所謂「人，生而有知」的知字，是落在「心」上說，故又云「心，生而有知」。從知說心。心為認知心，屬於「能知」一面。有主觀面的「能知」，就有它所對的客觀面的「所知」。正名篇所謂「所以知之在人者，謂之知；知有所合，謂之智。」便是指說這個意思。上半句之知，是知的作用，亦即「能知」。下半句「知有所合」，是接遇之意。能知之心接於物，而後乃能形成對於物的知識。

「知有所合謂之智」的「智」字，實際上是指「知識」而言。這是認知心向外發用而得到的收穫（所知）。

認知心的基本作用是成就知識。但荀子用心的重點，卻不是知識問題，而是注目於行為問題。道，是行為的準衡，所以荀子的心論，亦是直接從心能知「道」說起。解蔽篇云：

> 人何以知道？曰：心。
>
> 故心不可以不知道。心不知道，則不可道而可非道……心知道，然後可道。可道，然後能守道以禁非道。

據此可知，人之所以能「知」道，是由於人有「心」。心不是道，而能「知」道；這個「知道」的心，正是認知心。人「知道」之後，便能進而「可道」。可、謂認可、肯定。人肯定

---

24 按：荀子雖言性惡，然更重化性起偽，以心治性；既由心知通向善而歸於禮義，可見荀子並非極端性惡論。然荀子既已抹去人性的光明之源，則李斯韓非順之而下趨，亦遂成為自然之勢。韓非尤其變本而加厲，以為人之「性」皆自利自為，人之「心」皆計慮利害，既無父子之親，夫妻之情，亦無朋友之信，君臣之義。人之內在生命既成一片黑暗，故反對尚德尚賢，而主張嚴法任術以驅策人民。近人識淺，每以法家附會法治，殊不知法家之嚴法乃尊君利君，故處心積慮以「愚民、防民、虐民、威民」。此既與儒家「教民、養民、愛民、保民」絕不相類，而與「尊人權、重民意、尚自由、崇價值」之民主法治亦不可同日而語。

25 按：「以仁識心」與「以智識心」之分判，乃牟宗三先生首先提出，見《名家與荀子》，頁二二五。

了道，便能守道而不悖：守道不悖，然後乃能行為中理（合理）。可見行為之能否中理，關鍵就在於心能否知道。因此，「知道」乃是「可道、守道」的先決條件。一個人能夠知「道」，自屬明智之士，而其行為亦必中節合理而可免於過差，所以勸學篇說：「君子博學而日參省乎己，則知明而行無過矣。」在此，可以看出荀子重智主義的精神。

由上所述，可以證實荀子是由智識心，所識的乃是理智性的認知心。認知心能知能慮，亦能思辨決疑。荀子之言曰：

> 情然而心為之擇，謂之慮。（正名篇）
>
> 禮之中焉，能思索，謂之能慮。（禮論篇）
>
> 其知慮足以應待萬變……其知慮足以決疑。（君道篇）
>
> 人之所以為人者，何已也？曰：以其有辨也。（非相篇）
>
> 吾慮不清，則未可定然否也。（解蔽篇）

心能擇、能慮、能思、能辨，因而足以決疑似，定然否。順此而論，可以導出「心」的主宰義。

## 二、心之主宰義

在荀子書中，有幾處言論頗顯示心的主宰義。

> 心居中虛，以治五官，夫是之謂天君。（天論篇）
>
> 心者，形之君也，而神明之主也，出令而無所受令。自禁也，自使也，自奪也，自取也，自行也，自止也。故口可劫而使墨云，形可劫而使詘申，心不可劫而使易意，是之則受，非之則辭。（解蔽篇）

第一則指出，心居於中虛之位，以統治五官，故稱之為「天君」。天、自然義，君、主宰義。天君，意即自然感官的主宰。故第二則又說「心」是「形之君」，是「神明之主」。神明，略同今語所謂精神、意識。依荀子之意，心不但是形體感官的主宰，而且亦是意識的主宰。所以，心只「出令」而不「受令」。所謂「自禁、自使、自奪、自取、自行、自止」，是表示心的活動，完全由「自」不由「他」，不因外力而有所改變。所以人的「口」可在外力劫持之下迫使它沉默或言說，人之「形體」亦可因外力劫持而迫使它屈曲或伸直，唯有「心」則不受外力之劫持而改變意志。心，能是其所是，非其所非，故「是之則受，非之則辭」；無論接受或拒絕，皆由自主。據此可知，荀子所說的「心」，頗能顯示其主宰之能力。論者亦依此而說荀子所言之心有「自由意志」。所謂心有自由意志，可有二義：

一是指心可以自由地選擇，而不受任何禁制或限制。

二是指心能自立法則，而即自主地依其所立之法則而生起行為活動。

前者是就「認知心」而說的自由意志；後者則是「道德心」之自主自律、自決自定，因而是具有創造性的自由意志。就荀子所講的認知心而說自由意志，是屬於前者；而孟子與正宗儒家所講的道德心之自由意志，則屬於後者。

由認知心而說的自由意志或主宰能力，是否可以達於充盈之境？對此還須作進一步之考察。解蔽篇有一段譬喻之言，最能顯示荀子言心之觀點。

> 故人心譬如槃（盤）水，正錯而勿動，則湛（沉）濁在下，而清明在上，則足以見鬚眉而察理矣（理、謂肌膚之紋理）。微風過之，湛濁動乎下，清明亂於上，則不可以得大形之正也。心亦如是矣。故導之以理，養之以清，物莫之傾，則足以定是非，決嫌疑矣。小物引之，則其正外易，其心內傾，則不足以決麤（粗）理矣。

盤水放正，勿使動盪，則渣滓沉澱在下，水便清澈了。清明之水可以照見鬚眉膚理，而混濁之水則連大形（人之形軀）亦映照不出來。水如此，心亦然。心之見理，正如水之照物。水清則能照物，心清則能見理。然而，物並不在水中，理亦不在心中。可見荀子所說的「心」，實只是「見理」的認知心，而不是「具理」的道德心。[26]「見」理的認知心，能知慮，能思辨，亦能選擇判斷；但問題是在，認知心的選擇判斷並不能必然地正確無誤而合理合道。故正名篇云：

> 心之所可，中理……心之所可，失理。

可、謂認可，亦即選擇判斷之意。中理，謂合理合道；失理，謂不合理不合道。這表示認知心的認知能力並不能必然地正確無誤。因此，心雖有主導行為的作用，而人的行為活動亦可以依「心之所可」而表現，但如「心之所可，失理」，則心之主宰力就無法保證人的行為必然是善的。

由此可知，就荀子所講的心而說自由意志，只表示⑴可以不受禁限而自由地做選擇判斷；而所謂心的主宰能力亦須「導之以理，養之以清」，而後乃能「定是非，決嫌疑」。至於⑵自主地依其選擇判斷而生起行為活動以成就善的價值，則顯然非認知心所能為力。可見認知心的主宰性實屬有限而不充盡，並不是普遍地必然的。

## 三、虛壹靜與大清明

上文說及人之所以能「知道」，是由人有「心」。若問「心」何以能「知」道？荀子亦有說明。解蔽篇云：

> 心何以知？曰：虛壹而靜。心未嘗不臧也，然而有所謂虛。心未嘗不兩也，然而有所

---

26 按：孟子講「心悅理義」、「仁義內在」，陸象山講「心即理」，王陽明講「良知即天理」，皆是「具理」的道德心。（道德的本心自具道德的理則。）而荀子所說的「心」，則只能認知理（見理），而並不內具道德的理則。

謂壹。心未嘗不動也，然而有所謂靜。

荀子指出，心能「臧」（通藏）、能「兩」、能「動」。臧、謂容受積藏，兩、謂同時兼知，動、謂意志活動。「臧、兩、動」是心一般性的作用，而「虛、壹、靜」則是心之所以為心的特性。虛而能容，能兼知亦能專一，能活動亦能靜慮。故「虛、壹、靜」不但是心的特性，亦同時是一種工夫。通過虛壹靜的工夫，即可達到「大清明」。解蔽篇又云：

> 未得道而求道者，謂之虛壹而靜……知道察、知道行，體道者也。虛壹而靜，謂之大清明。

「謂之」，猶言「告之」。對尚未得道而又有志求道的人，荀子認為必須告訴他「虛壹而靜」的工夫。使他能以虛靜清明之心認知禮義之道。「知道察」，謂認知道而能明通辨察，「知道行」，謂認知道而能力行實踐；如此，則可謂「體道者也」。體、即身體力行之意。心能由「臧」而顯「虛」（在藏中顯示虛），由「兩」而用「壹」（在兩中運用壹），由「動」而致「靜」（在動中達致靜）；能夠「虛壹而靜」，便稱之為「大清明」。這大清明之心，是通過虛壹而靜的工夫而達到的最高境界。而依「知道察、知道行」之句，以及上第一節所引「心」能「知道、可道、守道、禁非道」之言，亦可看出荀子所說的認知心，實兼含「知、行」二方面，不只具有「認知義」，亦含有「實踐義」[27]。

不過，「以智識心」的系統，其認知心的功能是有限制的。第一、「心」必須虛壹而靜，始能認知禮義。（而人之認知禮義，卻並無普遍的必然性。亦即有的人無法達致虛壹而靜，因而亦無法正確地認知禮義。）第二、「心」以它所認知的禮義之道，來對治本惡之性，以期成就善、成就德。（但心只能選擇判斷，而無法生起（發動）道德行為，故成善成德的必然性，無法證成。）第三、「心」依於外在之禮義而成就的道德，乃是他律道德。（在認知心的系統裡，心的自覺自律、自由自主未能充分透顯，故未能進到自律道德的領域。）

**〔附識〕**

荀子所講虛壹靜的「大清明」之心，千餘年中無人接續。直到宋代程伊川、朱子二家之言心，始與荀子為一路。然伊川朱子之言性，卻又與荀子絕異。

## 四、蔽與解蔽之道

### ㈠論蔽

心有認知的作用，但卻不是認知的準則，因此，心的認知未必正確，不正確的認知所形成的偏見便是「蔽」。解蔽篇云：

27 按：上文第二節之四「以心治性」，曾指出荀子言心，除了認知義，亦可含有實踐義。但雖含有實踐的意義，卻不能直接說荀子所言之心是實踐主體。（必須如孟子所言之道德心，才是能自主地生起行為活動之實踐主體。）

> 凡人之患，蔽於一曲，而闇於大理。治則復經，兩疑則惑矣。天下無二道，聖人無兩心。今諸侯異政，百家異說，則必或是或非，或治或亂。

荀子指出，「凡人之患」，乃由於「蔽於一曲，而闇於大理」。一曲、謂一偏、一隅。大理、猶言大道。人在認知上的通病，是蔽於道之一偏一隅（為一孔之見所蔽），而不見大道之全。若能對治這種「蔽於一曲」的情形，自可復合於常理大道。反之，如果三心兩意（不專一於道），則必滋生疑惑（而有所蔽塞），故曰「治則復經，兩疑則惑矣。」[28]經、常也，謂常理大道。而天下諸侯之所以「異政」（政治措施不同），諸子百家之所以「異說」（學術思想不同），正是由於「兩心」而「二道」（不識道之全體，故不能專一於道），所以「或是或非，或治或亂」。要之，皆因「蔽於一曲，而闇於大理」之故。

心有蔽塞，便不能認知大理（禮義）以明辨是非，而行為亦將流於邪僻。荀子在解蔽篇中，主要舉出兩類之蔽：[29]

(1) 十蔽：欲、惡；始、終；遠、近；博、淺；古、今。

(2) 諸子學術之蔽：「墨子蔽於用而不知文；宋子蔽於欲而不知得；慎子蔽於法而不知賢；申子蔽於勢而不知知（下知字，同智）；惠子蔽於辭而不知實；莊子蔽於天而不知人。」

荀子認為，「墨、法、名、道」四家六人，各家之道術，皆蔽於「道之一隅」，而不足以盡道之全體。「夫道者，體常而盡變，一隅不足以舉之。曲知之人，觀於道之一隅而未之能識也。故以為足而飾之，內以自亂，外以惑人，上以蔽下，下以蔽上，此蔽塞之禍也。」[30]真能全盡於道而無所蔽者，唯有孔子，故下文又曰：「孔子仁知（智）且不蔽，故學亂術，（亂、治也）足以為先王者也。一家得周道，舉而用之，不蔽於成積也。故德與周公齊，名與三王竝，此不蔽之福也。」孔子開啟儒家之學，而得周至之道。「周道」正與諸子之「曲知、曲說」相對，舊解「周道」為周之治道或周之至道，皆不諦當。得周道，亦猶得道之全也（周，有周遍、周全之義）。成積、謂既成不變之積習。依荀子之意，諸子百家「蔽於一曲，而闇於大理」，只有孔子大中至正，此所以為聖人。

## (二)解蔽之道

蔽塞之種類既多，而為害又大，然則如何消解蔽塞？解蔽篇云：

聖人知心術之患，見蔽塞之禍，故無欲、無惡，無始、無終，無近、無遠，無博、無

---

28 按：「兩疑則惑矣」當作「兩則疑惑矣」，據下句「天下無二道，聖人無兩心」，以及解蔽篇下文「心枝則無知，傾則不精，貳則疑惑」之言，皆可證。

29 蔡仁厚《孔孟荀哲學》（臺北：臺灣學生書局）第四章第四節，曾有疏解，請參看。

30 《荀子・解蔽篇》。

淺，無古、無今。兼陳萬物而中縣（懸）衡焉。是故眾異不得相蔽以亂其倫也。

所謂無欲無惡等等，是說聖人能保持虛靜清明之心而不偏於一隅，故無「欲、惡；始、終；遠、近；博、淺；古、今」之蔽。荀子認為，聖人「知心術之患，見蔽塞之禍」，所以不偏於欲或惡、始或終……他不存任何成見，只是面對紛然雜陳的事物，在心中立起一個正確的標準，以度量各種事物的本末輕重利害得失；然後再作一個合理的選擇判斷，因此，種種不同的事物與觀念思想，皆能明其分際，定其層位，使之不至相互為蔽以混淆條理秩序。此之謂「兼陳萬物而中縣（懸）衡焉。是故眾異不得相蔽以亂其倫（理）也。」。

「懸衡」，意謂立起一個標準，而這個標準（衡）即是「道」。（解蔽篇云：何謂衡？曰：道。）何謂道？荀子曰：「先王之道，仁之隆也，比中而行之。曷謂中？曰：禮義是也。道者，非天之道，非地之道，人之所以道也，君子之所道也。」[31]可見荀子所說的「道」實指「禮義」而言。禮義之道，是荀子系統中衡量一切的標準，所以亦是衡量「蔽與不蔽」的準衡。

(1)外在客觀面的準衡，是禮義之道。

(2)內在主觀面的準衡，是「虛壹而靜」的「大清明」之心。

荀子論「心」之義用，除了知慮思辨與解蔽之外，還可以從正名以及知類明統方面作進一步之了解。

# 第四節 正名與辯說

## 一、名之類別

「名」為儒家素所重視。所謂「春秋以道名分」。[32]表示孔子作春秋的基本目的，就是為了正名定分。而孔子答齊景公問政，曰：「君君、臣臣、父父、子子。」答子路問「為政奚先」，又曰：「必也正名乎！」[33]二者亦是正名實、正名分之意。孟子未嘗說及正名，但他嚴「義利、人禽、夷夏、王霸」之辨，又鄭重「知言」，亦正與孔子正名之義相通。到了荀子，乃正式作「正名」之篇。

首先荀子依名之內容意指而劃分為四類：

一為「刑名」。

二為「爵名」。

三為「文名」。

四為「散名」。

---

31 見《荀子・儒效篇》。「所以道」「所道」二道字，由也、行也。

32 語見《莊子・天下篇》。

33 分見《論語》顏淵篇、子路篇。

前三類中的「刑名、爵名」屬於政治，「文名」屬於教化（節文威儀）。三者都是在歷史文化的演進中所形成的典章制度之名。既然前有所承，自然宜有所從。所謂「刑名從商，爵名從周，文名從禮。」正是順歷史文化之事實而言。

荀子言名，包括典章制度，而一般講「名學」則並不涉及歷史文化所演成的典章制度之名，而只以荀子所謂的散名為主題。因此就名理學的觀點來講，當以第四類的「散名」為主。依荀子，散名又分為二類：

(1)「散名之加於萬物者」——有如日月星辰、山川湖海、花草樹木、蟲魚鳥獸，以及宮室器皿……這些名，應該「從諸夏之成俗曲期」。（成俗，謂習俗之既成者。曲期，謂要約之周徧者。）在荀子的時代，諸夏地區早已是禮義文明之鄉，萬物之名，不但由於約定成俗而普遍通用，而且雅馴平易，應用便利。遠方異俗之人，正可取則於諸夏，藉諸夏通用之名而使彼此的心意易於互相溝通。

(2)「散名之在人者」——有如「性、情、慮、偽、事、行、知、智、病、命」，荀子皆一一為之下定義[34]。這些屬於人身的散名；一名一定義，以指示事實之理。另天論篇與修身篇亦有若干定義，如「天職、天功、天情、天官、天君、天養、天政」，以及「教、順、諂、諛、知、愚、讒、賊、直、盜、詐、誕、無常、至賊、博、淺、閑、陋」等，皆是。正名篇又云：

> 故王者之制名，名定而實辨，道行而志通，則慎率民而一焉。故析辭擅作名以亂正名，使民疑惑，人多辯訟，則謂之大姦，其罪猶為（偽）符節度量之罪也。故其民莫敢託為奇辭以亂正名，故其民慤；慤則易使，易使則公。其民莫敢託為奇辭以亂正名；故壹於道法（道，由也、從也），而謹於循令矣。如是，則其迹長矣。迹長功成，治之極也。是謹於守名約之功也。
>
> 今聖王沒，名守慢，奇辭起，名實亂，是非之形不明，則雖守法之吏，誦數之儒，亦皆亂也。若有王者起，必將有循於舊名，有作於新名。然則，所為有名，與所緣以同異，與制名之樞要，不可不察也。

荀子以為，王者制名以指實，名一經制定，即可循其名而辨其實。制名之道實行之後，上下的志意可以相互溝通，而政府亦應慎率人民一律遵守，不可隨意更易。若有人分析言辭而擅作新名以擾亂名實，使人民滋生疑惑而爭辯不休，便是大姦之行，其罪與偽造符節度量者相同。王者之民，誠謹易使，故能專一於遵從法度，循行政令，而國家建設亦遂得以隨時進展而獲得成功，這就是「謹守名約」的功效。但聖王既沒，名約之守日漸輕慢，是非標準日漸不明，即使守法之吏亦徒知法之數而不知法之義，而儒生之徒又不過誦說文句而不通曉義理，面對這種名實混亂、是非不明的情勢，荀子乃提出他「正名」的主張。

---

34 參蔡仁厚《孔孟荀哲學》，荀子之部，第五章第一節。

陳大齊氏指出，荀子此論，「把壹於道法而謹於循令，歸功於莫敢託為奇辭以亂正名；把迹長功成，歸功於謹守名約；又把守法之吏與誦數之儒之所以亂，歸罪於名約之慢與名實之亂。他所說的名，功用之大，影響之鉅，有如是者。若從邏輯來看，概念的正確，誠極重要，思想的不正確，誠亦有許多出於概念的不正確或概念的混亂，然而除此之外，亦有出於別的原因者。僅賴概念的正確，猶未足以保證思想的必能正確。準此而論，荀子所說的名，實已超越邏輯所說概念或名言的範圍，而具有更廣大的功用。」[35]陳氏的說明是對的。荀子言「名」，除了「散名」（相當於邏輯上說的概念）之外，還有屬於典章制度的「刑名、爵名、文名」。因此，王者制名的目的，不只是知識層上的「別同異」，還有政治教化層上的「明貴賤」。

## 二、制名的標準（三標）

荀子認為，若有王者起而制名，必將「有循於舊名，有作於新名」。這是通觀歷史文化的發展而提揭的一句總要之言。但無論「正名」以定是非，或「制名」以明貴賤、別同異，都必須建立準衡，標示原則。所以荀子鄭重指出「所為有名」，「所緣以同異」與「制名之樞要」，不可不察。而荀子有關「名」的理論，亦主要集中在這三個問題上。學者通稱之三標——制名的三個標準。

(1)所為有名：所為，猶言何為、為何。為何要有名？這個問題的提出，是在說明所以制名之故。正名篇指出，因為事物種類不同，若不制名以別之，則名實眩亂糾結而難明。如此，不但物之同異難以分辨，而貴賤之等亦將無從判別。所以明智的聖人「分別制名以指實，上以明貴賤，下以別同異。」「明貴賤」的名，是指典章制度的名（刑名、爵名、文名）。「別同異」的名，是指事物之名，亦即「散名」。明貴賤，是為了貞定價值的層位；別同異，是為了成立正確的知識。西方名理只著重別同異，屬於知識問題。而荀子言正名，則既通於知識以別同異，又通於政治教化以明貴賤，兼顧了知識與價值兩層。就文化心靈而言，荀子較西方名理學者為弘博深厚；但就名理之學而言，荀子實只肇其端，而並未如亞里斯多德以來之西方邏輯家能充分作出也。

(2)所緣以同異：緣，因也。所緣、猶言何因、因何。因何而有同異？此一問題之提出，是在說明同名異名之所由起。正名篇指出，一是「緣天官」，荀子順著這句話，分別從視覺、聽覺、味覺、臭覺、觸覺以及心理感應而作了說明。但要想辨識層層的異同，不能只靠感覺印象，還要有知性的理解。所以荀子又提出「徵知」這個觀念。徵、或解為召，或解為證。說心能召物而知之，可；說心能證驗事物而知之，亦可。牟先生直指其義，認為心之「徵知」即是心之智用，乃所謂理解也。[36]依據荀子之說，五官只能感知外物，攝取物象，

35 見陳大齊《荀子學說》，頁一二一。

36 見牟宗三《荀學大略》（一九五三年單行本），後合編為《名家與荀子》。句中「理解」二字改為「知性」（見頁二六二），用詞不同，而義相通貫。

而不能加以辨識、理解；心可以徵知（理解）外物。但須有經驗記憶以為基礎然後纔能辨識（說明）事物的異同，進而制定同異之名。

(3)制名之樞要：此包括制名之原則與種類。依正名篇之論述[37]，制名的原則是「同則同之，異則異之」，凡同實者皆同名，異實者則異名。隨事物之同異而命以同異之名，是即「制名以指實」之意。當理解運用於經驗事象時，可以緣耳而知聲音，緣目而知形色；此時之知，不只是直接的見聞，而是清晰了的概念。依於概念（名）的運用，則聲音形色種種的事象，皆可一一加以區別。此時即可根據「同則同之，異則異之」的原則，而分別命以同異之名。用單名可以喻解者，則用「單名」，如牛、馬。單名不足以喻解時，則用「兼名」，如黃牛、白馬之類。「單與兼無所相避則共」。共，謂共名。單名與兼名，是具體的指謂名，共名則是抽象的普遍名。當單名與兼名二者不相排斥（無所相避）時，則用共名。蓋單兼不亂，相容不悖，共用一名，自可無傷。譬如「馬」一方為單名，一方亦可為共名；「白馬」一方為兼名，一方亦可為共名。而單名之馬與兼名之白馬，二者並不相斥（同為馬故），所以說「雖共不為害矣」。有了這樣的了解，則凡同實者皆用同名，異實者皆用異名。「名」與「實」對應而不亂，則「同則同之，異則異之」的原則，乃可普遍實現。

制名之種類，除了單名、兼名（複名），還有大共名、大別名。茲列一表以明之：

- 物
  - 無生物
  - 生物
    - 植物
    - 動物
      - 鳥
      - 獸
        - 牛
        - 馬
          - 黃馬
          - 白馬
            - 彼白馬
            - 此白馬

按：據此表，「大共名」乃「物」，而「大別名」則指「生物、無生物」而言。唯荀子之時，尚無生物與無生物之名稱，故他以鳥獸為大別名。又，除最高層之物永為共名，最低層之個體（此白馬與彼白馬）永為別名。中間各層則皆兼具「共名」與「別名」雙重性質。

牟先生曰：夫名數之學，在彼西方如此其廣大，而在中土則如是其式微。荀子者，不可謂非鳳毛麟角也。其為特出，非謂其於名數之學有若何之成就，乃謂其心靈與路數乃根本為名數的也。故其不觸則已，一經觸及，便中肯要。而於名數之學之文化意義，輒能知其當，反覆言之而不覺其辭之複。於其所形成之心智之了解與規定，輒能順其理之必然而保持其系統之一貫。此種心靈不可謂非建構的也。

## 三、制名的告誡（三惑）

對於「析辭擅作名以亂正名」者，荀子稱之為「大姦」。可見他作「正名篇」是有所對

37 同註34，頁四三八—四四三。

的。因此在揭示三標之後，接著即提出有關制名之告誡；一不可惑於「用名亂名」，二不可惑於「用實亂名」，三不可惑於「用名亂實」。

(1)用名亂名：荀子以「殺盜非殺人」為「惑於用名以亂名」。盜是別名，人是共名。盜亦是人，若說「殺盜非殺人」，則名不能用，實不能期，志（心意）不能喻。如此便等於名之否定。（而且，若有人說「殺妻非殺人、殺友非殺人」，將如之何？）凡此類好用奇辭怪說之詭辯家，由於不明第一標「所為有名」，或用名以亂名，或用實以亂名，或用名以亂實，皆不足語於名理之正。

(2)用實亂名：荀子以「山淵平」為「惑於用實以亂名」。「山淵平」意同於莊子天下篇所記惠施「山與澤平」之句。詭辯家不知第二標「同名異名之所由起」，以為實無定名，故以不平為平。殊不知那只是制名之初的情形；既經制名之後，約定俗成，則每一名皆有實指，每一實皆有定名；此時便須遵守名約，不可詭辯之辭而混亂同異之名。

(3)用名亂實：荀子以「馬非馬也」（當作白馬非馬）為「惑於用名以亂實」。白馬是個體名（別名），馬是類名（共名），公孫龍以「白馬」與「馬」之內容外延皆不同，故有「白馬非馬」之詭辯。公龍的本意是「白馬」不等於「馬」，但他卻用了一個詞意含混的「非」字以惑亂人。這表示他不是一個健全的邏輯心靈。荀子認為他違背第三標名約（約定俗成）的原則，故斥之為「用名以亂實」。

荀子認為，「凡邪說僻言之離正道而擅作者，無不類於三惑」，君子「無勢以臨之，無刑以禁之」，所以不得已而辯說。

## 四、名、辭、辯說

荀子所說的「名」，相當於今之所謂概念；而所謂「辭」，則相當於今之命題或語句。正名篇云：

> 名也者，所以期累實也。
> 辭也者，兼異實之名以論（諭）一意也。
> 辯說也者，不異實名以喻動靜之道也。

首句說「名」。「期累實」之期字，謂會也、合也；累字，亦結合之意。制名以指實，「名」本就是用來會合「實」的。其目的在使「名」各有實指，「實」各有定名。名實對應則言語可曉，志意可喻，此亦荀子所謂「名聞而實喻，名之用也」。

次句說「辭」。辭，是「兼異實之名以諭一意」（諭、同喻）。每一個辭都應該表述一個完整的意思。而一個完整的意思並非單一之「名」所能表示，故須兼合「異實之名」，始足「以喻一意」。譬如「馬會拉車」或「馬是會拉車的動物」。這二個辭（命題、語句）中的「馬」、「車」、「動物」，正是三個實指不同的名，必須兼合其中二個或三個異實之名，纔足以說明一個完整的意思。故曰「辭也者，兼異實之名以諭一意也。」

後句言「辯說」。「不異實名」意即實指不異之名。辯說之時，所用之名的意指不可前後歧異；若用實指歧異之名進行辯說，必將形成前後矛盾。譬如某人宣稱馬會拉車，並舉國王之白馬寶車為證，這表示他承認白馬亦是馬，但隨後他又提出「白馬非馬」之論。或某人既云上仰觀於天，下俯察於地，表示他承認天地有上下之別，但隨後又主張「天與地卑」之說。凡此，皆將淆亂是非，使辯說失去意義。所以荀子特別指出，辯說必須用「不異實名以喻動靜之道」。楊注：「動靜、是非也。」動靜之道，猶言一切事物的是非之理。運用實指相同之名以闡明是非之理，纔是辯說之正。

荀子之重視辯說，其用心與孟子相同，皆是不得已而辯說。孟子是見到「聖王不作，諸侯放恣，處士橫議」，所以出來「正人心，息邪說，距詖行，放淫辭」，他說：「豈好辯哉，予不得已也。」[38]荀子也認為居勢位的明君，可以盡其職分以化民而不必辯說，但「君子」則「必辯」。君子必辯的理由，消極的說是為了對治姦邪之言；積極地說則是「言其所善」以闡揚正理。

至於辯說的態度，從消極方面說是「辯而不爭」。荀子認為「君子行不貴苟難，說不貴苟察，名不貴苟傳，唯其當之為貴。……山淵平、天地比……是說之難持者也，而惠施鄧析能之。然而君子不貴者，非禮義之中也。」（不苟篇）又說「故人無師無法而知……察則必為怪，辯則必為誕。」（儒效篇）據此可知，怪異放誕之辯，是荀子所不取的。他甚至認為「默」與「言」同等重要。「言而當，知也；默而當，亦知也。故知默猶知言也。」（非十二子篇）從積極方面說，荀子的辯說態度，即正名篇所謂：

以仁心說，以學心聽，以公心辨。

此三句，最見荀子靈魂之高貴弘偉。「以仁心說」，表示辯說之事，非為爭勝，而是出於仁心之不容已。「以學心聽」，表示不輕忽對方之意見，故能虛心傾聽以便定其取捨。「以公心辨」，則表示所見不同而有所辯駁時，必須無偏私、無成見，而唯理是從。「公」是仁心學心所顯示出來的，仁則能虛能公。故仁為辯說之本。

## 第五節　禮義之統

### 一、隆禮義而殺詩書（法先王與法後王）

儒效篇所謂「隆禮義而殺詩書」，乃是荀子的一大主張，亦是足以代表他學術精神的一句話。荀子何以一定要推尊禮義而貶抑詩書？其故自非一端，勸學篇云：

學惡乎始，惡乎終？曰：其數（數，術也、程也），則始乎誦經（詩書），終乎讀禮。

38 見《孟子・滕文公下》。

> 其義，則始乎為士，終乎為聖人。真積力久則入，學至乎沒而後止也。……故書者，政事之紀也；詩者，中聲之所止也。禮者，法之大分，類之綱紀也。故學至乎禮而止矣。夫是之謂道德之極。

詩書之博，散雜而無統。荀子在非十二子篇即以「聞見雜博」「不知其統」評議孟子。欲博而有統，必須至乎禮。禮是道德之極，又是「法之大分，類之綱紀。」（大分、含有原則、準繩之意。）所以「學」必須「至乎禮而後止」。詩言情，書紀事。自人生言，詩書可以興發，而不足語於堅成。自史事言，「詩書故而不切」，必待乎禮之條貫以通之。[39]人若止於詩書之博雜，便將只是「散儒」「陋儒」而已。故勸學篇又云：

> 不道禮憲，以詩書為之，譬之猶以指測河也……不可以得之矣。故隆禮，雖未明，法士也。不隆禮，雖察辯，散儒也。

此即「隆禮義而殺詩書」之義，當初孔子以「詩書禮樂」教人，詩書與禮樂，二面兼備，無所偏倚。荀子何以對二者加以抑揚，而必推尊禮義而貶抑詩書？禮義與詩書本身的性質功能只是原因之一，而荀子的生命氣質與心靈形態，亦應該有重大關係。

荀子以誠樸篤實之心，表現明辨之理智，用智而重理，喜秩序，崇綱紀，因而特重客觀之禮義，而亦深識禮憲之大。所謂「禮者，法之大分，類之綱紀也。」法之大分從義方面說，類之綱紀則從統方面說。荀子又喜言統類、禮義之統。雖然詩言情，可以興，書紀事，可以鑑，但詩書之所說，多是具體散列的言和事，不顯條理，不成統貫，所以不為誠樸篤實的荀子所喜。

孟子敦詩書而言性善，是向深處悟，向高處提。荀子隆禮義而殺詩書，則是向廣處轉，向外面推。一在內聖，一在外王。[40]孔子之後，曾子、子思以及中庸、易傳的傳承，都是本乎孔子的仁教而開展，而其中又實以孟子為中心。孟子講仁政王道，他的精神器識自然足以籠罩外王。但孟子學的核心畢竟是落在內聖之本這一點上。而荀子則是順承孔子外王禮憲而發展。他重視社會具體之組織，重視分與義，他最所注目的是治道的問題。這種精神轉到歷史文化上，則首先重視百王累積的法度，因此，我們可以說，荀子對於周公的「據事制範」，其感受之親切，實遠過於對孔子仁教的契會。他所注重的是「經國定分」（非十二子篇），「明分使群」（富國篇），是「總天下之要，治海內之眾」（不苟篇）。在荀子看來，詩書之博，固不足以言治道，所以「隆禮義」而「殺詩書」。

「隆禮義」是荀子所透顯的精神方向，孟子「仁義」連言，荀子則「禮義」連言。二人所說的「義」，內涵意指並不相同。孟子的「義」是主觀內在的（仁義內在），故義與仁相

39 參牟宗三《名家與荀子》（臺北：臺灣學生書局），頁一九六。

40 同註39，頁一九九。

通。而荀子言「義」則重客觀義，故義與禮連稱。講仁義，是以修養成德為問題的核心；隆禮義，則著重於政治社會方面的效用。兩者雖不同，但絕不相斥。儒家之學，「以內聖為本質，以外王表功能」[41]，因此，荀子不取孟子內轉的路而要求向外開，亦仍然屬於儒家原本應走的路。

一般學者喜歡以孟子「法先王」與荀子「法後王」作對比，似乎認為荀子反對法先王，這種看法是錯誤的。試看荀子自己的話：「儒者法先王，隆禮義。」（儒效篇）「不聞先王之遺言，不知學問之大也。」（勸學篇）「先王之道，忠臣孝子之極也。」（禮論篇）「凡言不合先王，不順禮義，謂之姦言。」（非相篇）據此各條，可見荀子不但不菲薄先王之道，而且認為先王足堪效法。不過，先王之道，歷時久遠，難以詳知。後人傳聞之言，未可盡信。故荀子突顯「法後王」。因為⑴後王之禮義法度，粲然明備，可據可徵。故言治道者，不能不以周文為根據。⑵「欲知上世，則審周道」，周道，亦即後王之道。故曰「百王之道，後王是也」。在荀子的意識裡，「先王」與「後王」，並無本質之異，只有詳略之別。世人不知詳察，而判二者為兩途，非荀子意也。

## 二、知統類與禮義之統

「統類」是荀子所獨發的觀念。首先指出這個觀念之重要性的，是牟宗三先生的《荀學大略》（一九五三），接著陳大齊先生的《荀子學說》（一九五六）亦有所論。自此以後，治荀學者始稍能言之。荀子以「知通統類」者為大儒，以「壹統類」者為聖人，可見統類觀念有其極為鄭重的意義。

簡要而言，統類乃一切事類所依據的共理，亦是禮法制度的原理原則。荀子隆禮義而殺詩書，表示他它雖不識詩書的興發性，卻能深識禮義的統類性。所謂「知統類」，即是發現禮義發展中的共理，而提供的一個原則。共理，是禮義法制所共同依據的理，荀子以智識心，其心靈的表現是智的形態，所以能把握共理而言「禮義之統」。不苟篇云：

> 君子審後王之道而論於百王之前，若端拜而議。推禮義之統，分是非之分，總天下之要，治海內之眾，若使一人。故操彌約，而事彌大。五寸之矩，盡天下之方也。故君子不下室堂，而海內之情舉積此者，則操術然也。

禮義之統，簡言之，亦即所謂「禮憲」也。由百王累積之法度，統而一之，連而貫之，綜合成為禮義之統，由此乃可言治道。君子所「審」的「後王之道」，及其所「操」之「術」（道術），亦正指禮義之統而言。所操持的雖然「彌約」，而其事效功用則「彌大」。苟能分辨事理的是非，使之各當其分，總持天下政事的樞要，以治理四海之內的民眾，必能以簡馭繁，舉重若輕。何以能如此？則以能「推」禮義之統而「行」於萬變之事故也。

41 參蔡仁厚《新儒家的精神方向》（臺北：臺灣學生書局），頁九六——一〇〇。

天下古今之事紛紜繁雜，但每一事類皆有其成類之理，「類不悖，雖久同理」（非相篇），事物一經分類，其中皆有條理脈絡可尋，而可以統類之理行於散雜之事，此即王制篇所謂「以類行雜，以一行萬」。只要「以類度類」，即可「推類而不悖」，舉「統類」而應之，則「坐於室而見四海，處於今而論久遠」（解蔽篇）而天下之事物，古今之制度，皆可以損，可以益，以求其順於時宜而切於世用。

故「推禮義之統」，則既可處常，又能應變；而荀子亦正以應變為大事，以能應變為大本領。故以「知通統類」而能「舉統類」以應事變者為大儒。

依牟宗三先生之疏解，「知統類」當有二層：[42]

第一層，是荀子所說的「法後王，統禮義，一制度」。這正是禮憲發展之跡，本其粲然明備者而條貫之，以運行於當時。荀子即以此衡定雅儒、大儒與聖人。

第二層，是明察時代精神之發展，人心風俗之隆替，通古今之變，以觀人心之危。孔子由損益三代而至仁義之點醒，並以斯文為己任，體天道以立人道，乃是通二層而為一。孟子道性善，言必稱堯舜，闢楊墨以承三聖，即是通古今之變，以觀人心之危（故孟子長於知言）。孟子是居於第二層而立言，在境界上高於第一層。

第一層是落在實際的禮憲上而切於實，第二層則已進於通脈絡之虛矣（虛、指理道而言）。荀子所謂雅儒、大儒與聖人，實際上是堅實之政治家，而孔孟則已進於聖賢境界。由於荀子之知統類是外在的，所以必須重師法，隆積習。而孔孟垂教，則必點醒仁義之心，道性善以立人極。

## 三、禮義與辨分群

荀子言禮義之統，言統類，其目的是在於經國定分，化成天下，以完成外王之治。這是實事，而非空言。所以終必落於現實的社會政治，乃能收其實效。而辨、分、群，即是禮義之統落於現實所顯發的作用與功能。

荀子有云：

> 人之所以為人者，何已（以）也？曰：以其有辨也……故人道莫不有辨。辨莫大於分，分莫大於禮。（非相篇）
>
> 人有氣、有生、有知，亦且有義，故最為天下貴也。力不若牛，走不若馬，而牛馬為用，何也？曰：人能群，彼不能群也。人何以能群？曰：分。分何以能行？曰：義。故義以分則和，和則一，一則多力，多力則彊，彊則勝物，故宮室可得而居也。故序四時，裁萬物，兼利天下，無它故焉，得之分義也。（王制篇）

在此二段引錄中，「禮、義、辨、分、群」，皆已說到。人之為人，在於「有辨」，辨莫大

42 參見牟宗三《名家與荀子》（臺北：臺灣學生書局），頁二〇八。

於「分」，莫大於分「禮」。而人之所以能役使牛馬，是因為人「能群」；人之所以能群，是因為人有「分」；分之所以能行，是因為人有「義」。總之，言辨必通於分，「明分」而後可以「使群」。王制篇云：「君者，善群也。」君道篇亦云：「君者，能群也。」群居和一，則可以「序四時，裁萬物，兼利天下」。這就是「禮義之統」所顯發的大用。

在「辨異、明分、使群」之中，「明分」尤為重要。因為辨異的目的就是為了明分，明分而後纔能推禮義之統以善群。所以荀子講明分定分之意亦特為剴切。其言曰：

「治國者，分已定，則主相臣下百吏，各謹其所聞……百姓莫敢不敬分安制（敬慎其分，安於制度）。」又云：「農分田而耕，賈分貨而販，百工分事而勸，士大夫分職而聽，建國諸侯之君分土而守，王公總方而議，則天下共己而止已……是百王之所同，而禮法之大分也。」（王霸篇）

「人之生不能無群，群而無分則爭，爭則亂，亂則窮矣。故無分者，人之大害也；有分者，天下之本利也。」又云：「窮者患也，爭者禍也，救患除禍，則莫若明分使群矣。」（富國篇）

正名定分，辨治群倫，乃荀子所雅言。而重群、重分、重義，隆禮義而殺詩書，知統類而一制度，皆是客觀精神之顯示。客觀精神必從現實組織方面顯，而國家即是群體組織之典型。故客觀精神，亦即國家群體之精神。尊群體不是直接尊這個群體組織，而是尊群體的「義道」。群體的構成，必以義道為基礎，以義道之「分」統而一之，類而應之，則群體歙然而凝定。荀子通於「分」以言「辨」，明其分而使群，由百王累積之典憲以言「禮義之統」，其建構之精神，實令人起莊美之感。世之視國家政治為俗物，視禮義法度為糟粕，而自退於山林以鳴其風雅者，實乃德性貧弱、精神虛脫之徵；其去荀子也遠矣。

## 四、學與修養成德

學的範圍甚廣，知識的累積，道德的修養，人品的完成，乃至於善群治國，莫不由乎學。茲據勸學篇之言，分四點以略述荀子論「學」之意。

1.學之憑藉——荀子認為，人的德業不由天生，而由人成，成之之道，惟假於學。故曰「假輿馬者，非利足也，而致千里；假舟檝者，非能水也，而絕江河。君子生（性）非異也，善假於物也。」物、事也，即指學而言。君子稟受之性與人不異，因為善假於學，故能成君子之德。

2.學之方法——為學重積，用心專一，學不可以已，這是荀子提出的為學之方。故儒效篇云：「涂之人百姓，積善而全盡，謂之聖人。彼求之而後得，為之而後成，積之而後高，盡之而後聖。故聖人也者，人之所積也。」積學之功在專一，「真積力久」而後「入」，故「學不可以已」，一有間斷，便將前功盡棄。

3.學之效驗——通過積學的工夫，而後始有效驗之可言。勸學篇云：「積善成德，而神明自得，聖心備焉。」又云：「君子博學而日參省乎己，則知（智）明而行無過矣。」積善，亦即「積學」之意。積學以成德，與「知明而行無過」意亦類同。在此，顯示荀子是以「智」成德，與孟子以「仁」成德之進路不同。

4.學之程序與目的——荀子指出，為學的程序，「始乎誦經，終乎讀禮」，「學至於禮而止」。而為學的目的，則「始乎為士，終乎為聖人」。學禮，可以通倫類，一仁義，否則，便「不足謂善學」。通倫類是就「知」說，而一仁義則是就「仁」說。所謂「倫類通，仁義一」，實亦「知明行修」之意。如果智而不能通類，行而不能全一，便不算是全盡之學。勸學篇末段有云：「君子知夫不全不粹之不足以為美也，故誦數以貫之，思索以通之。」反覆誦讀以貫串其學，所謂「全」也；不斷思索以通達其理，所謂「粹」也。學至於全而粹，則內可以貞定自己，外可以應事處變，如此便是成德之人。

學以修養成德，成德之人，通謂之「儒」。荀子論儒，遠較孔孟為詳。孔孟書中各有一處說到「儒」字。《論語．雍也》載孔子謂子夏曰：「汝為君子儒，無為小人儒。」《孟子．盡心下》云：「逃墨必歸於楊，逃楊必歸於儒。」到荀子，始對儒之為儒廣為論說，儒效篇中有「俗儒」「雅儒」「大儒」之稱。

(1)世俗之儒，略法先王，學術雜博，不知隆禮義，法後王，只為謀食而胸無大志。有儒者之名而無其實。此之謂「俗儒」。（另勸學篇又有「散儒」、「陋儒」之目）

(2)雅正之儒，能法後王，隆禮義，但其智尚不足以「通統類」以濟法教之所不及，故只能依法而行，而不能比類而通，是之謂「雅儒」。

(3)大儒，一能法後王，亦能法後王之禮義，調一天下之制度。二能以淺近推知繁博，以今世推知往古，以一理推知萬殊。三能以統類之理而從容肆應「未嘗聞見之奇物怪變」，而且能做得若合符節而無差錯。總之，大儒不僅法後王、隆禮義、一制度，而且智通統類，能推度事物之理，應事變而曲當。[43]

43 先秦論儒之文字，除《荀子・儒效篇》之外，《禮記・儒行篇》亦宜參看。

# 第十章 法家與秦政

## 第一節 法家的興起與演變

### 一、從尊禮到用法

在先秦諸子中，法家較為晚出。一般所謂「管、商、申、韓」，將管仲也歸於法家，並不妥當。管仲以及子產，都是春秋貴族社會的政治家。二人用法，乃是為了「救時」。至於他們秉持的治國之道，則仍然是「禮」。《左傳》所載二家之言論，可為驗證。因此，梁任公也說管仲、子產，「可謂法治之祖，而非法家之祖」。

法家，實由儒家而導出。戰國之初，孔門再傳的李克（李悝）、吳起[1]，有敏銳的現實

1 《史記》之貨殖列傳、平準書，皆云李克務盡地力，而孟荀列傳則作李悝，崔述《史記探源》，謂悝、克一聲之轉，實為一人。《漢書・藝文志》有七篇《李克》，註云子夏弟子。又有《李子（悝）》三十二篇，列在法家。另外，《食貨志》亦言李悝為魏文侯作盡地力之教。吳起為曾子弟子，初仕魏文侯，後相楚。《史記・吳起傳》謂「起相楚，明法審令，要在強兵」。

感，首先透出「富強」觀念。李克相魏文侯（梁惠王之祖父），盡地力之教。吳起先仕魏，後相楚，明法審令，大事變革。二人的思想和行動，皆脫離儒家的德教禮俗，而開始「用法」。儒家「以禮為綱，以法為用」。禮與法本就相承為用，並非相反對立。故加重用法，也只是開法家之先河，而二人本身實乃儒門出現之事功家。至於嚴格意義的法家，當以商鞅為第一人。[2]

## 二、法家與法術家

商鞅在秦變法，廢井田，開阡陌，尚事功，又嚴法而重刑賞，可以說是法家的正宗，但商鞅又實受李克、吳起之影響。據錢穆氏之考證，約有下列數端：[3]

1. 商鞅入秦相孝公，考其行事，則李克、吳起之遺教為多。史說鞅先說孝公以比德殷周，是鞅受儒學之明證也。
2. 商鞅之變法，令民什伍相收司連坐，此受之李克之綱紀也。《通典》引吳起教戰法，亦有「鄉里相比，什伍相保」之文。
3. 立木南門，此吳起僨表立信之故智也。開阡陌封疆，此李克盡地力之教也。遷議令者於邊城，此吳起令貴人實廣虛之地之意也。
4. 總之，重農政，重法律，重兵事，皆李克、吳起、商君三人之所同也。

據此可知，商鞅的思想與行事，實由儒門而導出。而所謂「綜核名實，信賞必罰」，也本屬通義，法家不過特加突顯而以之為主要原則耳。另如守法奉公，也可說是孔子正名復禮之精神隨時勢而一轉。因此，與其說法家原於道家，不如說淵源於儒家為較合史實。

從李克、吳起到商鞅，三人之尚法尚事功，都是為了解決政治經濟上的實際問題，而並非先有一套觀念系統而後依思想而行事。要到後期法家，纔依觀念思想而行動。其中有一個關鍵，就是申不害的「術」橫插進來，遂使法家開始變質。「術」這個觀念，無論單就法家思想而言，或就整個政治思想而言，都是一個負面的觀念，而且是一個很壞的觀念。它使政治變得「不宣明、不公誠」；再加上慎到之「尚勢」，更使法家的君道，變成「周密、幽險」的權術之府[4]，成為一個陰森之深潭。

韓非兼取商鞅之法與申不害之術，集法家之大成。而為了深化統御臣民之權術，自亦有取於老子虛靜之意，而凝成其「不可知的無為之術」[5]；對於他老師荀子之學，韓非則特承性惡說而變本加厲。因而不信民，不恤民，而突出嚴法任術，以控御人民、驅策人民。熊十

2 蕭公權《中國政治思想史》（聯經版）第七章，頁二四〇有云「嚴格之法家思想必待商鞅而後成立，韓非則綜集大成，為法家學術之總匯。」。

3 錢穆《先秦諸子繫年考辨》（港大版）卷三，〈商鞅志〉頁二二七起。

4 參《荀子・正論》「主道利周」一節。又《韓非・難三》云：「術者藏於胸中，以偶眾端而潛御群臣者也。故法莫如顯，而術不欲見。」於是操術之君乃成莫測高深之祕府矣。

5 參王邦雄《韓非子的哲學》（東大版），第五章第一節之三，論術之運用，頁一八七起。

力先生嘗謂，韓非不是法家正統，當正名為法術家。[6]這是一個很有警策意義的簡別。

依據以上的說明，可以看出法家思想形成的線索，是由「禮」到「法」，再到「法術」。茲略仿表式之意，列敘如下：

禮——春秋之世，治國以禮。管仲、子產，乃貴族社會之政治家，雖用法以救時，但只可謂法治之祖，而非法家之祖。

……李克、吳起，乃儒門之事功家，現實感特強，有富強觀念，捨禮而用法，開法家之先河。

↓

法——商鞅廢井田，開阡陌，尚事功，重刑賞而嚴罰，乃法家之正宗。

……申不害尚術，「術」之觀念插進來，使法家開始變質。

↓

法術——韓非集法家之大成，而實為法術家，其思想乃極權獨裁之思想。

## 三、法家之歷史使命及其轉型

秦以詐力取天下，法家助之而完成一統天下的歷史使命。[7]但法家只有取天下之術，而實無安天下之道。所以漢代以後，再無嚴格之法家。唯後世之胥吏，或可視為法家下沉轉型之支裔耳。而歷代酷吏之苛察，只是對權豪惡勢力之一帖猛藥，此等人並非法家，故特稱之為「酷吏」。而守法度者則稱之為「循吏」。循吏實乃儒家式之人物。

因此，我們可以這樣說，凡是有一套禮樂教化作為主導原則，即使他治事嚴峻，信賞必罰，也不能視之為法家。因為依於法家之思想原則，根本不承認禮樂教化之價值。所以韓非主張「無書簡之文，以法為教；無先王之語，以吏為師」。[8]他不以先王之經典為教，不以往古聖賢為師。這也是法家之所以為法家的一大特質。

法家的本意，也想避免統治者私人意志的干擾，所以重視客觀平等之法，察名實以定賞罰。這樣當然很好。但法家又將人君的地位絕對化、神祕化，將人民的地位工具化、卑微化，結果使權力集中於一人，乃造成徹底的極權獨裁。這是法家最不可恕的地方。

## 第二節　韓非的人性觀與價值觀

### 一、極端的性惡論

6 熊十力《韓非子評論》（學生版）頁二。熊氏認為，晚周法家之正統派原本《春秋》，而商、韓實非法家。《春秋》貶天子、退諸侯、討大夫，決不許居上位竊大柄者，以私意制法而強民必從。而《春秋》本旨必尊重人民之自由，而依其互相和同協助之公共意力，以制法而公守之。《淮南子》「法源於眾」一語，即其遺旨也。見同書頁四、五。

7 轉戰國之紛亂為天下一統，這本是儒家「天下為公，世界大同」的目標。但儒家中正寬平之道，不能經由強力的方式來實現。而天下的形勢卻已進到嚴峻而急促的地步，法家投時代之機，順勢下趨而走偏鋒，運用智詐武力而達到天下一統。不平不正，故造成秦政之苛暴。

8 見《韓非子・五蠹篇》。

韓非的生卒年，大約在西元前二八〇至二三三年之間。出身韓國公室，為韓之諸公子。曾從學於荀子，但除了接受「性惡」思想而變本加厲之外，對於荀子之學，可說無所傳承。

韓非以為人之性皆「自利」「自為」。人的心智皆「計慮利害」，無有父子之親，夫妻之情，君臣之義。其言曰：

> 人為嬰兒也，父母養之簡，子長而怨。子盛壯成人，其供養薄，父母怒而誚之。[9]

又曰：

> 人主之患，在於信人。信人則制於人。人臣之於其君，非有骨肉之親也，縛於勢而不得不事也。故為人臣者窺覘其君心也，無須臾之休；而人主怠傲處其上，此世所以有劫君弒主也。[10]

總之，「民之性，惡勞而樂佚，佚則荒，荒則不治，不治則亂。」[11]「好利惡害，夫人之所有也。……喜利畏罪，人莫不然。」[12]「凡人之有為也，非名之，則利之也。」[13]「利之所在，民歸之；名之所彰，士死之。」[14]在韓非心目中，人是沒有善性可言的，人是不可信任的，人與人之間，無非猜忌、防範、算計、利用。人的內在生命既然一片污黑，自必反對尚德尚賢之禮治人治，而主張嚴法任術，以驅策人民。如此，視生民如芻狗，遂成自然之勢。荀子雖然以為人性惡，但他同時教人「化性起偽」，「以心治性」，由心知通向善而歸於禮義。故荀子並未抹煞人性、否定人德，只是不直接承認「善是性本有」，而必須由心認知禮義之道，再以禮義之道來對治自然之性，使人在「化性、起偽」中成就善的價值，完成善的人品。因此，荀子仍然是堂堂正正的儒家。（是儒家道德學中的他律道德系統，唯相對於孔孟與宋明儒而言，則荀子「本源不透」，不得為正宗耳。）

## 二、反理性的價值觀

價值、理想，必根於道德心性，而起於好善惡惡之自覺。韓非既排斥德性價值與文化理想，只以成就現實的「君國之利」為其價值之基準，以「富國強兵」為唯一之價值目標，故抑儒、俠、工商之民，而視之為蠹蟲[15]，而只獎勵耕戰（耕以富國，戰以強兵；如此，人便只是耕戰之工具而已。）

同時，又以官府之賞罰為毀譽之標準，而「廉、貞、忠、孝、勇、直」之行誼，皆已抹

9 見《韓非子・外儲說左上》。

10 《韓非子・備內篇》。

11 《韓非子・心度篇》。

12 《韓非子・難二篇》。

13 《韓非子・內儲說上》。

14 《韓非子・外儲說左上》。

15 韓非視「文學、言談、遊仕、遊俠、工商之民」為社會病蟲害，而名之為「五蠹」。見《五蠹篇》。

去其價值性而加以貶斥，結果落到「人間無道德，故人如虎狼；社會無學術，故人如牛馬」。這種「反理性」的價值觀，實乃對人性最大的扭曲傷害，也是人類歷史上留下的一灘污穢，非常醜陋，非常可惡。

## 三、反古道的歷史觀

韓非在「顯學篇」指出：

> 孔墨之後，儒分為八，墨離為三[16]，取捨相反不同，而皆自謂真孔墨；孔墨不可復生，將誰使定後世之學乎？孔子墨子俱道堯舜，而取捨不同，皆自謂真堯舜；堯舜不復生，將誰使定儒墨之誠乎？……無參驗而必之者，愚也；弗能必而據之者，誣也。故明據先王，必定堯舜者，非愚則誣也。

韓非基於這種見解，以為歷史是變動的，實無古道可以依循，亦無定常之德可以效法，所以明白主張「不期循古，不法常行」[17]。他採取商君的「反古道」而變本加厲，以為「上古競於道德，中世逐於智謀，當今爭於氣力」[18]，結果是下墮於「盡物力」（物質生命）以決鬥之局，而最後乃歸趨於「焚書坑儒」之秦政。

韓非根據這種反古道的歷史觀，來抨擊儒墨兩家顯學，由「仁義用於古，而不用於今」的相對論點，而推至「民固服於勢，寡能懷於義」的絕對論斷。這實在是他的歷史觀中最不良的偏見。[19]

## 四、芻狗生民的社會觀

韓非的人性觀、價值觀既如上述，則他的社會觀也必走向「以生民為芻狗」的螞蟻型的社會。每一個人都被定著（限制）在一個特定的位置和職事上。在這個社會裡面，第一、人性個性與道德倫常是被否定的。第二、社會文化的價值是被抹煞的（韓非以文學、言談、遊仕、遊俠、工商之民為「五蠹」，即可證實）。第三、唯一正面肯定的只有耕戰之民。耕種增產以富國，戰鬥殺敵以強兵，這是直接有利於「君國之利」的，故視為社會之支柱。但人的存在，只剩下一點工具性的價值，這樣的國家，對得起人民嗎？

我們檢視人類的思想，像韓非這樣貶抑人的生命之意義，打壓人文社會之價值的，實在絕無而僅有。唐君毅先生曾經指出，儒家思想是「人文的」，道家思想是「超人文」（過

---

16 「儒分為八」，指子張、子思、顏氏、孟氏、漆雕氏、仲良氏、孫氏、樂正氏。「墨離為三」，指相里氏、相夫氏、鄧陵氏。八儒難以盡考。三墨可參閱蔡仁厚《墨家哲學》（臺北：東大圖書公司），頁一四、一五。

17 《韓非子．五蠹篇》。

18 同上。

19 參王邦雄《韓非子的哲學》（臺北：東大圖書公司），第四章第三節。

之），墨家思想是「次人文」（不及），而法家思想則是「反人文」的。它不但不正面肯定人文的價值，而且還貶抑摧殘人文精神。先秦諸子以韓非作為收結的人物，實在是一件非常不幸的事情。

## 第三節　韓非的政治思想

韓非在法家居於集大成的地位。他把商君之「法」，慎到之「勢」，申不害之「術」歸聚起來而治於一爐。而「嚴法」、「尚勢」、「任術」的政治思想，是要使人君處於「勢」位之地，以「法」制民，以「術」御下。

**一、「嚴法」方面：**

⑴法之本，是本於功利與事便，而不是本乎理性。⑵法之立，是為了確保君國之利，而不在保護人民之權益。⑶法之用，是以賞罰二柄繩治人民。（結果，民之守法，只是迫於利害與賞罰，而不是通過理性之自覺。）

**二、「尚勢」方面：**

法的賞罰，有待於威嚴之勢作為憑藉。韓非認為「抱法處勢，則治；背法去勢，則亂。」[20]「君執柄以處勢，故令行禁止。」[21]同時，他又認定人民「固服於勢」而鮮能「懷於義」，故明主只須「增威嚴之勢」，而不必「養恩愛之心」[22]。「勢」本是推行政事的力量，理應用來為人民造福，結果卻只用以濟君主之私。

## 三、「任術」方面：

術，是人主之所執。有了術的運用，便可以「操殺生之柄，課群臣之能」[23]。法，雖明著於官府，使人民一一遵循；而術，則藏之於胸中，以便暗中運用。所以說「法莫如顯，而術不欲見。」[24]君主的意欲，不形於外。此就取靜知幾以制動而言，是學自道家。但學道家卻又不能「無為」，而落於（人為的）伺察控制，結果終不免出於陰森，而流於險忍。

熊十力先生《韓非子評論》有一段話，特錄於此：

> 韓非之書，千言萬語，壹歸於任術而嚴法。雖法術兼持，而究以術為先。（先者，扼重義，非時間義。）術之神變無窮也，執其宗要，則卷十六、難三篇「術不欲見」一語盡之矣。卷十七、說疑篇曰：「凡術也者，主之所以執也。」此一執字，甚吃緊。執有執持、執藏二義……天下莫逃於其所藏之外，亦眩且困於其所藏之內，而無可自擇自動也。是謂執藏。持之堅，可以百變而不離其宗；持之妙，有宗而不妨百變，是謂

20《韓非子・難勢篇》。
21《韓非子・八經篇》。
22《韓非子・六反篇》。
23《韓非子・定法篇》。
24《韓非子・難三篇》。

執持。不了執義，則不知韓非之所謂術也。

綜起來說，儒家與法家，都積極求治，以期事效；也都重視立法度，尚公平。但兩家求治之道與求公平之道，則大相逕庭。儒家尚寬平，而法家尚嚴苛。

儒家「以禮為綱，以法為用」，因此，不可能忽視「法」的客觀性與公平性。儒家所不同於法家，而且反對法家的，是法家的思想趨向（趨歸君國之利），以及法家用法之嚴苛。

## 第四節　法家與秦政

### 一、法家之所以爲法家

據以上各節之論述，可知法家之所以為法家，並不在於用法（儒家也用法），也不在於「綜合名實，信賞必罰」（此乃通義，儒家也可以講，也可以行）；而在於用法的根據。

第一、法家之用法，是從人性惡出發，所以不信民，也不把人當人看（只作工具利用）。

第二、法家用術。術必須暗中運用，因而使得君王成為一個陰森之祕府，而無有光明弘達之象。其施及於人民的，只是外在冷酷之賞罰（無禮義、無德愛）。由於它本身不能面對光明之真理，也就不能傳達光明於人間社會。

## 二、秦「以法爲教，以吏爲師」

韓非與李斯，以不同的方式支助秦政，一在思想，一在行動。秦「以法為教，以吏為師」，一方面扼殺文化理想與人文價值，一方面又抹煞學術自由與人格尊嚴。故終於釀成「焚書坑儒」之事。先秦學術的發展，最後歸結於韓非，這真是歷史的詭譎、文化的悲劇。[25]

## 三、儒法對比與法家之反噬

在此，我想對儒法二家的思想旨趣，約為數端作一對比：

1. 儒家順人性而為政，故信民愛民，開誠布公，行仁政以安民。法家以人性惡為出發點，故猜疑人民，用術來控制人民。
2. 儒家以君臣相對待，君使臣以禮，臣事君以忠，君臣以義相合。法家則不貴臣，不信民，君尊臣卑，君主握有絕對性之權力。
3. 儒家反貴族，法家也反貴族。儒家視貴族為「選賢與能」之障礙，法家則視貴族為「君權絕對化」之障礙。
4. 儒家認為君乃為民而存在（即使荀子也如此主張），為政以民之好惡為好惡（尊人格，重民意）。法家則以民乃為君而存在，要求臣民以君之好惡為好惡，否定個體人格與意

25 關於韓非內部之思想，可參閱王邦雄《韓非子的哲學》（臺北：東大圖書公司）。

志自由。

5.儒家教民、養民、愛民、保民，故輕刑薄賦，罪人不孥。法家則嚴刑重罰，連坐誅戮，愚民、防民、威民、虐民。

從以上五者，可以看出儒家「民貴、民本、重民意、重民生」之思想，落實下來開出制度（從體制上限制君權，保障民權），如此，即可順理成章地完成民主政體之建國。而法家之思想，則明顯地與民主法治之精神相反相違。

抑有進者，法家本由儒家導出，而結果乃「反噬」儒家。蓋早期法家尚事功，求富強，故重法用法，以期解決現實之問題。後期法家則因「術」觀念插進來而變質，又欲取資老子虛靜之意以深化其權術之運用，結果卻大違道家「無為」之旨，而造成「有為」（人為）之災禍；又因順承荀子性惡之說而變本加厲，結果與「秦政」合轍，而「大敗天下之民」[26]。法家對於道家而言，還只是不善學；對儒家而言，則是支流歧出而乖其向方，終於造成「反噬」。所以，從韓非李斯貶視「書簡之文，先王之語」，而主張「以法為教，以吏為師」，接下來自然會有「偶語詩書者棄市」[27]的律令，而終必發生「焚書坑儒」的慘禍。

※　※　※

最後，再對先秦諸子傳衍演變之情形，約為簡表，以供反芻省思之一助。

堯 舜
夏—商—周—孔子（六經）
孔子—上承六藝（經學）
孔子—下開九流（子學）

儒—中國文化之主流（既為諸子之一，又承文化大統而為諸子之源）。
道—中國文化之旁枝（儒家之散友，佛教傳入亦成為儒家之方外友）。
墨—其思想為儒家所吸納轉化（墨流為俠）。
法—其思想亦為儒家融釋涵蓋（法沉為吏）。
名—正名定分本是儒家之義，循名責實又為法家所特重，名家自發之名理，未能作出架構性之撐開以成學（未成完整之系統）。
陰陽—陰陽觀念，上而融入儒家天道系統中，下而沉澱於醫卜星相與日常生活裡。
縱橫、農、雜、小說—各家，欠缺哲學性（雜家則雜揉各家而成）。

---

26 賈誼「過秦論」中之言。
27 《史記・秦始皇本紀》。

# 第二卷　兩漢魏晉：儒學轉形而趨衰與道家玄理之再現

## 弁　言

由秦入漢，中國文化生命進到一個「合」的階段。但漢代的「合」並不圓滿。

在內聖方面，只落於倫常教化（所謂三綱五常）之層次，而德慧生命未能充分透顯。

1. 經生之學重文獻，不重德性生命之自覺。（漢代經學，當歸於學術史，與哲學史之關係不深。）

2. 對人性無善解，只落在「氣性」「才性」方面看人性。

3. 以「聖人」為「天縱」，不可學而至。

在外王方面，雖有西漢「五德終始」[1]的禪讓說，但其結局卻歸於王莽之乖僻荒誕，乃反而激成東漢光武之天子集權，而形成君主專制之政治形態。從此，天下為私（從政權方面說），歷兩千年而不變。

到東漢中葉，政治每況愈下，於是有所謂「清議」。下及魏晉，政治上的清議又轉為學術思想上的「清談」，而形成儒學衰而玄學盛的新局面。中華民族的文化生命又歧出去了。這個時期的特徵，客觀面是政教混亂，主觀面是德性生命萎縮，情意生命氾濫。而由生命情調所表現的美的欣趣，轉出了智悟的境界。結果是道家的玄理玄智，得到再度的弘揚。本卷所述，即是兩漢魏晉六百年的哲學思想。

---

1 「五德終始」，五行之德有終始，順五行相剋之意以言朝代更替與服色更易。茲列一表以便觀解：

| | | | |
|---|---|---|---|
| 虞——土德——色尚黃 | | | |
| 夏——木德——色尚青 | | | |
| 商——金德——色尚白 | | | |
| 周——火德——色尚赤 | | | |
| 秦——水德——色尚黑 | | | |
| 漢——土德——色尚黃 | | | |

漢代為土德乎？為水德乎？有爭議。張蒼以漢為水德，直接繼周，不承認秦之歷史地位（因代表否定，無有綜和之創造故也。）但賈誼以下，皆以漢為土德。

# 第一章　漢初思想概述

## 第一節　漢初思想之先導——陰陽家與呂氏春秋

陰陽家鄒衍的學說，可以約為四端：[1]

1. 以儒墨之道（尤重在儒家），解決當時之政治問題。
2. 以陰陽消息言災異，對統治者施加壓力。
3. 據五行言「五德終始」，對政治上之「天命所歸」賦以新的內容。
4. 提出大九州之說。謂中國為赤縣神州，內有九州，中國之外復有九州。

在鄒衍，乃是——

以陰陽消息為「天道運行」之法則；

以五德終始為「歷史運行」之法則。

1　鄒衍之生卒年，及其學說之四點歸結，皆據錢穆氏《先秦諸子繫年》（香港大學版）下冊，鄒衍考。

陰陽與五行（水火木金土）本不相屬。在春秋以前，五行只指國計民生所通用之五種材料，故又稱「五材」，並不視為構成宇宙之五種元素。至鄒衍或其後學，才將陰陽五行組合起來。

到《呂氏春秋》十二紀，則又以陰陽二氣運行於四時，而將五行與四時配合，以為——

春盛德在木，木德與春陽之氣相應；
夏盛德在火，火德與夏陽之氣相應；
秋盛德在金，金德與秋陰之氣相應；
冬盛德在水，水德與冬陰之氣相應；

土則兼四時。木德的表現為「春生」，火德的表現為「夏長」，金德的表現為「秋收」，水德的表現為「冬藏」。土德既兼四時，其表現自然與「生、長、收、藏」皆相關。不僅四時與五行相配合，各種事物（如方位、五色、五音、五常等）亦皆可取來與五行相配合，因而形成陰陽五行的世界觀、宇宙觀。茲列為表式，以便省覽：

木—春—東—青—角—仁
火—夏—南—赤—徵—禮
土—兼四時—中—黃—宮—信
金—秋—西—白—商—義
水—冬—北—黑—羽—智

形下之氣與形上之德，交織錯綜，而個人的生活行為與國家的政治措施，皆與春陽木德相應合（亦與火、金、水、土相應合），此之謂「同氣」。由同氣說「法天地」，人事天道乃相通，是謂「天人合一」。

中國所說的「生、長、收、藏」，比印度佛教「成、住、壞、空」的說法，實較平和而健康。「發生、成長、收穫、積藏」，既累積深厚，又發芽滋長，年年周而復始，生生不息，何其充實！四時的生長收藏，又可與社會、政治、人生相關聯，於是便有從人事上說的生長收藏。這就是天道與人事交感互通的思想。

董仲舒繼承陰陽五行的觀念，從陰陽說刑德，則春夏為天之德，秋冬為天之刑。董生主張尚德而去刑，其說大體由呂氏十二紀發展而來。所以《呂氏春秋》又可說是董生吸收陰陽思想的一大橋樑。

## 第二節　反法歸儒與儒法之辨

秦政暴虐，加上楚漢相爭，與漢初諸將之反叛作亂，天下元氣乃大傷。而黃老政治清靜無為，與民休養生息，確為適時的清涼劑。但這只是消極的恢復元氣，還說不上政教之興革與國家之建制。故景帝七國之亂以後，終須有武帝時董仲舒之復古更化，獨尊儒術。

漢代尊儒，乃尊經之常道（此乃立國之最高原則）。而所謂「通經致用」，乃是以學術指導政治，進而通過政治以指導經濟。漢代人在這方面的表現，是非常卓越傑出的。而由賢良方正（知識分子）與朝廷官員辯論國家施政方針（見《鹽鐵論》），這種風範，尤足千古。

而董生的「復古更化」，乃反法家秦政之苛暴，以復三代禮樂教化之古。這種文化建國的大綱領，正班固所謂「除強秦之苛暴，流大漢之愷悌」也。至於「罷黜百家」乃針對博士官而言，朝廷只立「五經博士」（尊經之常道），不再為諸子百家立學官（景帝時有孟子博士，今亦加罷黜，因孟子是「子」不是「經」）。後人不知所以，以為罷黜是廢棄諸子百家之書，更有人以為這是儒家的思想獨霸，實為淺薄無知的誤會。

漢初「反法歸儒」，是當時思想的總路向。而儒法之異，可得五端。本書上卷第十章第四節所列五點儒法思想之對比，可以覆按。今只就儒家立場簡括如下：

1. 以人之性情為政治之基礎：人與人互信互愛。
2. 君臣對待：以天道古道限制君權，人君應尊禮大臣。
3. 反貴族：視世襲貴族為「選賢舉能」之障礙。
4. 君為民而存在：董生謂「天下立君，乃為民也」。為政以民之好惡為準（尊人性、尊人格）。
5. 教民、養民、愛民、保民：輕刑薄賦、罪人不孥。

由此五端，可以了解儒法二家之根本差異。有人以「禮治」「德治」與法家之「法治」相對比，此實不妥。一則儒家並不排斥法治，只是不贊成脫離「禮」與「德」之綱維，而單獨突顯「法」為唯一之標準而已。二則法家之嚴法，與民主法治之精神有本質上之差異。而漢初法網尚密，法家秦政之餘毒未除，故漢儒力反法家而主德教。上文曾引班固之言「除強秦之暴政，流大漢之愷悌」，這真是一句最恰當中肯的論評。

## 第三節　漢代精神開國的盛音——賈誼

賈誼（西元前二〇〇—一六八）之《賈子新書》五十八篇，一部分是主動述作，如「過秦」三篇，一部分是向漢文帝上書言事之文。此外，大體是任梁懷王大傅之時的教告答問之辭。班固《漢書》賈誼傳贊有云：

> 劉向稱賈誼言三代與秦治亂之意，其論甚美，通達國體。雖古之伊管，未能遠過也。

賈誼二十二歲初見文帝，卒年才三十三。他在這十年間（青年時期）的表現，卓然不凡。牟宗三先生稱之為：

> 開國之盛音，創建之靈魂，漢代精神之源泉。[2]

2　牟宗三《論賈誼》一文，編入全集本《歷史哲學》第四部第一章，頁二七六。

這三句話都是落實之言，不是「虛譽」。《漢書》本傳有云：

> 誼以為漢興二十餘年，天下和洽宜當改正朔，易服色，立制度，定官名，更禮樂。乃草具其儀法，色尚黃，數用五，為官名，悉更奏之。文帝謙遜，未遑也。然諸法令所更定，及列侯就國，其說皆誼發之。

所謂「改正朔，易服色，立制度，定官名，興禮樂」，皆是賈誼精神人格中「精神開國」的最高層「形式」。其層級相當於今世之「立憲」（制定憲法），這是大知識分子所關心的焦點，可以上通於周公之「制禮作樂」。賈誼改制之意，可得三端：

## 第一、移風易俗

秦政與法家，「大敗天下之民」（賈誼語）。漢興，安習於秦制秦俗，不能作價值之鑒別；而賈誼以其文化意識之貫注，故能觸目而驚心，開闢心靈世界，而湧現「移風易俗」之理想。當時雖未能推行，而終於釀成董仲舒「復古更化」之文化運動。董生之「復古更化」，即是賈生之「移風易俗」也。此乃切於時代之要務，亦是言治體之大者。

## 第二、教養太子

賈誼以為三代之所以長久，即是教育太子得宜之故。太傅、太保、太師，教之導之；少傅、少保、少師，輔之翼之；自幼見正事，聞正言，左右前後，皆正人也。太子成年，雖免於保傅，但仍然有誦詩、進善、規諫、記過、進謀、傳民語之官吏，「習與智長，化與心成」，故能性歸中道。秦失其度，乃旋踵而亡。在古代政治體制中，太子為國本，故教養太子，亦是治體之大者。賈生首先意識及之，成為此後二千年一律遵循之規矩法式。

## 第三、尊禮大臣以養廉恥

賈誼以為古者尊禮大臣，不加訶責，不加刑罰。大臣有過罪，君命責問之辭，皆清肅而溫婉。臣聞命，或造「請室」而請罪，或北面再拜，跪而自裁。上設禮義廉恥以遇大臣，臣亦以節行報其上。賈生此義，開漢唐宰相之重。此乃中國本於其文化生命表現在政治上之最有體統者。故雖在專制政體下，而能有開明之政治。亦賴此而得以顯示政治之所以為政治的意義（政治與吏治不同）。[3]

綜上三端，即可知賈誼為「開國之盛音，創建之靈魂」，亦是「漢代精神之源泉」。此大體一立，則改正朔，興禮樂，皆可「溥博淵泉，而時出之」（中庸語）。移風易俗，教太子，尊大臣，皆是綱紀性之形式。賈生以其綜和之心靈湧現此一形式，則彼「精神開國」之

3　按，政治之所以為政治的意義，(1)可以從內涵方面說，是即政治教化與禮義綱常之實踐。(2)亦可從體制上說，但中國傳統政治之宰相制度，只是治權運行之軌道，而有關政權的軌道，則未能客觀建立。「有治道而無政道」，才真正是中國傳統政治重大的欠缺所在。而政道之開出乃是人類共同之大事，西方也要到十七八世紀才逐漸建立體制，是即現今之民主政治的政治形態。中國傳統政治只開放治權（士人參政），而未開放政權。但依據儒家「民為本，民為貴，重民意，重民生」的思想，落實為民主政體之建立，乃屬於相順之發展，是必然可以做到的。

使命已盡，下一步的「文化建國」，則有待董生來完成。唯在論董生之前，還須略述淮南子。

## 第四節　雜家中的道家——淮南子

淮南王劉安（西元前一七九—一二二）為漢高祖之孫，景帝之堂兄弟。武帝即位，劉安入朝獻「淮南內篇」，即今所謂《淮南子》（又名淮南鴻烈）。另有外書甚眾，中篇八卷，皆佚。

西漢初年，道家思想在朝廷與社會流行，是即主清靜無為、與民休息，而又雜有權術乃至方技的所謂「黃老」，此乃原始道家之變形。而《淮南子》此一集體著作中的道家，則是與黃老不同的另一系。

《淮南子‧要略》有云：「考驗乎老莊之要」。這是古籍中「老莊並稱」首次出現。淮南之書，凡描寫道體、功用及生成之歷程者，多係《老子》思想之推演。凡強調精神心性之修養功效者，多係莊子思想之發揮。總之，論政治多本《老子》，論人生多本《莊子》。

《淮南子》自是雜家。但書中道家思想實佔優勢。依道家，仁義禮智皆外於性命，故貶視儒家。本經訓云：「禮樂者，可以救敗，而非通治之至也。」又云：「是故知神明（道之玄慧，與物俱化），然後知道德之不足為也。知道德，然後知仁義之不足行也。知仁義，然後知禮樂之不足修也。」

不過，《淮南子》作者群中，亦有一些儒家之徒，故泰族訓云：「人性有仁義之資」。主術訓：「國之所以存者，仁義是也」。氾論訓云：「故仁以為經，義以為紀，此萬世不更者也。」泰族訓中且表示道家思想當歸往於儒家思想。如：

(1)言「法天」，歸於「與天地合德，日月合明，鬼神合靈，與四時合信」。

(2)言「神化」，歸於變習易俗，民化而遷善。

(3)又強調「禮之所因」（因，憑藉也），禮樂不能離乎俗，應適時改制。

(4)重視學問與為學之方向（明於天人之分，通乎治亂之本）。

凡此，皆儒家之徒所引發之議論。其他，如法家兵家之思想，亦容納在書中。故《淮南子》一書，實可視為漢初思想之雜燴。因為書中實無特顯之觀念與理論系統，故不多述。（徐復觀的《兩漢思想史》，可參閱。）

附按：兩漢經學旨在(1)傳經，這是文獻的問題；(2)進而「通經致用」，這是以經義通於政治，意思是要以學術指導政治。但漢儒未能從體制架構方面致思，終究還是「有治道而無政道」。這個問題，在中國是到二十世紀才來謀求解決，迄今仍然在「尚未成功」之階段。

# 第二章　董仲舒的學術思想

董仲舒（西元前一七九—一〇四，據蘇輿董子年表），西漢廣川人（今河北地），舊屬趙地，故又稱趙人。董生自少治《春秋》，景帝時為博士，後以賢良對策，得武帝之嘉許，而掀開「復古更化」之文化建國運動。

## 第一節　復古更化：理性之超越表現

董生倡復古更化，其超越理想集中於形上義理而發揮。[1]其取材多傍依《尚書・洪範》、《易》之陰陽，而結集於《春秋》。又雜有陰陽家之宇宙論、歷史論之氣息，而形成一大格局。其所發雖不能盡其精微，而規模廣大，取義超越，為漢家定出一理想之型範。王道之端，本於天道之端。端者，元也、始也。「元、始」以理言，不以時言。此天人

1 參閱牟宗三《歷史哲學》（臺北：臺灣學生書局，現已編入《全集》之第四冊）第四部第二章。

同道的一元之大始，即顯示一「超越的理性」（客觀理性）以為一切之本。對現實措施而言，此「本」即是一「超越的理想」。依此「本」而措施，故「任德」而「不任刑」。

此作為政教之本的超越理想，貫而下之，而與現實政治接頭，便是通常所謂「政教合一」。

(1)理想與現實政治糾結在一起，是謂「內在的合一」。此時將喪失理想性，當然不可取。

(2)但理想不能虛懸，總要貫而下之。理想與政治若不拉得太緊，而保持一「諧和之統一」，此時之政教便是「外在之合一」。這種形態的政教合一，不可隨意反對。[2]

如果因為詬病政教合一，而直接抹煞或忽視政治與教化之關係，因而又排斥教化之理想，便成為法家之立場。結果便由法家本身取代教化理想，是即所謂「以法為教，以吏為師」。如此，便釀成「大敗天下之民、大敗文化價值」之極權政治。

董生掀開以一「推動時代，開創新局」的文化運動，自須透出超越理性以彰顯超越理想。其「超越理性」的外部體系雖然駁而不純（夾雜陰陽家思想之故）。而其核心，則可上通而下貫。

(1)通而上之，重理性，尊禮義。

(2)貫而下之，任德不任刑，以禮義教化與興學選才為政治措施之本。（如察舉賢良方正、孝弟力田，皆為國選才之措施也。）

加上漢代民族生命之充沛，漢代民性之樸實戇直，故能完成一個綜和的構造，而建立政教統一的大漢帝國。而當初賈誼所提出，文帝所謙遜不遑者，皆在董生所倡導的文化運動中漸次完成。武帝太初元年，正曆法，色尚黃，數用五，定官名，協音律，皆是革秦之舊而改定的漢家制度。

在政治方面，士人政府出現（治權開放，知識分子大量投入政治），宰相取得較客觀之地位，吏治亦有可觀。孝弟力田，重農抑商，消解政治上與經濟上之特權階級。思想較自由，大臣敢直言。論禪讓者甚至直請漢帝退位讓賢。[3]據此可知，西漢二百年之歷史，自始至終，飽滿未衰，不失為一健康之時代。[4]

但此一更化運動，亦有一本質上之缺憾。它只透出超越理性，而卻——

1. 始終未能透出人性之自覺。（只有移風易俗下的生活自覺）；
2. 亦未有內心理性與精神生活之表現。

---

2 經典上所謂「作之君，作之師」，乃就聖王而言。王者作之君，聖者作之師。聖王有德有位，故可同時「作之君，作之師」。後世為君者，欠缺德，亦欠缺能，則不可假借「作之君，作之師」之言，而師心自用、作威作福也。

3 董生再傳弟子眭弘，勸漢帝「求索賢人，禪以帝位，而自封百里。」董生自己亦已有「帝王次第退位」之說。

4 中國二千年的政治、社會以及經學、史學、文學之根基規模，皆奠定於漢代。

須知超越理性必須依藉精神主體，而後始能盡其責，必須有仁心之呈露，才能證實超越理性為不虛，而進到人類理性之自覺。此則不能不本於孔孟之精神而立言。而董生之所謂「推明孔氏」，實乃跨過孔子之德慧生命與德性人格，而外在的落在五經上立論。尊五經當然不錯，但脫離孔子之精神生命以言五經，則五經亦成為外在的文獻。在如此情形之下，精神主體必然透不出來，精神理想亦不純不順；其流於今古文之爭，又轉為章句訓詁，實亦無可避免之結果。在此，可以反顯王陽明所謂「經學即心學」5之真實意義。而站在哲學史的立場，兩漢經學之內容，固可置之勿論。（錢穆《兩漢經學今古文平議》，可參閱。）

董生此一文化建國之運動，本當順孔孟之教而轉進，由道德教化與聖賢人格之精神主體，廣被於社會，貫潤於政治，以歸復於「人人要求自主」之精神主體上，作到政治上的二步立法：

第一步，「對君權之限制」之立法；

第二步，「對人民權利之承認與限制」之立法。

如此，方是「理性之內在表現」。但因董生之超越理性有駁雜，而轉為盛行於西漢一代之五德終始、禪讓論，終於衍為迂怪之超越理想，而引出王莽之乖僻荒謬。此是西漢歷史上最令人長歎太息者。

〔附識〕：

五德終始論與禪讓論，原本亦是對君權之一種限制，然而西漢儒者未能曲盡此一問題之關節，以完成二步立法，乃使更化運動之「意義性」未能圓成，其「問題性」亦未消解。

發展到東漢光武帝，由於他出身民間，早年又學於長安，兼有田間之誠樸與學問理性之凝斂；其天資雖不及高祖與武帝，但「理之流澤足以補其短，心之戒懼足以延其慶」，乃能「涵之以量，貞之以理」，以理性自斂而斂人斂天下，故能成就東漢一代之規制，而中國國家政治之規模，亦大定於東漢。所可惜者，此一理性的內在表現，仍未完成二步立法。而只完成君主專制（勤政愛民）之政治形態。

## 第二節　董子春秋學要義

上節所論，是董生文化運動所表示的意義、成就與限制。至於內在於董生之學說思想內部則雜而不純與牽強附會之處，亦不一而見，必須分別而觀。茲先略述其春秋學。

### 一、春秋大一統，尊天以保民

5 蔡仁厚〈王陽明論經學即心學〉一文，編入《新儒家的精神方向》（臺北：臺灣學生書局），頁二二七—二三七，可參閱。

《春秋公羊傳》所謂「大一統」，自是尊王權（亦含王制、王道）。但天子與諸侯共守天下，則其一統亦可說是分權之一統，而非後世集權之一統。故凡天子所封之諸侯，皆當保存，其滅亡者亦當「興滅繼絕」（語見《論語．堯曰》）。至漢，郡縣封建並行，諸侯王僭擬，地過古制，故賈誼與晁錯乃主張強幹弱枝，以完成中央集權。董生以禮制嚴上下之等，亦是此意。

順此而言「君、臣、民」之關係，董生以為「春秋之法，以人隨君，以君隨天……故屈民以伸君，屈君以伸天，春秋之大義也。」所謂「屈民以伸君」，語意不妥。唯董生說此句，乃是虛，是陪襯；下句「屈君以伸天」，方是實，是主體。其意在使君王本天意以愛民。故又曰：

> 天下之民，非為王也，而天立王，乃為民也。故其德足以安樂民者，天予之；其惡足以賊害民者，天奪之。

董生是尊天以保民，後世責他尊君過甚，雖言出有因，而實未得董生之意。

## 二、三正三統與質文遞嬗

董生之春秋學，實逸出《公羊傳》而多抒新義。他認為「西狩獲麟」是孔子「受命」之符瑞。孔子作春秋，制義法以示後王法式，即是「以春秋當新王」。[6] 繼此進而言「改制」

（改正朔、易服色等），又有「三正」、「三統」之說。

(1)夏商周三代曆法之正月，有建子、建丑、建寅之別，故曰「三正」。

(2)以子丑寅為天地人，故建子為天統，建丑為地統，建寅為人統，以是，三正亦稱「三統」。

(3)又將赤白黑三色，與三正三統相配，建寅之人統亦稱黑統（夏），建丑之地統亦稱白統（商），建子之天統亦稱赤統（周）。而「春秋應天作新王之事，實正黑統」。

以三色與朝代相配，乃來自五德終始之說——以五行生剋比合五德之終始相循。鄒衍先有此說，《呂氏春秋》繼之。以黃帝或舜為土德，色尚黃；夏為木德，色尚青；商為金德，色尚白；周為火德，色尚赤；代火德者為水德，色尚黑。

然董生又有「質文」之說（夏文、商質）。三統有三，質文有二，以二配三，如何而可？董生又謂孔子作春秋，「承周文而返之質」（以質救文）。然則，春秋究竟承夏之黑統乎？承商之質統乎？依「質文遞嬗」之原則，春秋必然承商質之統，如此則承夏之黑統乃落空矣。謂孔子「承周文而返之質」，此自可說。但孔子既曰「吾從周」，則其「返於質」，實

6 「以春秋當新王」，意即「王魯」（以魯春秋為王）。故又有「絀夏、故宋、親周」之說。此又與「存三統」之說相關聯。意謂本朝之外，前二代（商、周）之王，皆應封其後為大國，存其禮制，待以賓位。至於夏以上，則封以小國，存其宗祀而已（故曰絀夏）。又，「存三統」，謂「存本朝」（王魯）、「存前朝」（親周）、「存又前朝」（故宋、宋為商之後）。

乃在「周文」中求其質，決不會機械地順質文遞嬗而回到商之質統。可能董生亦覺察到此中之矛盾，故又說「夏尚忠，商尚質，周尚文」（是即所謂三教），而主張「今（今，指漢朝）繼大亂之後，若宜稍損周之文致，用夏之忠者」。此即所謂質文損益以相救，可算是比較合理之修正。（按、董生「以春秋當新王」，實乃「聖人為漢立法」之觀念（孔子之當代為春秋，董生之當代為漢）。其意非無可取，但與歷史朝代比配而有扞格，乃成為迂闊之論。）

## 三、春秋三世之說：進化之歷史觀

歷史有終始循環（如五德之終始與三統質文之遞嬗），而亦有進化之義，故董生又有「三世」之說，這就是他的進化之歷史觀。春秋十二世，由近而遠分為三等：

(1)見三世，凡六十一年，包括哀公、定公、昭公三世，為君子之所見。

(2)聞四世，凡八十五年，包括襄公、成公、宣公、文公四世，為君子之所聞。

(3)傳聞五世，凡九十六年，包括僖公、閔公、莊公、桓公、隱公五世，為君子之所傳聞。

世代愈遠，褒貶愈嚴。故曰「於所見微其辭，於所聞痛其禍，於所傳聞殺其恩，與情俱也（與情之厚薄成正比）。」

後來，公羊家傳衍其說——

(1)於所傳聞之世，託治起於衰亂之中（據亂世），此時只知有己國，故曰「內其國而外諸夏」。

(2)於所聞之世，託為昇平之世，此時天子為共主，領有華夏衣冠之區，故「內諸夏而外夷狄」。

(3)於所見世，託為太平之世，此時普天之下無有畛域，世界大同，故「天下遠近大小若一」。

董生所謂「所傳聞、所聞、所見」之三世，即後世公羊家（如何休諸人）所謂之「據亂世、昇平世、太平世」。此乃本於進化之歷史觀而立言（就應然之史說），不可作現實歷史看（不就實然之史說）。

## 四、貶天子、退諸侯、討大夫——屈君以從天

總而言之，在董生的心目中，孔子獲麟受命作《春秋》，乃是代天立教，為後王立法（實即為漢王立法）。孔子以平民代周而自成一統（所謂素王），故可以「貶天子、退諸侯、討大夫」（見《史記》太史公自序引董生曰）。

董生援春秋之義以獻替時政（更化改制），亦是本於聖意而立言，並非臣子之私。如此，他所謂「以君從天」、「屈君以從天」，事實上即是要君王遵從孔子的春秋之教（以行聖人之道）。董生之所說雖不免有牽強附會之處，然其用心則應予以敬重。（另如《公羊傳》中平實之思想，如華夷之辨、大復仇、正名……皆為董生所承繼發揮，茲從略。）

# 第三節　天人感應之哲學

「天人相與」或「天人感應」，是董生學說中的基本觀念。「道之大原出於天」，而天志天道，皆由陰陽四時五行之運行中見。(1)孔子雖曾說過「天何言哉？四時行焉，百物生焉」，但只以四時言天道。(2)《易傳》言陰陽、言四時，亦未將陰陽與四時相配，而且不言五行。(3)至《呂氏春秋》始以四時為中心，將陰陽、五行、四方，配合成為一有機體。董生承之，而益為詳密。茲擇要分述於後。

## 一、天之十端與元氣

董生認為天有「十端」：天、地、陰、陽、金、木、水、火、土、人。天是由此平列之十端（十個基本因素）所構成。他又說：

> 天地之氣，合而為一，分陰分陽，判為四時，列為五行。

天地之氣，亦謂之「元氣」，元氣分為陰陽，運行於四時，布列為五行，再伸展到人生、社會、政教、學術等方面，而形成以人應天的「氣化宇宙論中心」之思想。（將道德基於宇宙論，先建立宇宙論而後講道德，此之謂宇宙論中心。董子之學，實已脫離先秦儒家「以仁與心性為中心，以天道性命相貫通為義理骨幹」之正軌。）

## 二、陰陽消長與四時變化

陰陽之運行，《淮南子》以為「陽氣」起於東北，盡於西南。由東北而南行，至東方遇木所主之氣，而助之使盛而為春；至南方遇火所主之氣，即助之使盛而為夏。「陰氣」起於西南，盡於東北。由西南而北行，至西方遇金所主之氣，即助之使盛而為秋；至北方遇水所主之氣，即助之使盛而為冬。這是對四時變化極為簡易之解說。（參照附圖一）

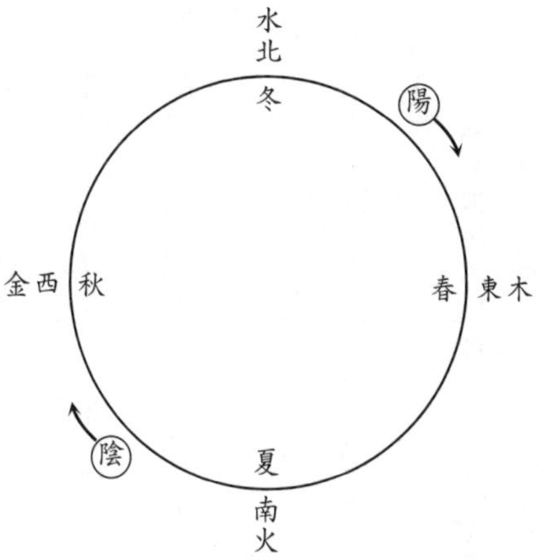


附圖一　淮南說：陰陽各別運行

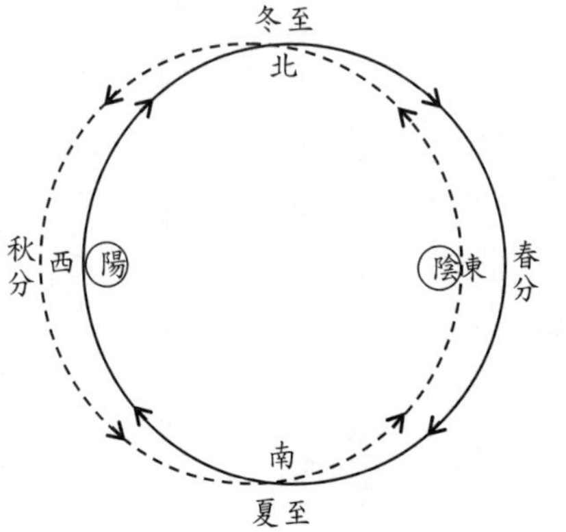


附圖二　董子說：陰陽交互循環

董子之說法，與淮南子不同。他論及陰陽之運行與四時之形成，以為陰陽二氣——

> 春俱南，秋俱北，而不同道。夏交於前，冬交於後，而不同理。

依此，陰陽二氣是順著東南西北四方位所形成的圓圈，而各循其路線而行，故曰「不同道」。（參附圖二）

(1)初冬之時，陰陽各從一方來，陰氣（虛線）由東方循北圈線向西行，越行越盛；陽氣由西方循北圈線向東行，越行越衰。中冬之月，二氣相遇於北方，此時陰極盛而陽極衰，是謂「冬至」。

(2)二氣交會後，相背而行。陰漸損而循左圈線向南行，陽漸增而循右圈線向南行，時值冬去春來，故曰「春俱南」。到中春之月，陽達於正東，陰達於正西。此時，陰陽各居一半，晝夜均等，寒暑適中，是謂「春分」。

(3)然後，陰益損而陽益盛，各自循南圈線而行，於大夏之月遇於南方，此時陽極盛而陰極衰，是謂「夏至」。按，夏至二氣交於南方，陽盛而陰衰；冬至二氣交於北方，陰盛而陽衰，故曰「夏交於前，冬交於後，而不同理。」（理，謂陰陽消長之理。）

(4)然後又相背而行，陰漸增，循右圈線而北行；陽漸損，循左圈線而北行，時值夏去秋來，故曰「秋俱北」。到中秋之月，陰達於正東，陽達於正西，此時，陰陽亦各佔一半，晝夜寒暑與春分同，是謂「秋分」。

至此，一週期完成，便是一年之「四季」。此是董生對陰陽消長流動與四時變化之說明。

## 三、五行之相生相勝

五行乃天地之氣布列而成。此五者之間，又存在著兩種全然不同之關係，是即「相生」與「相勝」（相剋）。五行相勝之理早已有之（鄒衍之五德終始，即據此理而言）。相生之理，亦先見於《呂氏春秋》。五行（相生）之順序是「木、火、土、金、水」。⑴木生火，火生土，土生金，金生水，此之謂「比相生」（依序相生）。⑵木勝土，土勝水，水勝火，火勝金，金勝木，此之謂「間相勝」（隔一相勝）參見下圖：

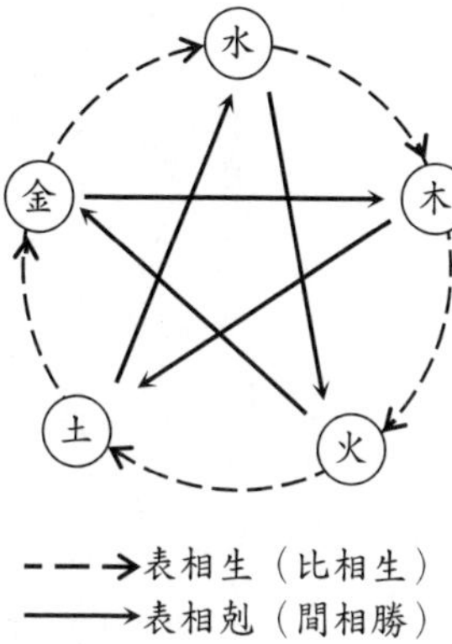


董生論五行生剋，主要是以五行自然現象結合，如木居東方而主春氣，火居南方而主夏氣，金居西方而主秋氣，水居北方而主冬氣，土居中央主季夏，而為五行之主（居中策應）。四時各有其職，五行亦各主一事，而分別有其「生、長、收、藏」之特性。用這些特性與人事配合，即形成天人感應之哲學。

## 四、天人感應（類與數）

董生認為「天道之大者在陰陽[7]。陽為德，陰為刑，刑主殺而德主生。」天任德不任刑，人承天意而從事，亦應重德教而輕刑罰，故曰「天人一也」。天人之交通，以「類」相應，而類之相感，其原則有二：

(1)萬物去異從同（以類相從）。如行善則招榮賞，為惡則受辱罰。

(2)天可感人，人亦可感天（天人感應）。四時之氣，在天亦在人，以類相感應，略如下表：

| 天 | | 人 |
|---|---|---|
| 少陽因木而起以助春生 | 春有愛志 | 春氣：博愛而容眾 |
| 太陽因火而起以助夏養 | 夏有樂志 | 夏氣：盛養而樂生 |
| 少陰因金而起以助秋威 | 秋有嚴志 | 秋氣：立威而成功 |
| 太陰因水而起以助冬藏 | 冬有哀志 | 冬氣：哀死而恤喪 |

以類相感應

由此以言「天人相與」，將人與天連在一起（以人應天），此便是漢代言災異（天意示警）之總根源。

另外，又有「數」之觀念，以補助「類」觀念。由數之偶合貫通天人。譬如就人之身體而言，天以終歲之數成人之身，故小節三百六十六，以副日數，大節十二分，以副月數，內有五臟以副五行數，外有四肢以副四時數。人有四肢，每肢三節；天有四時，每時三月。數相同，則為同類而可以相應。

## 五、感應二義與漢儒之特色

從類之相感言災異，使人起敬畏之心而不敢背逆天道，此猶是天人感應之消極義。積極的意義，是在察身以知天，故曰「人主之道，莫明於在身之與天同者而用之」，人時時察覺己身與天同者，而致其合乎天道之用，便可以使天道貫通到政治與人生。此方是天人感應之積極義。但董生只如此教人君「迹之古，迹之天」（取法古人，順從天道），以災異示警提撕人君，以聖王古道節制君權；卻不從心性之原以開發君德，不教人君納諫以聽取民意，實乃先秦儒家思想一大轉折。

易之言陰陽，乃是提挈於天地之道與乾坤之德說。陰陽雖重要，卻並非主導之觀念。而陰陽家與漢儒則質實下拖而與五行災異相牽連。於是——

(1)陰陽五行災異；

(2)象數（理智與神秘之結合）；

(3)讖（隱語預言）；

7　按，董生謂「道之大原出於天」。此句無問題。但說「天道之大者在陰陽」，則有問題。天道應就乾坤說，不能落在陰陽上說。雖然《易傳》有云「一陰一陽之謂道」，那是就一陰一陽之變化而指說道之創生功能。又說「立天之道，曰陰與陽」。那是說天道藉陰陽而顯立。陰陽顯立道，道為大，陰陽不得為大。董生直說「天道之大者在陰陽」，則似陰陽大於道矣。此與儒家義理不合。

(4)緯（經之支流，而多涉於荒誕）。

此四者，遂成漢代儒學之特色。（一面是烏煙瘴氣，衍為後世醫卜星相一流；一面是誠樸篤實，顯為渾樸浩瀚、剛健平正之漢人精神。）

## 第四節　人性思想略述

### 一、從告子到董生——以自然之質爲性

告子言「生之謂性」，是從個體生命自然之質來了解性。自然之質是中性的，「無善無不善」，無分於「善惡」，故又主張仁義外在，亦即自然之質並無仁義的道德性，故不可說善，但亦不可說惡。告子還只是抽象地如此說，再推進一步，便是董生在《春秋繁露》「深察名號」篇中的說法。

董生論性，先亦是抽象地說（從名號說）：

> 性之名非生歟？如其生之自然之質謂之性。性者，質也。

董生以自然之質為性，同於告子。但董生論性，尚不止此，他還有「仁貪之性」、「性未可全為善」。「性情相與為一瞑」、「以中民之性為性」等等之觀念。

## 二、自氣言性，性未可全爲善

董生認為「桎眾惡於內，勿使得發於外者，心也。故心之為名桎也。苟無惡者，心何桎哉？」（桎、禁禦義）。惡，來自氣性，藏於內而可發於外。心則能禁眾惡於內，使之勿發於外。此似可言心善性惡（實則不可）。而董生亦未就心之善以言性。其所謂心，既非孟子之內在道德心，亦非荀子有認知之主宰性的心。性既就氣性而言，則此性必不能純善，故又曰「仁貪之性兩在於身……天兩，有陰陽之施，身亦兩，有仁貪之性。」

仁之氣屬於陽，貪之氣屬於陰。陽氣光暢而易開發，易傾向於善，於此說仁性（從氣說性，自非孔子之仁）。陰氣幽暗而易固閉，易傾向於惡，於此說貪性。無論仁性貪性，皆只是氣性之實然與偶然。善之完成，仍須靠後天之加工。故又曰「米出禾中，而禾未可全為米。善出性中，而性未可全為善。」

| | | | | | |
|---|---|---|---|---|---|
| 氣性 | 仁之氣—— | 陽—— | 易傾向於善—— | 仁性 | 自氣言性，性未可全為善 |
| | 貪之氣—— | 陰—— | 易傾向於惡—— | 貪性 | |

## 三、性情相與爲一瞑

依於仁貪二行之傾向，亦可就仁之氣性而言「性」，就貪之氣性之發而言「情」。此似可說性善而情惡（實亦未可）。但此所謂性之善仍只是氣性之善的傾向（並非從體上理上言善）。在此，性與情並非有兩層。是故，仁貪、性情、陰陽、善惡之兩行，皆只是靜態地分解而說，若融於具體之生命，則「性情相與為一瞑，情亦性也」。」情參於性中，性不能獨立而絕異於情。故董生以為「聖人莫謂性善」。因為性與情「俱為一瞑而待覺」。「萬民之性，有其質，而未能覺」。「當其未覺，可謂有善質，而不可謂善」。故其「性情相與為一瞑」，亦即善惡相與為一瞑，而同於「善惡混」之說。甚至在尊心而卑性之下，實亦有「性惡」之意。董生自未直說性惡，他只是「無分於善惡」之質素說、材樸說，但既有仁貪、性情之分，故又可說「善惡之分化說」。

其說法何以成為如此混雜游移而不明確？蓋凡「用氣為性」、「生之謂性」，皆是氣之實然與偶然，而並無必然與定然之可言（說性善情惡亦並不真能站得住）。故進於具體，察及仁貪性情之分化，則「性三品」之說亦可自然而出現。

## 四、自「中民之性」名性的拘蔽

董生並未提出「三品說」，而只是將性限於中民。上下品皆排於「性」之名以外。故曰「名性不以上，不以下，以其中名之。」他認為孔子並不以萬民之性皆已善，故遂不取孟子性善之說，以為「聖人之性，不可以名性。斗筲之性，不可以名性。名性者，中民之性。」

性而限於中民，則其言性不普遍，此乃董生之拘蔽。而其所以有此拘蔽，(1)不以聖人之性為性，是為了加強教化，單以聖王負教化之責。(2)不以斗筲之性為性，是泥於「上智與下愚不移」之言。[8]此兩種拘蔽，皆須解消。

孟子所謂「性善」，並不是說萬民之性皆已至聖人之善。人未達於聖人之善，亦並不就是性不善，豈可因人尚未至聖人之善便說人之性不善？孟子就道德的心性言性善，開闢一個德性領域，以建立道德實踐所以可能的先天根據，存之養之，擴而充之，則人人皆可進於聖賢。

而董生全然不解孟子而反對言性善，排斗筲之性於性之名外，豈不等於排斗筲之民於人類之外乎？此惡乎可！孔子論士，謂「斗筲之人何足算也」，只表示斗筲不得與於「士」之列，並非排其不得與於「人」之列。而「下愚不移」亦並非不可教（伊川曰：總有可移之理）。孔子「有教無類」，豈有排斥於聖人教化以外之人？而且聖人固有天縱之才資，但聖人之所以為聖人，並不在其才資，而在德性。聖人是德性人格之目，不能只限於氣性一層。故必須開出「超越的理性領域」，才能建立人性之尊嚴，才能說「人人皆可為聖賢」。以是，要使人性論真正站得起，則必歸宗於孟子。宋明儒即乘此路而前進，而將漢儒所注意之氣性、才性，吸收而為「氣質之性」。此是論中國學術之綱脈，不可不知。

---

8 「上智與下愚不移」，是說下愚之氣質難以變易。難雖難，並非不可能，人總還有潛存之本性，總有薰陶變化之契機。

# 第五節　附論：揚雄之太玄與法言

溯自武帝中期以後，學術活動以五經為骨幹，而儒生以陰陽五行之說，附會於經以言天人感應，言災異政事。又以陰陽為天道之內容，而作方技性之推演，渾融既廣，龐雜益甚。進而復以天象律曆為天道之具體內容。《漢書・翼奉傳》載其上封事云：

> 天地設位，懸日月，布星辰，分陰陽，定四時，列五行，以示聖人，名之曰道。聖人見道，然後知王治之象，故畫州土，建君臣，立律曆，陳成敗，以示賢者，名之曰經。賢者見經，然後知人情之務，則詩書易春秋禮樂是也。

這一段話，正可概括西漢學者之共同觀點。在五經中，易本天道以言人事，最便於為言陰陽術數者所附會。漢代的象數易，便是如此衍展而成為一代顯學。（漢代易是一套專學。它通過卦爻象數，以觀陰陽氣化之變，而講一套自然哲學，這是往下講。必須就《易經》經文而正視《易傳》，視之為孔門義理；能就此作為孔門義理之《易傳》而講述儒家的道德形上學，方是往上講，方是「絜靜精微」之易學、易教。至於繁瑣穿鑿之象數易，可勿論。）

## 一、《太玄》的結構及其論玄之大意

揚雄（西元前五三—西元後一八），字子雲，成都人。先作《太玄》，後作《法言》。

《太玄》是摹易之作，符號結構，看似構思工巧，實則不免穿鑿，不如《易經》之圓通合理。其演算系統亦多強為牽合。茲舉三端，似見其概。

《太玄》在《易》之陰陽二爻（⚊、⚋）之外，另創用三斷畫（𝌀）為符號，由三種符號相配而成「首」，又立「方、州、部、家」之名——

第一步，配成九首：

⚊⚊：一方一州　⚊⚋：一方二州　⚊𝌀：一方三州

⚋⚊：二方一州　⚋⚋：二方二州　⚋𝌀：二方三州

𝌀⚊：三方一州　𝌀⚋：三方二州　𝌀𝌀：三方三州

第二步，九首相重為四畫圖象，共八十一首，例如：

⚊⚊⚊⚊：一方一州一部一家

⚊⚊⚋⚊：一方一州二部一家

⚊⚊𝌀⚊：一方一州三部一家

餘類推。

第三步，又為各首立專名，如「中、周、法、應、迎、養」等。每首有首辭、贊辭（比於易之有卦辭、爻辭）。

唯《太玄》之論玄，則承《老子》之意，故以玄為貫通天人之基本原理。他似乎想以老子之道德為體，以儒家之仁義為用。雖然事實上連結不上（因為老子所講之道德，並不以仁義為內容），但卻顯出他的意向。同時，他趨避禍福的態度，亦本於老子。故「太玄賦」云：「觀大易之損益兮，覽老氏之倚伏」（老子有云：禍兮福所倚，福兮禍所伏）。禍福無常，相互倚伏，故以柔退為趨避之方。又「解嘲」一文之末句云：「故默然獨守吾太玄」，亦正表示一種退藏避禍的人生態度。

## 二、《法言》的限度

《法言》是擬《論語》之作，代表揚雄晚年的反省。他所謂「法」，是以孔子五經為中心，而樹立的做人立言之準則。但觀其所說，如「聖人之材，天地也。」「觀乎天地，則見聖人。」「通天地人謂之儒，通天地而不知人曰伎（伎、指技藝、專家）。」「道也者，通也，無不通也。」「道若塗若川，車航混混，不舍晝夜。」「君子於仁也柔，於義也剛。」「自愛，仁之至也。」凡此，皆屬外在通泛之言，說不上有內在真實生命之契應與體悟。

揚雄亦推尊孟子，認為孟子闢楊墨有大功。但他對孟子之性善說，則全然不解。修身一篇云：「人之性也，善惡混，修其善則為善人，修其惡則為惡人。氣也者，所以適善惡之馬歟！」氣，是生命發出的力量，如同一匹馬，可以載著善念惡念向前行，而選擇善惡則須由學而師（師法、家法）。學行篇云：「學者所以修性也。視聽言貌思，性所有也。學則正，否則邪。」「多學不如多求師。師者，人之模範也。」此皆落於後天的外在的教育上說話，仍然不出荀子「化性起偽」、「重師法」之義。

揚雄承述儒家仁義禮智信之通義，而其立足點則是落在「智」上。故問明篇云：「或問人何尚？曰：尚智。」問道篇云：「智也者，知也。」學行篇云：「學以治之，思以精之。」由於他有「智」的自覺，所以對於秦以來之占星術，五德終始說，巫醫神怪，符瑞讖緯，皆加以批駁，而表現了合理的理智主義之態度。

# 第三章 王充的性命論

## 第一節 王充思想的特色

王充（西元二七—九六），字仲任，會稽上虞人。所著《論衡》一書，大體為辯議之文。他對漢儒的天人感應、讖緯術數、五行災異，皆採反對之立場，很能表現理智主義的批評精神。但他對於先秦各家思想之深切處，卻欠缺相應之了解，他的識見與理解力，並不很高。徐復觀先生曾歸為三點，以指說王充學術思想的特點。[1]

### 一、重知識而不重倫理道德

漢代思想家，多以倫理道德為出發點，王充則以追求知識為出發點。對於五經，他只當作歷史材料看。他不了解經過孔子整理詮釋，與孔門傳承講習的五經，已經不再是史料，而

1 參徐復觀《兩漢思想史》卷二（臺北：臺灣學生書局）「王充論考」，頁五八二—五九一。

已成為社會政教之常道、人倫道德之規範。

漢代經學雖有駁雜，但經過儒生之持續努力，五經已成規範朝廷政治之大經大法。當時大臣對政事提出「不合經義」之諫爭，就如同今日所謂「不合憲法」。王充不了解「通經致用」（以學術指導政治）的精神，亦不了解先秦儒家「知識必歸於人倫道德」的總立場。

## 二、否定行爲結果之因果關係

凡重視倫理道德，亦必然重視行為，而漢儒尤其重視天子之行為。因為統治者行為的善惡，直接造成國家社會的吉凶禍福。漢儒相信，國家失道，天以災害譴告之；人君不知自省，天以怪異警懼之。天人感應之說，正是想要在經義之外，再以天意夾持人君，要求人君對生民之吉凶禍福負起責任。而王充似乎完全不了解此種苦心，竟說：

> 人之生死在於人之夭壽，不在人之善惡。國之存亡在於期之長短，不在政之得失。（異虛篇）

他的意思是說，人的生死壽夭，乃是命，不關乎行為之善惡。國家的存亡，國祚的長短，亦是命，不在於為政的得失。他完全否定行為善惡與吉凶禍福的因果關係。他的乾冷之理智主義，竟直接與命定論結合，可見其人的憂患意識與道德意識，甚為薄弱。

## 三、反博士學術系統

漢武帝為五經博士設立博士弟子員，而形成「專經」和「重師法」的學術傳統。因而造成以章句為重的學術風氣。「皓首窮經」的專業精神，和重視家法的學術規範，自有可貴可尊重之處，但「專而不通」與「門戶之見」亦逐漸成弊。另一批非博士系統的學者，則特別重視「通」而不主張「專」。重義理而貶章句，像揚雄、劉歆、桓譚等，皆是這一系的傑出學者。而王充亦是屬於反博士系統的人物。

王充認為「信聞見於外，不詮訂於內」，乃是「以外效立事」，是「以耳目通」而「不以心意議」。故「開心意」以檢索考察，方能論定是非。此便是他判定虛妄與否的方法。

但他只是消極地批評虛妄，而對虛妄的形成與消解，卻未有積極的理論。「疾虛妄」以求「真實」，本是學術的通則，所謂「真實」，其對象與界域各有不同，不可以知識上之真實，否定道德上或文學藝術上之真實。譬如漢儒以災異術數為真實，而且以生命殉其所信。雖然在知識上可判災異術數為虛妄，但卻不能直指漢儒為虛妄。（按、信鬼神以祈福消災，是迷信。但信災異術數而繼之以道德之真誠實踐，則不是迷信；而是「順天意以從事」，是基於「任德不任刑」的精神而來。）

以下試看王充的性命論。[2]

2 按、以下各節，乃就牟宗三先生之《才性與玄理》（臺北：臺灣學生書局）第一章「王充之性命論」各節之要義，而綜述之。特為注記。

# 第二節　用氣為性

## 一、言性兩路

自古言性有兩路：

(1)順氣而言者，性為材質之性，亦曰氣性、才性乃至質性，宋儒綜括之為「氣質之性」。

(2)逆氣而言者，則在「氣」上逆顯一「理」，此理與心合一，指點一心靈世界，而以心靈之理性所代表之「真實創造性」為「性」。孔子之仁，孟子之心性，《中庸》之中與誠，皆屬之，宋儒綜括為「天地之性」、「本然之性」，或「義理之性」。

由「用氣為性」而上溯性之根源，是為元一之氣；氣迤邐而下委則為「成個體」之性。

於是而有分化之差異：

(1)由稟氣之強弱而說壽夭。

(2)由稟氣之厚薄而說貧富。

(3)由稟氣之清濁而說貴賤；進一步說智愚、才不才。

(4)合清濁厚薄而說善惡。

## 二、氣性與善惡

既是用氣為性，則其所謂善惡，實乃氣質之傾向，而成為「善惡兩傾」，說善可，說惡亦可，並無定然的善可說。先秦時期，孟子之性善，是道德性本身的定然之善；荀子之性惡，則就動物性（生物本能、生理欲望、心理情緒）而言之。而告子「生之謂性」乃是中性說。（故告子曰，性無善無不善也。）下及漢儒——

(1)董生「如其生之自然之質，謂之性」、「性情相與為一瞑」。

(2)劉向「性不獨善，情不獨惡」，「性情相應」（性之接於物即為情，故曰：性、生而然者也；情、接於物而然者也。）

(3)揚雄之「善惡混」。

(4)王充之「三品說」。

凡此，皆「用氣為性」者，皆可各成一說。唯王充以為「孟子言性善，中人以上者也。荀子言性惡，中人以下者也。」揚雄主人性善惡混，中人也。他是根據自然生命之差異強度性，而分性為「上中下」三品。其實此差異性亦不止善惡二端，智愚、才不才，以及清濁、強弱、厚薄等，亦在其中。可見王充只從善惡說「性三品」，尚欠周備。

## 三、氣性與心

凡是用氣為性，皆當接觸到「心」。如告子，他雖未直接言心，但所謂「不得於言，勿求於心；不得於心，勿求於氣」，表示他已自覺到心的地位。荀子則賤性而尊心，董生揚雄亦言及心，但皆未能「就心而言性」——故論禮義、仁義之善，皆成為後天之人為（喪失其先天之超越性）。

另如道家就自然生命之渾樸以言性，其對性之態度在養不在治，工夫落在心上做，清靜心虛心一心，以保養自然渾樸之性，不使發散，此即所謂養生。養生即是養性，在心上做工夫，在性上得收穫。但道家亦不就心以言性，故其清虛靜一之心，並無超越之根據。只是靠「道、無、自然」來提練，只有後天工夫，無有先天工夫。不過由於道家不講「道德性」，問題便比較單純，但亦正因為不能安放道德性，不能開出人文世界之人文價值，而形成道家系統之嚴重缺憾。至於王充，則根本未覺識「心」之地位與作用，此所以流為材質主義、命定主義。

## 第三節　性成命定

王充所謂「用氣為性，性成命定」，又說「人生受性，則受命矣。性命俱稟，同時俱得。非先稟性，後乃受命也。」「性成」則「命定」。這是內在於氣性之直貫的命定，牟先生名之為「垂直線之命定」。在此，重在說「命限」義。王充所謂「強弱壽夭之命，死生壽天之命」屬之。

而與環境相關涉的「所當觸值之命」、「貴賤貧富之命」，牟先生名之為「水平線之命定」。在此，重在說「命遇、命運」義。

然「命」既皆決定於父母施氣之時，則水平之命定，實亦可收攝於垂直命定之中而有其根，不過藉遭逢而顯示耳。父母施氣之「性成」，同時即是「命定」（從氣說的「性」、「命」，本就有限制，有定然）。就自然生命強度之等級性而觀，則命定義尤為明顯。故「用氣為性」之底子是材質主義，而父母乃至天地之施氣，皆自然而然，並非有意而然。故材質主義必含自然主義[3]，而同時又因「性成命定」，則亦必含命定主義。

王充能以徹底的材質主義、自然主義、命定主義，將自然生命之領域（差異強度之等級性）顯括出來，此即王充思想在學術上之價值所在。因為負面之生命括不出，則正面之精神生命亦不易真切反省而彰著。

按：儒聖對人性之負面不欲多言，唯對此無可奈何之參差缺憾深致憂念；乃轉出道德意識，自正面之精神生命言性，故主張盡性以贊化育，此則王充諸人所不及知者。荀子雖言性惡，但主以心治性，能將心上提於客觀之道——禮義之統，而不肯泯心廢道，以下委於自然

---

3 按、道家講自然，乃是清靜無為的自然境界，是從「心」上說，不從「氣」上說，故不同於材質主義、自然主義。

生命。此其所以仍得為大儒。而王充則只氣性一層，無有真正之道德意識，根本接不上先秦儒家之學脈。

## 第四節　氣性領域之全幅意義

王充用氣為性，但對於氣性之領域，猶未盡其餘蘊。茲將氣性領域之全幅意義，略為一說。

甲、在材質主義之下，言自然生命強度之等級性（智愚、才不才、清濁、厚薄、強弱乃至貧富、貴賤、窮通、壽夭，皆在其中），此為命定主義。

乙、在美學欣趣下，對氣性、才性或質性而予以品鑒，此則開藝術境界與人格美之境界。（按、此所謂人格美，乃指才性人格之美，非指德性人格。）

丙、在道德宗教意識之籠罩下，在仁心悲情之照臨下，實然之氣性（自然生命之強度）只有生物學之先天定然，而並無理性上之先天必然。由此而觀其底蘊，又可開出：

(1)印度人之「業力」觀念——佛教依此說「業識流轉」。

(2)基督教之「原罪」觀念——但耶教對此未予展開與剖析。[4]

(3)宋儒之「氣質之性」——在天地之性（本然之性、義理之性）之照鑑下，氣性、才性或質性，收斂而為「氣質之性」。

對「業識流轉」，佛教說「轉識成智」。對「氣質之性」，儒家講「變化氣質」。對「原罪」，耶教則不從自力說，而採取「上帝救贖」說。三教皆表示有「氣性」以上之領域。由此可知，「甲項」之命定，實只是實然的、暫時的，是不能自足的。而在「乙項」之品鑒下，氣性、才性或質性，是可以欣賞的；但在「超越者」（仁心悲情）之照臨下，則又成為可憂慮的，而令人致慨。如此看氣性、才性或質性，方能盡自然生命強度之全幅意義。

4 按、相對於「原罪」，宜可以有「原性」之觀念。依基督教義，亞當夏娃偷吃禁果之前，本是有「神性」的。如此，何以不講「原性」？如果活轉過來，則原罪、救主、赦罪以及伊甸園之神話，皆可用平常心斟酌調整。當然，此事甚為不易，但亦並非絕對不能。我們在此提一下，亦是「愛人以德」之意。

# 第四章　人物志的才性系統

漢末魏初，有劉劭作《人物志》，其內容是品鑒才性，開出人格上的美學原理與藝術境界。其目的是在實用方面之知人[1]與用人。書中的論述，自成系統，但卻是品鑒的系統。這種品鑒的論述，可稱為美學的判斷或欣趣判斷。

對於了悟全幅人性的學問，在中國，是站在主流而核心的地位。其討論的線索有二行：(1)先秦人性善惡的問題，從道德上的善惡觀念來論人性。(2)《人物志》所代表的「才性名理」，從美學的觀點（不是道德的觀點），對人之才性或情性的種種姿態，作品鑒的論述。

1　中國自古有知人論世之學。《漢書》「古今人表」代表漢代以前之知人論人（以德性為主綱）。至《人物志》則開出從「氣性、才性」看人，而出現「英雄」一詞。再如鑒人術與命相一流，亦屬於這個脈絡。

## 第一節　才性之特徵與姿態

才性的特徵有二：

1.說明人之差別性或特殊性（包括橫說之多采與縱說之多級）。

2.此差別性皆是生命之天定者，由此可以說明人格價值之不相等與天才之實有。

順此二個特徵，魏晉人多有氣質高貴的飄逸之氣，一方面顯為美學境界中的貴賤雅俗之價值觀念，一方面又成為評判人物之標準，而落於現實面則成為門第階級之觀念。這表示藝術性的才性主體之發現[2]，並不足以建立真正的普遍人性之尊嚴，亦不能使人成為皆有良貴（天爵）的精神上之平等存在。（正因為德性觀念不顯立，故孟子之人性論，歷兩漢、魏晉、南北朝、隋唐而鮮見解人。）

附識：儒家以「盡心、盡性、盡理、盡倫、盡制」為主綱，表現「道德的主體自由」，這是「綜和的盡理」之精神表現。若是「盡才、盡情、盡氣」，則表現「美的（藝術性的）自由」，這是「綜和的盡氣」之精神表現。又，「才情氣」若在「盡性、盡倫」中表現，則為古典的人格型（如忠孝節義），若其表現為超逸一面，則為詩人、藝術家、才子、佳人、豪俠、隱逸、……而魏晉名士，當然是表現才性之美的才性人格。

《人物志．九徵篇》云：

> 凡有血氣者，莫不含元一以為質。稟陰陽以立性，體五行而著形。

才性之理，有藉於「質、性、形」而始立：

(1)質，指「元一之氣」（材質之先天性）；

(2)性，指「陰陽之性」（性情剛柔之差異）；

(3)形，指「五行之形」（個體生命之姿采）。

「質、性、形」三者連貫而一之，則人之情性可得而明。質、性、形，皆屬材質。故元一、陰陽、五行，亦皆屬於「氣」或「質」，皆是氣化宇宙論的詞語。「九徵篇」又云：

> 凡人之質量，中和最貴矣。中和之質，必平淡無味，故能調成五材，變化應節。是故，觀人察質，必先察其平淡，而後求其聰明。

所謂「質量」，即質性之容量或涵量。人之質性和諧渾融，不偏不倚，謂之中和。此是聖人之資，乃材性之最高者。（漢代魏晉時，皆從才性看聖人。故以為聖人乃天縱之聖，不可學而至。）

「九徵篇」——

一、先由五行論五質、五常、五德（五行之德，五德終始之德）；

---

2 牟宗三《歷史哲學》（臺北：臺灣學生書局）第一部第三章第六節，論及中國具備道德的主體自由與藝術性的主體自由。而藝術性的主體雖然生而即有，但自覺地（概念地）加以討論，則自《人物志》始。

二、次由五質、五德之表現不能達於中和而論「偏至」（五行之）偏；

三、再由九徵以徵知人之九種質性（由「神、精、筋、骨、氣、色、儀、容、言」，以徵知「平陂、明暗、勇怯、強弱、躁靜、緩急等之質」）；

四、最後論才性人格之層次，如三度：「兼德、兼材、偏材」與五等「聖人、大雅、小雅、亂德、無恆」。

茲引錄牟著《才性與玄理》第二章第五節之表式於此，以供觀覽：

五質
- 金↓筋：筋勁而精⟶勇敢⟶義
- 木↓骨：骨植而柔⟶弘毅⟶仁
- 水↓血：色平而暢⟶通微⟶智
- 火↓氣：氣清而朗⟶文理⟶禮
- 土↓肌：體端而實⟶貞固⟶信

五常

偏至
- 勁而不精—力：金德之偏
- 直而不柔—木：木德之偏
- 暢而不平—蕩：水德之偏
- 氣而不清—越：火德之偏
- 固而不端—愚：土德之偏

三度
- 九徵皆至：純精之德 → 兼德
- 兼材之人：以德為目 → 兼材
- 偏至之才：以材自名 → 偏材

五等
- 兼德而至：中庸 → 聖人
- 具體而微：德行 → 大雅
- 一至　：偏材 → 小雅
- 一徵　：依似 → 亂德
- 一至一違：閒雜 → 無恆

## 第二節　才質與德性（英雄、聖人）

繼「九徵」之後，《人物志》又言「體別」，指出人之體性各有不同（如剛毅、柔順、雄悍、沉靜、清介……），其意在說明人之殊異性。人之殊異性，是依於才性氣質之不同而來。故各人皆有偏至，而「偏至之性，不可移轉」。「體別篇」雖說到「進德」與「學」，但卻說不出如何學方能進德。依儒家，進德之學，唯在「變化氣質」。

只順才性觀人，則進德之學無法建立。其根本原因，是「入道進德」之學，與「周遍及物」之恕，並不能在「才性」領域中獲得超越之根據；而必須逆其材質情性之流，而覺悟到成德化質所以可能的「超越根據」（道德理性），以開出「理性領域」，才性氣質之偏始可轉化，成德之學始有可能。

才性可欣賞，亦可憂慮。從品鑒的立場說，才性多姿多采，雖是偏至之格，亦可欣賞。
3 但從成德的立場說，則是可憂慮的。魏晉之時代精神與學術精神，是取其可欣賞的一面品鑒之，此是才性之積極意義，《人物志》即是其開端的代表。但《人物志》既開不出超越的義理之性的領域，故不能建立成德之學。因而亦對聖人無相應之理解。

聖人是德性人格，不是才性人格之目。其根基在超越的理性，不在才質或天資（而人物志卻正是以才性來了解聖人，其所謂中和、中庸，亦是才質義的中和中庸，故不相應。）聖人之天資才性所呈現的姿態，在成德之學中為其所潤所化，而轉為聖人之「氣象」。故宋儒總說觀聖人氣象，而無人說觀聖人之風姿或神采。（風姿、神采，乃是原始的，故非人格價值之觀念。）

順才性觀人，雖不足以論聖賢，而論英雄則甚為恰當而相應。

「英雄篇」云：「聰明秀出之謂英，膽力過人謂之雄。」（以項羽、劉邦、張良、韓信四人而論，張良是英而不雄，韓信是雄而不英，項羽、劉邦則既英且雄，唯項羽「英分少」，故不及劉邦。英雄一格由劉邦而開出。）先秦經典中無「英雄」一詞。東漢末開品題人物之風，許劭謂曹操乃「治世之能臣，亂世之奸雄」。曹操亦與劉備煮酒論英雄。至《人物志》正式提出英雄而品鑒之，且著之於篇章，然而，既開不出超越領域，則照察不出生命之理性，故只見英雄之可欣賞，而不知英雄之禍害。

下至宋儒，建立成德之學，方能識英雄之病。故推尊聖人，以德為本。而漢唐英雄之主，在宋儒之照察下，遂成卑不足道。此所謂理境既寬，眼界自高也。

## 第三節　藝術境界與智悟境界

由「體別」進而言「流業」，即順「體別」而言說其特別相宜之表現，是謂流業十二家：「清節家、法（度）家、術（數）家、國體、器能、臧否、伎倆、智意、文章、儒學、口辯、雄傑」。進而再言「材理」，順其才質情性之能盡何種理，而即依理以定體性之各別與得失。「材理篇」謂：理有四部，明有四家：

### 甲、四理

1. 道之理——道理屬形上學。
2. 事之理——事理屬政治社會。
3. 義之理——義理屬禮樂教化。

3 今所謂某人很性格、有氣質，便屬於這一層。但今人欠缺教養，遠不如魏晉人高雅，故不免顯得傖俗、鄙陋。

4.情之理——情理則屬人情屈伸進退之幾微。

## 乙、四明（四家）

凡契會客觀之理，需有智悟之明。人之才性不同，故其燭理之機能亦異：或有適「道理」而不適於「事理」者，或有適「義理」而不適於「情理」者。理有四，明亦有四，表現明以把握理，常不能兼四者於一身。故明有四家：⑴道理之家，⑵事理之家，⑶義理之家，⑷情理之家。

品鑒此才性之姿態形相，可開出人格上之「美學原理」與「藝術境界」。由「四理、四明」等復可開出「心智領域」與「智悟境界」。[4]

### 一、由美趣轉出智悟境界

智悟使品鑒達於明徹，而品鑒即是智悟之具體表現。其所用的品鑒詞語，有如：

姿容秀雅　骨骼清奇

風神俊朗　器宇軒昂……

### 二、美趣與智悟結合，開出二系義理

#### ㈠才性名理系

劉劭之《人物志》，與論才性「同、異、合、離」的傅嘏、李豐、鍾會、王廣，屬於同

一系統。才性是他們討論的重點，而不及於《易》與《老》《莊》，其人也不稱為名士。而才性與玄學同屬名理，故牟先生認為宜分判為「才性名理」與「玄學名理」二系。而一般之分判，常隨意而為之，皆欠妥恰。

### ㈡玄學名理系

此系人物，稱為名士，以談《易》與《老》《莊》為主。其言為清言、清談；其智思為玄智、玄思；故其理為玄理，其學為玄學。依時間之先後，可以分為：⑴正始名士（魏初），以王弼、何晏、荀粲為主，皆談《老》《易》。⑵竹林名士（魏末），以阮籍、嵇康為主，從《老》《易》轉《莊》學。⑶中朝名士（西晉），以向秀、郭象、樂廣、王衍為主，《莊》學最盛。[5]

## 三、自然與名教之衝突

魏晉名士，膾炙人口。其實，魏晉人——

第一、在美趣智悟上，確實很不俗。一面能開出純文學論、創造美文、書畫、音樂等之

4 關於劉劭《人物志》的解析詮釋，牟宗三《才性與玄理》（臺北：臺灣學生書局）第二章「人物志之系統的解析」，最為深透精當，請參閱。

5 東晉以後的江左名士，承風接響，乃西晉之餘緒，就哲學史而言，可勿論。

藝術[6]；一面又善名理，能持論，還能以老莊之玄理（無的智慧）接引佛教之般若學（空的智慧）。

第二、但在德性上則顯得庸俗而無賴（有聰明而無真心肝，有美感而無道德感），而形成「自然與名教」、「自由與道德」之矛盾。這個矛盾，是老莊玄學無力化解的，必須開出德性領域，乃能構成「德性、美趣、智悟」三度向的「立體統一」，乃能化解自然與名教之衝突。

## 附說：「名士」之特徵

「名士」一格，甚為奇特。中國歷史上出現名士，和禪宗的禪師一樣，都是精光奇采；美則美矣，其奈曇花一現何？雖然這曇花一現，也延續百數十年，但一現之後，後代再也不能再現了。所以在歷史的長流裡，終究是一現之曇花。

然則，何謂名士？名士之特徵為何？我覺得還是牟先生的說明最恰當。

一、名士者，清逸之氣也。

清則不濁，逸則不俗。其風動超逸物質之機括，則為清。精神溢出成規通套，則為逸。諸如「清逸、俊逸、風流、自在、清言、清談、玄思、玄智」，皆名士一格之特徵也。

二、名士唯顯清逸之氣而無所成（此乃名士之通性）。

名士除清談玄理之外，其逸氣無所附著，不立德，不立功，不立言，也不立名節，而卻聲名洋溢，人所注目。

三、名士是天地之逸氣，亦是人間之棄才。

名士四不著邊，無掛搭處，儼若不繫之舟。其所顯之藝術境界亦是虛無境界，一面可欣賞，一面任放恣肆，敗壞風俗。從人間社會看來，實乃無所成之棄才也。[7]

---

6 陸機之《文賦》，劉勰之《文心雕龍》，鍾嶸之《詩品》，皆純文學論之作品。六朝之「駢體文」即是美文。嵇康之廣陵散、顧愷之之畫、王羲之父子之書法，皆屬不朽之藝術創作。

7 按、說「名士」是棄才，這是一句很傷感情的話。但從德性價值說，這句話亦算很平實。歐陽修有言：「魏晉無人品，惟一陶淵明而已。」歐陽子憑什麼說這句話？曰：憑儒聖之學而言之。北宋儒學復興，眼目自高。人皆知聖賢人品必自德性言，不從才性說。

# 第五章　王弼之易學與老學

## 弁言

東漢末期之清議，是議論政治；至魏晉轉為清談，清談即是談玄。魏晉人之玄言玄論，一掃漢儒之質實而歸於虛靈，將漢人「客觀的氣化實有之宇宙論」，扭轉而為以道家為矩範的「主觀的境界虛靈之本體論」。

在人品上，魏晉人仍然推尊儒聖，事實上則高看老莊，以為老莊方能知言知本（本、指「無」而言）。此表示玄學名理，實只是「哲學名理」，並不足以言聖證。聖人立教（體無），哲人明理（言無）；言之而不能體，則教與學不能合一（道家與道教有距離）。故聖證必須開出「教下名理」（儒學與儒教、佛學與佛教，則能合一）；而道家於此實有欠缺[1]，然其智悟則甚高也。

1 道家未能充分「立教」——歷來之道教實乃道家玄理之趨降（由形上向形下趨）。

魏晉之玄理，當以王弼、嵇康、向秀、郭象為大宗，而阮籍則格調有不同。以下依次加以論述。

## 第一節　易學三系（兼述王弼易學之淵源）

### 一、易學三系（術數、象數、義理）

王弼雖是道家心靈，而費全力以治易。自漢以後，易學可列為三系：

#### ㈠管輅之術數系

術數中含有一種步運之術（步三光，明災異，運蓍龜，決狐疑），連屬事物，乃有某種特殊定數之預測的確知。所謂「確知」，可有二類：

第一類、科學之知——含①抽象的概念，②一般的經驗，③機械的規律，④邏輯的推理。這種「知」有客觀的妥實性（以量控質，故重歸納法）。

第二類、術數之知——以質還質（心保其靈，物全其機），以象徵之直感為媒介（知幾其神，術足數成），其妥實性落在具體而活潑之事實上來證見。旨在知於幾先，有所警惕，是之為「履道之休」（引歸德行）。蓋術數之事，「非至精不能見其數，非至妙不能覩其道」。故常人皆不可學。非絕頂聰明而又宅心忠厚者，不能學，不可學。管輅之弟欲學卜及仰觀之學，輅曰：「卿不可教耳。孝經詩論，足為三公，而卜術者無用知之。」[2]而且，「履道之休」，亦非卜筮之所明也。

此種直接的確知，其層級如下：①常識的聞見形態，此囿於官能。②科學的抽象形態，此囿於概念。③術數的具體形態，此超越而歸於具體形變。④道心的境界形態，此則超越知識而為「即寂即照」。在此層級中，可看出「術數之知」之特有地位。它可上升而為道心之境界形態，而廢棄其「知」義；亦可靜態化（量化）而下降為科學形態，成為抽象之知識。從其上升言，故凡基於玄理或性理而修道篤行者，皆不以此「先知」為可貴，而精於此術者皆不輕露，亦非其人不傳，而又必勸人修德保祿，自天佑之，無吉不利；非如此者，即為「易之失也賊」。

術數之知以德性為本，以性理玄理之學為學，而其本身為末、為術。性理玄理之道學能進退術數之知與科學之知以為之主。否則，若只一味是科學之知，則專用於造原子彈，正足貽大禍於人類，故心思滯執於科學者，未必是人生之福休也。

### ㈡漢易之象數系

象數易以陰陽災異為底子，以爻象互體注經文。（互體，始自京房。就一卦之二至五爻，互結其上下二體以成卦象。例如中孚䷼，三至五互體為艮，謂之互艮。又如兌䷹，內外互體見離巽；謂

2 引見牟宗三《才性與玄理》（學生版），頁九八。

二至四互離，三至五互巽。）以互體增多卦象，以推演經義，有章句。此亦可曰「經外別傳」而附會於經者。

易經進入哲學史，是從《易傳》開始，易教、易理、易道，皆自《易傳》以言之。此是從孔門「十翼」之義理（即易傳之義理）以了解易經。

### (三)「以傳解經」之義理系

此有二系，一為王弼之玄理，一為宋儒之性理。王弼立根基於玄理（與孔門義理實非相應），宋儒立根基於性理，二者皆能「通神化之玄，覽道於無窮」。

## 二、王弼易學之淵源

王弼（西元二二六—二四九），字輔嗣，山陽人（今山東地）。弼為王粲之孫，劉表之外曾孫。先是，劉表學於王暢。及後，表欲以己之女妻暢之孫王粲，及見粲貌寢，乃改以女妻粲之族兄王顗。之後，粲之二子涉謀叛而遭誅。曹丕閔之，命以王顗之子王業繼承於粲，王業即王弼之父也。其關係如下表：

王暢——○——王粲
王暢……劉表（後定）——宋衷
王顗——王業　王弼
王粲……王業
宋衷——王肅（魏晉）
宋衷——李譔（西蜀）
宋衷——虞翻（東吳）

王弼之易學，與荊州「後定」[3]頗有淵源。王肅乃宋衷門人，而弼之易學頗祖述之。可見淵源有自也。時荊州之儒，「守故之習薄，創新之意厚」。而王弼亦不遵漢易傳統而「掃象數」，足見其廓清之功與超脫之慧。

王弼用費氏易[4]，費直治易，無章句，以傳解經。但王弼實是以玄理注易，既與管輅之術數不同，又與漢易之象數相反，而且與《易傳》之義理綱脈亦有距離。

## 第二節　王弼玄理之易學[5]

王弼承費氏「以傳解經」之成規（此乃可取之途徑）。六十四卦之卦辭、爻辭為「經」，孔子之十翼為「傳」。十翼者，唐孔穎達《周易正義》卷第一云：「上彖一，下彖二，上象三，下象四，上繫五，下繫六，文言七，說卦八，序卦九，雜卦十。」彖象皆隨經分上下，繫辭傳則自身分為上下。彖傳總解一卦，象傳則大象是取象以解卦，小象是取象以解爻。文

3 劉表為荊州牧，使宋衷（仲子）等人撰定五經章句，謂之「後定」。宋衷門下有王肅，而王弼易學頗祖述之。可知與「後定」頗有淵源也。

4 依徐復觀《中國經學史》（臺北：臺灣學生書局）之考據，謂王粲實不用費氏易，說見徐書頁一〇四，可參閱。

5 此節依據牟著《才性與玄理》第四章而講論，不再分別作注。

言有乾文言，、坤文言，以疏解乾坤二卦之義理。而說卦、序卦、雜卦，則不甚重要。十翼雖未必是孔子所作，但「彖、象、文言、繫辭」屬於孔門義理，則無可疑。說孔子作，是歸宗語，亦如佛經皆佛說也。

費氏以傳解經，無章句，王弼沿以傳解經之成規，而又有章句，但他只注六十四卦與孔子彖象文言。繫辭以下則為韓康伯注。今言王弼易學，實連韓康伯而言之。王韓之易學，要在廢象數；至於義理，則未能把握住孔門之管鑰，而是以道家之玄義解經。漢易重象數，不解義理，是以占卜中之爻象、互體等以解經文，此與管輅之術數，同為「經外別傳」，非以孔門十翼為了解易經之定本也。當然，易為卜筮之書，卜筮時，卦爻之變化，必有通例以為測斷之根據。判斷語句即為卦爻辭。因此，據卦爻之變化如旁通、升降、消息、爻象、互體等以判經文，並非全無來歷。但此等通例，經無明文，故謂之「經外別傳」。如以孔子義理為教，則象數家不以十翼之傳而發為易經之義理，而以象數明經，則亦可謂之「教外別傳」。王韓之易是以道家玄義附會孔門義理。真能握住孔門義理而盡其蘊者，必自宋儒始。（順孔門之義理入，為顯教。順術數象數入，為密教。）

## 一、王弼易學之中心觀念及其特色

王弼論易之中心觀念，主要見於《周易略例》之「明彖」與「明象」（前者是本體論的問題，後者是方法論的問題）。

(1)象、斷也。判斷（統論）一卦之體性，由明彖而至「一多、體用」之觀念，是為本體論之問題。一、非數目之一，乃「統之有宗，會之有元」之一。故此「一」即是本、即是體，而「多」則指現象。由一而成就多，即是由體而成用。唯此「一」之為體為本，乃以道家之「無、自然」為背景，故王弼乃以老子的玄理談易，並非以孔門之天道性理談易。他對易道生生之義，並未有相應之闡發。

(2)由明象而至「立象以盡變」，再至「得意而忘象，得象而忘言」。（言生於象，言用以說明象，明象則言不必要。同時，可尋象以觀意，意得而象忘，忘象者乃得意者也。）此乃方法論之問題。言與象皆工具，只用以「得意」，意既得，而言與象皆可忘。

## 二、言意之辨（從盡意到盡心盡性盡倫盡制）

歸結上文之意，(1)一（本、體），「由一而成就多，由體而成用」，乃以道家「無、自然」為背景，不合「易道生生」之義。(2)「言生於象，得象而忘言；象以盡意，得意而忘象」。每一意皆是一普遍的理，意得，則「言、象皆可忘」[6]，故「掃象數」。

今按：「得意忘言」之說，影響甚大，是即所謂「言意之辨」也。（牟先生《才性與玄

---

6 陶淵明飲酒詩：「結廬在人境，而無車馬喧。問君何能爾？心遠地自偏。采菊東籬下，悠然見南山。山氣日夕佳，飛鳥相與還。此中有真意，欲辨已忘言。」此亦生命境界之文學表達也。

理》第七章論之甚詳，請參閱。）大體而分——⑴歐陽建主「言盡意」（就事實概念、邏輯概念而言，言可盡意），此為「言意境」。⑵荀粲之「言不盡意」；⑶王弼則是所謂「盡而不盡」者（其實荀粲亦然）。「已盡」者是與名言相應之意，「未盡」者是與名言不相應之意。（故得象而言可忘，得意而象可忘，此為超言意境。）

至於儒經言「盡」，乃順依義理而盡心盡性，、盡倫盡制。盡，有解悟上之盡，有踐履上之盡。解悟是在踐履上解悟（窮理盡性，是對內容真理之解悟，此種解悟實乃證悟）。踐履是在解悟中踐履（自覺地依義理而踐履，亦即孟子所謂「由仁義行」是也。）此時，解悟與踐履通而為一（知行一貫，即知即行）。是則必須由「玄理」進到「性理」之學而後可。

## 三、王弼易學之得失

關於王弼易學之得失，可分條舉述如下：

**㈠解「乾道變化，各正性命」**。

王弼之解，雖能明「乾、健」之德，卻失去乾道（天道）生化萬物、成就萬物之密義（奧義），乃使天道不能落實地貫於個體，而疏忽了「各正」性命而得利貞，故成物之終始過程，亦彰顯不出來。（未及「天道性命相貫通」之大義，於儒聖言生道生德之意未能契合。）

**㈡解「復其見天地之心」**。

王弼之解，只以「寂然、至無」為心，解「復」為反本（返於無），而不知「天地之心」乃乾元之創造性，遂使「天地以生物為心」（程明道語）之義泯失，而亦不明「天心乃在仁體上證見」之意。

**㈢解「大衍之數五十，其用四十有九」。**

王弼以四十九乃數之極，第「五十」非數（第五十這個「一」，非數之一），而是指「體」（無）而言，故不用。（不用，而用以之通；非數，而數以之成。）由「有」之極以顯「無」，以明不用之體即是「太極」。此解全係「體無用有」之義理觀念，而非象數觀念。於此，極見王弼智思心靈之簡潔精微。

附按、馬融解：太極、兩儀、日月、四時、五行、十二月、二十四節氣、，共五十，而太極不用。此是就天地造化而言。漢儒解太極為太乙、北辰，居中不動，其餘四十九轉運而用。此乃「氣化宇宙論」之思想。王弼以其虛靈之玄思，將此圖畫式的氣化宇宙論，扭轉而為純玄理之形上學，乃思想史上一大進步。

**㈣解「一陰一陽之謂道」。**

王弼以「一」為「體」（無），陰陽是有、是殊，而其體即是無、即是一。由陰陽之極（歸極於無）而見無之一，此一即是道。此解完全不合儒家義理。

**㈤其「體用、有無」義。**

王弼泛言體用、有無，皆玄微而深透。謂至變、至精、至神者，超有而通於無，資無而歸於有。通於無，故忘象而遺數；歸於有，故制象而立數。此圓融之唱，千聖同證。蓋

「有、無」乃是共法，有無圓融則是共證。但同中有異，精神方向有不同耳。至於「以無為體」與「聖人體無」，雖未必不可說，唯儒家之學在天道性命相貫通，而不在說有說無耳。

**㈥其「聖人體無」義**。

體無，是造極的境界。無之為體，乃是境界上第二序之體（從體現上說），不是第一序的實有之體（實有層上並沒有一個實體叫做無也）。儒家言仁，仁之為體才是實有的第一序之體（本有、實有）。在孔子，此二者實通而為一（聖人之所以能體無，正在仁體之呈現流行）。然而王弼言「聖人體無」，是以老子之「無」為體，此是本；而孔子只是在用上作之，此是迹。「本」「迹」分而求合，乃以為道在老氏，孔子只是顯迹以體之。如此會通孔老，結果是陽尊儒聖，陰崇老氏，不能算是真會通。

又，道家言無，亦本是作用義，卻又直以之為體，遂入於虛而不能實，故是境界形態，非實有形態。魏晉人實不解儒聖之道。如西晉中裴頠作「崇有論」，力反崇尚虛無。然徒以物類存在之有，以抵堵道家之無，乃根本不相應者。

**㈦其「聖人有情」義**。

王弼謂「聖人茂於人者，神明也（故能通無）；同於人者，五情也（故能應物，唯聖人能應而無累耳。）」然王弼不知聖人不只是體無而應物無累，而且能在「情」中表現義理之當然。當惻隱羞惡則惻隱羞惡，當喜怒哀樂則喜怒哀樂，皆能各當其可而表現仁義禮智，此方是應物中節而無累之真實義。

歸總而言之，魏晉人雖推尊聖人，而仍高看老莊，此表示其生命靈魂是道家的。他們對聖人之推尊，不是發自心靈深處之本質的真誠，故不能進而言道德創生義。反而言之，魏晉人雖高看老莊，卻仍須推尊聖人。此表示徒有道家之生命靈魂，並不足以獲致安身立命之道。所以仍然不能不推尊聖人。然而，欠缺本質的內在的生命之真誠，則尊聖人亦尊不起來。於此，可以看出魏晉人實有無法消解的人生之悲劇。此一人生悲劇，必須從生命文化上達致「美趣、智悟、德性」三者之和諧統一，方有消解之可能；而在中國歷史上，此三者之統一，須至宋明儒學復興之時方能完成。

## 第三節 王弼之老學[7]

王弼以玄理注易，雖有不相應、不諦當之處，而其注老，則能得老子之玄旨。茲依王弼對老子之了解，分為三項以略說老學之基本義旨。

### 一、本體論的體悟

7 湯用彤氏有《魏晉玄學論稿》。此書甚有價值而未達完整。至牟宗三先生之《才性與玄理》，方徹底疏導了魏晉階段之玄理，亦同時表示了魏晉之玄學。精審明透，文字亦美。本節即順其義理以論述王弼之老學。

## ㈠形式的區分

《老子》云：「道可道，非常道；名可名，非常名。」王弼指出，可道可名之道，是定名，是道之名號。不可道不可名之道，則非定名，而是對道（形上之道、道本身）的稱謂。如道、玄、微、大，皆稱謂之詞。

《老子》又云：「無名天地之始，有名萬物之母。」「始」與「母」皆指道而說，前句是向後返以顯本，後句是向前伸以見用。「無」與「有」乃道之兩相，亦可說是道之雙重性、對偶性。兩者「同出而異名，同謂之玄。玄之又玄，眾妙之門。」「玄」非定名，乃不得已而用之的、言不盡意的稱謂之詞（強字之曰「道」的道，亦同）。它既非定名，故亦不可定於一玄，而必須說「玄之又玄」，乃能導生眾妙之有。

## ㈡道之三性

### 1. 主宰性——道為萬物之宗主

此所謂宗主，並非有意之主，乃不主之主，故曰「生而不有，為而不恃，長而不宰」。此三語表示，道之為宗主，乃是不生之生，無為之為，不主之主，它是以沖虛妙有之「玄德」，而為萬物之主，此是境界形態之宗主（非實有形態之宗主）。

### 2. 常存性——道永存而不可變

道，似有而非有（故曰無），似非存而實存（故又可曰有）。蓋道乃超乎存與不存之常存，是沖虛玄德之永存。此種存，乃係境界形態之存。

#### 3. 先在性——道在一切物象之先

道之玄德，先於天地。然此所謂先，乃是境界形態之形上的先在，而非實有形態之實體的先在。在此，道只是一片沖虛無迹之妙用，故其先在性是消化一切實有形態而透示出的先在性；若說它是形上實體，亦是境界形態之形上的實體。此是作用地顯示道之境界（以玄智玄理開顯之境界）。

### ㈢道之自然義

《老子》以「自然」規定道。第一序的自然，是依條件而存在的自然物（現象）。這種自然，實只是依他而然，乃「他然」而非「自然」。而道之自然，則是沖虛境界上之第二序的自然，此乃「不定著於物」者（不依條件而存在，乃本自如此，自然而然）。故王弼曰「自然者，無稱之言，窮極之辭」。（連稱謂之詞都沒有，何況名乎？故曰無稱之言，窮極之詞。）

這是直下認取「道」以「自然」為性（由自而然，自存）。道非獨立之實物，而是沖虛之玄德，故又曰「道法自然」——無意念造作加於其間，故能「在方而法方，在圓而法圓」（隨物性而顯現之），而顯示「無為而無不為」之妙用。（否則，損方以成圓，或損圓以成方，皆是造作，不合自然。）

## 二、宇宙論的體悟

### ㈠道之自然，乃「實現」義，非「創生」義

《老子》云：「天地萬物生於有，有生於無。」凡有皆始於無，「有」由「無」而開出，而「無」即是「道」。道之生物，是「無生之生」，只表示實現性，不表示創生性。所謂「道常無為而無不為」，即表示是實現原理。

### ㈡遮有為、顯無為——無為而無不為

「無為」開「無不為」，「無不為」以「無為」為本，有「無為」之本，自有「無不為」之用。王弼以「不塞其源」註「道生之」，以「不禁之性」註「德畜之」，甚為恰當。不塞其源則物自生，不禁其性（萬物以自然為性）則物自濟。濟，成也。德，得也，自成自得也。自得自在，乃能自生自養。此是「德畜之」一語之真意。沖虛無為之道，只是「不塞不禁」以開源暢流，讓物自生。此仍然是「無生之生」。

### ㈢道是境界形態的實現原理

《老子》言道之「生」萬物，不同於柏拉圖之「造物主」之製造，亦不同於耶教之「上帝」的創造，亦不同於儒家「道體、仁體」之生化。在道家：道，只是暢開萬物之「自生自濟」之源的沖虛玄德。而德之為體，亦非實有形態之實體，而只應就「沖虛玄德」而言。故道之「實現性」，亦只表示是境界形態之實現原理。其宇宙論乃「不著於物」之宇宙論，乃不宰制、不操縱的觀照的宇宙論。不同於實有形態之創生的宇宙論。

## 三、實踐進路的體悟

### ㈠為道日損——損之又損的實踐之路

老子之道，本是由遮而顯。遮撥「有」以顯「無」，遮撥「有為」以顯「無為」。此即所謂「為道日損」。損之又損，以至於無，無為而無不為。

老子以為，人間之大弊，是由於人為造作，干擾把持。王弼注「為者敗之，執者失之」曰：「萬物以自然為性，故可因而不可為也，可通而不可執也。物有常性，而造為之，故必敗也。物有往來，而執之，故必失矣。」必須遮此「為」與「執」，而後乃能暢通而自然。

### ㈡「絕聖棄智、絕仁棄義」的實指

依老子，即使「聖、智、仁、義」亦是「有」，故需絕聖棄智、絕仁棄義。王弼曰：

> 既知不聖為不聖，未知聖之為不聖也。既知不仁為不仁，未知仁之為不仁也。故絕聖而後聖功存，棄仁而後仁德厚。

常人只知「不聖、不仁」者為「不聖、不仁」；卻不知有「聖、仁」之名號者，亦往往徒有虛名而無「聖、仁」之實，故必須棄絕「聖、仁」之名號，乃能保全聖功與仁德。這表示一切工夫，皆在「遮有為、顯無為」以達「無不為」。可見「聖、仁」皆只是功、德，而道（無）方是（成就功德）之母（本源）。故主張「守母以存子」（守道以保全萬物）。

於此，亦可見儒道宗趣之異。（見下段）茲只先提幾句。儒家以道德為虛位，以仁義為定名，此乃彰顯仁義以成就道德，而不能（如道家之）離仁義而講道德（仁義乃道德之根，不可誣也）。

### ㈢「作用地保存」與「真實地實現」

對於道德價值——

⑴道家是「作用地保存」：詭辭以通無，而即視無為體。此乃玄理玄智。道家以此接引佛教之「般若」（般若亦是「蕩相遣執」是「詭辭為用」之精神）。

附按：所謂「大德不德，大仁不仁」，亦是詭辭為用。通過「不德、不仁」（無為的作用），以保存「大德、大仁」的價值。但道家只在作用層上說話，故顯詭異相。又儒家講「寂感」，由感應感通見其生生之用。而道家言寂照，佛家言止觀，一體而現，一體而化，在觀照中表現，在如如中保存（空法性，不空萬法）。兩家類型有相似性，雖思路不同，但皆不能講創生。故熊十力氏乃有佛家以空如與乾坤生生之流相搏鬥云。

⑵儒家是真實地呈現。仁是實體，不只是功。仁在現實世界中曲曲折折（隨順事宜）之表現，是「功」，而不安不忍、憤悱不容已的仁心，則是「體」。踐仁以成聖，同樣亦無「意、必、固、我」，無適無莫，無為無執，此亦同樣是沖虛之德（自然、玄、遠、深、微）。但儒家以生生之仁為本，而不以沖虛之無為本，故重在呈現真實之仁體，以承體起用，創造道德價值，而不走作用地保存之路，亦不走宗教救贖之路。

## 第四節 老莊同異

（見上第一卷莊子章第一節，可覆按，茲不贅。）

## 附說：裴頠之崇有論

裴頠乃西晉八裴八王之世族子弟，基本上是儒門禮法傳統之立場。

他認為有生之物，只能以「有」為體，不能以「無」為體，根本無所謂「無」也。如此說以有為體，只是現象意義之體，非超越意義之體，尤其不是精神生活上價值意義之體。故裴頠只是實在論的立場，非理想主義。如此「崇有」，固不足以對治老莊之無。

老莊言無，不是實有義，只是作用義、工夫義。道家「賤有」，不是賤有生之物的存在之有，而是賤巧偽造作之有。去此人為之有，而使萬物含生抱樸，自適其性，豈不正是「尊生」（與崇有也不相礙）。

道家所注意者，不是仁義禮制本身之客觀的存在問題，而是消極地避免人為災害，積極地以無（自然、無為）的方式，保住萬物存在，使萬物不受傷害而能各適其性，各遂其生，各得其所。道家以無為宗，即王弼所謂「崇本息末」者也。裴頠以「崇有」針對之，而言之不相應，所謂針鋒不相對也。（須待宋明儒出，方能對治老莊。）

（請參閱牟先生《才性與玄理》第十章第二節。）

# 第六章　向、郭之莊學與阮籍、嵇康

## 第一節　向、郭之莊學

### 一、向、郭注莊的故事

向秀，字子期，河內人。《晉書》卷四十九、向秀傳，略謂其人清悟有遠識。少為山濤所知，雅好老莊之學。此前，注莊子數十家，莫能究其旨統，向秀為之解義，發明奇趣，振起玄風。讀之者，超然心悟，莫不自足一時也。惠帝之時，郭象又述而廣之。

向秀與嵇康交好，康聞知秀將注莊書，乃曰，此書詎復須注，正是妨人作樂耳。及成，示康曰：殊復勝不？又與康論養生，辭難往復，蓋欲發康之高致也。

向秀注莊，一如王弼之注易老。然向注為郭象所竊據，故今只有郭象注，而無向秀注。實則「向郭二莊，其義一也。」《晉書》卷五十，郭象傳云：

郭象（西元二五二—三一二）字子玄，河南人。有才理，好老莊，能清言。王衍每加稱賞。州郡徵辟不就，後東海王越引為太傅主簿，甚見親委。遂任職當權，薰灼內外。先是，向秀注莊，妙演奇致，大暢玄風。秀卒，子幼，其義零落，乃頗有別本遷流。郭象為人行薄，而秀義不傳於世，遂竊以為己注。（自注秋水、至樂，又易馬蹄一篇，其餘眾，或點定文句而已。）

關於郭象竊向秀注莊一事，《四庫全書》總目卷一四六子部道家類有所考訂。[1]總之，今言郭象注莊，連屬向秀而言之，不沒其源故也。牟先生指出：向秀確有玄解，且較沉潛內斂，不似阮籍嵇康等之傲放奇瑰。「別傳」謂其「雅好讀書」，而嵇康嗤之。此亦足見其於《莊子》書沉潛往復，故能總持大義，獨得玄珠。終能於道術成大家，於人生之宗向，夢覺之關鍵，皆有切至而究極之理存焉。雖未至乎中正，要為玄理之大宗。

莊子之學，主觀言之，是玄智之學；客觀言之，為玄理之學。道家之玄理玄智，至莊子而全部朗現。所謂「宏大而辟，深閎而肆」，「調適而上遂」者是也。《老子》之玄智玄理，有王弼發之；《莊子》之玄智玄理，有向秀郭象發之。茲分為「逍遙」、「齊物」、「迹冥（迹本）」、「天籟」、「養生」、「天刑」諸義，分段加以綜述。

## 二、向、郭注莊諸義

## ㈠「逍遙」義

向、郭言「逍遙」，義分二層：

⑴從理上作一般說——必須破除「量」的形式關係中之依待（如大小之比較），與「質」的實際關係中之依待（如列子御風而行之風），而後乃能達於無待之逍遙。由超越依待以言逍遙，此乃逍遙之「形式的定義」。

「逍遙遊」云：「大鵬之上九萬，尺鷃之起榆枋，小大雖差，各任其性，苟當其分，逍遙一也。」郭注云：「夫小大雖殊，而放於自得之場，則物任其性，事稱其能，各當其分，逍遙一也。豈容勝負於其間哉？」牟先生謂，此為向、郭之原義。大鵬與小鷃，有小大之差，小大之差是由對待關係比較而成。無論量的形式關係或質的實際關係，凡在此兩種依待方式下觀萬物，則無一是無待而自足者，亦即無一能逍遙而自在。

依莊子，逍遙必須是在超越或破除此兩種依待之限制中顯，此為逍遙之形式的定義。郭注所謂「自得」，所謂「當分」，亦即超越或破除此兩種依待之關係中的話。這是從理上作一般的陳述。然則吾人如何能超越或破除此限制網？此則必須進到分別說。

⑵分別說——真正的逍遙，決不是限制網中現實存在的事，而是修養境界上的事。此屬於精神生活之領域，不屬於現實物質生活之領域。此方是逍遙之真實定義。能體現形式意義

1 參見牟宗三先生《才性與玄理》頁一七〇。又同書一七二—二八〇，評論老莊二家之同異，義甚精闢。

之逍遙而具體化之，以成為修養境界上之真實逍遙者，是聖人、至人。故支道林說「逍遙者，明至人之心也。」

人能自覺地作虛靜功夫，而至於聖人、至人之境界，而「物」（大鵬小鷃、草木之類）則不能。故「放於自得之場，逍遙一也」這個普遍的陳述，若從萬物言，則實只一觀照之境界，即以至人之心為根據而來之觀照，程明道所謂「萬物靜觀皆自得」者是也。並非萬物真能客觀地達到此「真實之逍遙」，而只是一藝術境界（非修養境界）。

凡藝術境界，皆繫屬於主體之觀照，隨主體之超昇而超昇，隨主體之逍遙而逍遙。若脫離此主體中心，則實無自得逍遙之可言。以是，「物各付物」，「放於自得之場，逍遙一也。」此一普遍的陳述，若就萬物方面說，實只是一觀照之境界。禪宗六祖惠能所說「不是風動，不是旛動，是仁者心動。」心動則風旛皆動，一切皆落於實際條件之依待中。心不動，則一切皆超越此依待之限制，而當體即「如」、當下超越因果對待，所謂「心止則一切皆止」是也。唯佛家表現的是寂滅的超度意識，而向、郭注莊，則意在超越此限制網，而回歸於各物之自身（物各付物），以明「苟當其分，逍遙一也」。道家直就至人之心超越此依待而顯各物圓滿自足之逍遙，故能直接開藝術境界。

(3)融化說——此言聖人（或至人）無為而治之功化。在至人的「去礙」之下，渾忘一切對待，使萬物各適其性，則天機自張。到此，一切浮動皆止息，依待之限制網亦歸於消解。一切渾然相忘，有待無待亦渾然融化，有待者不失其所待（故道家是作用地保存價值），無論至人之無待與芸芸之有待，皆渾化於道術之中，而同登逍遙之域。（觀照，開藝術之境界；功化，則顯渾化之道術。）在「去礙」之下，功化即是觀照，觀照即是功化。此即所謂一體而化，一起登法界。

道家之功化，即為道化之治。道化之治重視消極意義之「去礙」。無己、無功、無名，「我無為而民自治」。「生而不有，為而不恃，長而不宰」。「不尚賢，使民不爭。不貴難得之貨，使民不為盜；不見可欲，使民心不亂。是以聖人之治也，虛其心，實其腹，弱其志，強其骨。常使民無知無欲。」使夫知者不敢為。為無為，則無不治矣。此即消極義之去礙，上下都渾然相忘。「人相忘於道術，魚相忘於江湖」。如是，則含生抱樸，各適其性，而天機自張。在「去礙」之下，渾忘一切大小、長短、是非、善惡、美醜之對待，而皆各歸其自己。性分自足，不相淩駕。各是一個絕對之獨體。如是，「則雖大鵬無以自貴於小鳥，小鳥無羨於天池，而榮願有餘矣。故小大雖殊，逍遙一也。」[2]

牟先生指出[3]，向、郭分三層說逍遙，實與莊子原旨恰當相應。故當時言逍遙者，「不能拔理於向郭之外」。支道林所謂「逍遙者，明至人之心也。」若在有待中足其所足，則無與於逍遙。（停在有待之中而自以為足，此乃限制中一時所得之足，一旦失其所恃，何來逍遙？）唯至

2 郭象《莊子・逍遙遊》註語。

3 參牟宗三《才性與玄理》第六章、第三節。

人方能超脫有待而進到無待的精神之逍遙境，故曰「至人之心也」。然則，支說實即向、郭第二層之義，並無《世說新語》所謂「支卓然標新理於二家之表」也。

綜觀「逍遙」之義，可作如下之簡括：

1. 一般說——破除「量」與「質」之依待關係，乃能無待而逍遙。

2. 分別說——從精神修養境說逍遙：(1)人能自覺地作工夫而達到此境：超脫有待，進到無待（逍遙之定義），是即「至人之心」也。(2)物則只能在人的觀照中，隨主體之超昇逍遙而超昇逍遙。

3. 融化說——至人之「無待」與芸芸之「有待」，皆渾化於道術中，而同登逍遙之域（至人之功化）。

### (二)「齊物」義

道家言「自然」，乃是一種虛靈觀照之境界。此境界之絕對自然，即是逍遙，而亦由「自然」、「逍遙」而通於「齊物」。

齊物是平齊一切大小、長短、有無、始終、是非、善惡、美醜，以及各種依待、對待而至於「一切平平」。唯有一切平平，乃能一切圓足。無差別之比較，故無少無多，無大無小，而亦無虧欠，無剩餘。故逍遙、齊物，其義一也。

牟先生認為，向、郭注「逍遙遊」，大體皆恰當無誤，而注「齊物論」，則只能把握大旨，於原文各段之義理，則多不能相應，亦不能隨其發展恰當地予以解析。此其故即在：

「逍遙遊」比較具體，而「齊物論」則義理豐富，不似「逍遙遊」之單純。「齊物論」乃《莊子》書中最豐富、最具理論性之一篇。其中義理，實非向、郭之學力所能及。向郭只能為名士之玄理，而不能至老莊之大家。至於所謂「行薄」，則凡名士，在德性方面大體皆庸俗，今只取其智悟可也。[4]

### (三)「迹冥（迹本）」義

「無為而無不為」，是道家的普遍原則。「無為」是本、是冥，「無不為」（有為）是末、是迹。有「迹」便有「所以迹」（以、由也）。萬物由之而成迹的根據，便是「所以迹」（指本、冥、無、道）。聖人作之，故不說（予欲無言）；哲人述之（述而不能作）。是即所謂「作者之謂聖，述者之謂明」（大戴記語）。

向、郭推求莊生之意，以抉迹發本，終歸於迹本之圓融（和光同塵，體玄極妙）。

當初，堯欲讓天下於許由，許由不受。又欲任為九州長，許由以為堯之言已污其耳，乃赴潁水之濱洗耳朵。一般或以許由為清高，而成玄英則以為莊生乃是「假許由以明本，藉放動以明圓」。堯舜「有天下而不與焉」，人雖在廟堂，而不異於山林。他是以不治治之，以無為為之。此是圓照。迹即冥，冥即迹，是無對而圓融。而許由薄天下而不為，廟堂山林，

4 同注3，第五節。

隔而為二，此乃「偏溺」，迹歸迹，冥歸冥，在高山頂上與人世為對，是有所對而偏溺。（落於一邊，未達圓照）。

向、郭注「藐姑射之山，有神人居焉」云云，謂：此即寄言耳。夫神人，即今所謂聖人也。聖人雖在廟堂之上，然其心無異於山林之中。唯世人未之能識耳。儒家聖人贊堯曰：「唯天為大，唯堯則之，蕩蕩乎，民無能名焉。」此即其渾化之境，而不可以名言表之也。

牟先生以為，分解言之，可列為三觀：

(1)觀冥：此是抽象地單顯冥體之自己。此為內域。（無）

(2)觀迹：此是抽象地單視具體之散殊。此為外域。（有）

(3)觀迹冥圓：此為具體的中道：冥體之普遍是具體之普遍，迹用之散殊是普遍之散殊。普遍之散殊是全冥在迹，迹不徒迹，有冥體以融之。具體之普遍是全迹在冥，冥不徒冥，有迹用以實之。（玄）

後來，天臺智者大師，根據佛教之三智三眼，開為一心三觀，亦不能外此模型。

(1)從假入空→一切智→慧眼：二乘；抽象的普遍。（空）

(2)從空入假→道種智→法眼：菩薩；抽象的特殊。（假）

(3)雙遮兩邊→一切種智→佛眼；抽象的普遍與普遍的具體。（中）

上三行乃由智心，以詭辭為用，所必至之模型。在道家，即為玄智之模型，在佛教，即為般若之模型。在道家，莊子發之，所謂一大詭辭，一大無待，而向、郭探微索隱，則發為迹冥圓融之論。千哲同契，非謂誰取自誰也。

若必謂佛家所獨有，莊子、向、郭，何能至此？實則，若自中國之佛教言之，其發此「詭辭為用」之般若模型，反在老、莊、向、郭之後也。而老、莊、向、郭早已具備此玄智之模型矣。夫以「詭辭為用」所達之圓境，乃各聖心之共法也。

圓教不惟自「詭辭為用」顯，且可自「體性之綱維」顯。在佛教，則從「佛性」一系入。在儒家，則從「心即理」入。而道家，則演至莊子之純境界形態，即全由「詭辭為用」顯。故老莊者，實「詭辭為用」之大宗也。人徒知魏晉玄學為吸收佛教之橋樑，而不知其互相契接者為何事。（即，以「詭辭為用」契接其般若一系也。然佛教畢竟尚有其不同於道家者，則除般若一系外，復有「涅槃佛性」一系，此不可不知也。）[5]

### ㈣「天籟」義

天籟即自然。此只是一意義，一境界，並非別有一物名之為「天籟」也。

一切皆自生、自在，是自己如此；無生之者，亦無「使之如此」者。故又以自爾、獨化言之。化除因果方式下之「他生、他在、他然」，直就萬物之「自然」而言天（實然之天亦折除），以顯示一自生自在之自足無待，此便是自然。就萬物之自然而言天，是之謂「天

5 同上，頁一九四—一九五。

籟」。[6]

## (五)「養生」義

生有涯而知無涯，人如果陷於無窮之追逐中（生命之紛馳，意念之造作，知見之糾葛），則傷生害性。故道家主張致虛守靜的渾化（歸於冥極）工夫。玄冥之極則通於逍遙、齊物、自爾、獨化之境。生雖有涯而可以取得無涯之果（取得無限之意義），便是天人、至人、神人之境。此是道家養生之本義（向、郭崇尚此義）。

至於通過修煉而至長生成仙，則是第二義（嵇康養生論，與葛洪之《抱朴子》，皆屬此）。然第二義必通第一義，故嵇康終必言「清虛靜泰，去私寡欲」。

又，「無知之知」乃由「歸於冥極」而得——以玄冥而滅此牽引馳騖與對待關係之撐架，而歸於無知之知（無知而無不知）。無知是止（寂），無不知是照。不追逐而回歸虛靜，「即止即照」。（非止而不照，亦非照而不止。）[7]

在此，無知之知無知相，無見之見無見相，無生之生無生相（若分為有知與被知、有見與被見、有生與被生，則有知相、見相、生相矣）；而是自知、自見、自生。是即所謂「因任自然」：任足之行其所行，任手之執其所執，任耳之聽其所聽，任目之視其所視，任知之知其所知，任能之能其所能。（皆分別顯現其本自而然之功能。）

## (六)「天刑」義

「天刑」隨迹而來，是不可解免的桎梏。德充於內即「冥」，應物於外即「迹」，有

「冥」必有「迹」（道必應物，不應物者非真冥。因為不能不應物，故必有迹），迹隨冥而有（充於內必形於外），故不可解免。此孔子之所以自稱「天之戮民」也。（孔子與人為徒，知其不可而為之；此乃先天之桎梏（刑傷），不可解免，故安然受之。）

「遊於方之內[8]而不拘限，不逃離，不以桎梏為桎梏，安然受之，承擔一切，成就一切。是為聖人境界。」據此而言，則各類型之聖人，也都是「天之戮民」。（凡有承擔，即有帶累，有憾恨，有痛苦）。天臺智者大師，造詣甚高，何以自居五品弟子位？他自己說是「捨己利人」故。講經、弘法、主持法事，皆屬「捨己利人」之事。日日為之，自必耽誤修道，延誤成佛。然佛弟子若只顧自己修持，而迴避佛事，又何足以為佛弟子？可見此中亦仍有「天之戮民」之感歎也。莊生之智慧見得到，而言之太蒼涼。[9]儒聖見到而不言，以德慧生

---

6 按、天地間的一切皆可以是美，而唯合乎「自然」者方為真美。真美不是隔離其他以自顯其美，而是不離一切以共成其美。故醍醐不離五味以顯現其為極致而又自然之美味。天籟亦不離五音以顯現其為極致而又自然之美聲。「本自如此，本自而然」，自然即是天籟。

7 按「止而不照，便成死寂」；「照而不止」，則將不虛不靜，靈慧耗竭。皆與「養生」相違。

8 許由之徒，則是「游於方之外者也」，游於方內或游於方外，唯人自取。而人生之意義，亦由人各自成就，不可不慎也。

9 蒼涼悲感是智者型之無可奈何。此中之通透圓融尚只是消極意義之通透。而居宗體極者之承悲心仁體以言圓，才是積極的。故莊子書中有「天刑、戮民」等字樣，而儒門中無此字樣也，佛門中亦無此字樣也。此哲人型之老莊之所以異於聖人型之釋迦與孔子也。

命承擔之，消融之，故剛健陽明，平實中正。

## 第二節 阮籍之莊學與樂論

### 一、生平與風格

阮籍（二一〇—二六三），字嗣宗，父瑀，建安七子之一，而阮籍自己則名列竹林七賢。籍容貌瓌傑，志氣宏放，傲然獨得，任性不羈，而喜怒不形於色。其獨特之風格，可以約為三點：

1. 性情奇特：⑴厭司馬氏而又虛與委蛇。⑵聞母喪仍圍棋留決，既而飲酒二斗，舉聲一號，吐血數升。⑶對嵇康兄弟分別作青白眼，⑷驅車山林，途窮則哭。——凡此，皆只是生命之奇特，很難說是性情之真純。因不平不順，多怪態，違常情，故日常行為，亦多逸於禮法規矩之外。

2. 行為與禮法衝突：⑴嫂氏歸寧，阮籍特與作別。或譏之，籍曰：禮豈為我輩設耶？⑵醉臥沽酒美少婦側，既不自嫌，其夫察之，亦不疑也。⑶兵家女有才色，未嫁而死，籍不識其父母，往哭之，盡哀而還。凡此，皆浪漫文人之性格。——對生命之賞識與哀情，則非粗枝大葉的禮俗條綱所能約束，但聖人設教以妨庸眾之氾濫，亦不是縱欲敗度者所可隨意借口。生命固可欣賞，禮法亦有真實。健康之文化，不摧殘生命，亦不橫決禮法。對於阮籍之流，既無須貶視，亦不宜稱賞。此乃「非人文」的生命與禮法之永恆衝突，儒聖「人文化成」之教，禮樂的永恆意義，亦正可藉此得到印證。

3.能嘯，善彈琴，希慕原始之諧和：凡文人生命，一方面沖向原始之蒼茫，一方面亦常能通過音樂希慕原始之諧和。任何禮法、教法，皆不能安定其生命，而原始之蒼茫亦不能為其掛搭處，則只有藉音樂以通向原始之諧和，以為其暫時棲息之所。阮籍善彈琴，嵇康亦善彈琴，兩人皆有欣賞音樂之能力，然對於音樂之理解與對音樂之境界，則互有不同。牟先生《才性與玄理》於第八章第一節之末，曾有簡括之對比：

(1)阮籍論樂，重元氣。嵇康論樂，主純美。重元氣，故上提於太和而崇雅樂。「崇雅樂之大通，賤風俗之斜曲」。主純美，則「託大同於聲音，歸眾變於人情」。「聲音之體，盡於舒寂，情之應聲，亦止於躁靜。」

(2)阮籍之論，猶是「樂記」大樂與天地同和之意。而嵇康則是內在於聲樂本身而主客觀之純美論。

(3)阮籍之論為形上學的，嵇康之論為純藝術的。阮籍以氣勝，嵇康以理論。雖同歸老莊，而音制有異。氣勝，則以文人生命沖向原始之蒼茫。而只契接莊生之膚廓，寥闊洪荒，而不及其玄微。理勝，則持論多方，曲盡其致，故傳稱其「善談理」也。

(4)阮籍為文人之老莊，嵇康則稍偏於哲人之老莊。然皆不及向、郭之「發明奇趣，振起玄風」也。

## 二、莊學：「達莊論」與「大人先生傳」

阮籍之莊學，實亦是其性情風格之反映。「達莊論」[10]全文並無精意。談理粗疏而不成熟，措辭亦多文人之浮談，又因傳鈔而文字多脫誤，實不足以望向、郭之項背。

「大人先生傳」[11]，以大人先生與域中君子對比。視君子之儀度為虛文，以為拘庸可厭；但對此拘拘庸庸後面之支持點——道德意識，阮籍卻不能觸及而正視之，乃塑造一個生命衝向原始混沌之大人先生，遂與禮法（名教法度）形成永恆而普遍之衝突。故曰「無君而庶物定，無臣而萬事理」，「君立而虐興，臣設而賊生」。此種政治之虛無黨，無政府主義，乃由文人生命衝向蒼茫而發生。

然老莊之嚮往渾沌，企慕玄古，只是一種象徵性之寓言，以表示道、無、自然而歸於冥極的渾化之境。故道家必「通無而達有」、「守母以存子」。此則必有心性之實以言個人修養，以期在工夫有所凝成（道家義之心性工夫，總持地說，是在心上做工夫，在性上得成果）；並非只是文人不安之生命，衝向渾沌蒼茫而四無掛搭也。

## 三、樂論：形上學的天地之和之「樂論」

阮籍在莊學上的造詣甚淺，而其論樂，則企慕天地之和，而肯定政教禮法，可見其激憤與矯達之文人生命中，另有一古典禮樂之底子。

其論樂，乃古典主義，屬形上學之思想。他以「樂」乃「天地之體，萬物之性」，「樂」乃天地萬物之體性，直指向天地之和以論人心之和，而不自和聲本身而言和。不取客觀之純美主義，故其樂論之要旨，歸於從雅樂而鄙曲樂（曲樂，謂鄉俗之樂）。

雅樂具有「潔淨、和樂、簡易、平淡」之特性，能平和清靜人心，「去風俗之偏習，歸聖王之大化」，使禮數得正而天下平。曲樂則搖蕩人生而刺激縱肆，使人乖離分背，而不能上提以得性情之正。

阮籍以為，先王制樂，「必通天地之氣，靜萬物之神，固上下之位，定性命之真。」「故達道之化者，可與審樂。好音之聲者，不足與論律。」（在此，是將音樂之聲律，提升到天地律度上說。）此言意境甚高，純是古典主義之精神。然而，其論樂而顯示的古典主義之精神，卻又和他浪漫的文人生命，相互矛盾。

## 第三節　嵇康之名理與聲無哀樂論

10 阮籍「達莊論」，見《三國文》卷四十五，嚴可均校輯。牟先生《才性與玄理》第八章第二節有引錄，見頁二九七—三〇二。

11 同上，卷四十六。同上，頁三〇二—三〇八。

## 一、嵇康之風格

嵇康（二二三—二六二），字叔夜，早孤，有奇才，遠邁不群。身長七尺八寸，美詞氣，有風儀。而土木形骸，不自藻飾。人以為龍章鳳姿，天質自然。恬靜寡欲，含垢匿瑕，寬簡有大量。學不師受，博覽無不該通。長好老莊。與魏宗室婚，拜中散大夫。

常修養生服食之事。彈琴、詠詩，自足於懷，所與神交者，唯阮籍、山濤。豫其流者，向秀、劉伶、阮咸、王戎。遂為竹林之遊，世所謂竹林七賢也。

性絕巧，而好鍛。初康居貧，嘗與向秀共鍛於大樹之下，以自贍給。鍾會，貴公子也。精鍊有才辯，故往造焉。康不為之禮，而鍛不輟。良久，會去。康問曰：何所聞而來，何所見而去？會曰：聞所聞而來，見所見而去。會以此憾之。及是，言於文帝（指司馬昭）：嵇康臥龍也，不可起（用）。公無憂天下，顧以康為累耳。……帝既昵聽信會，遂並害之。

康將刑東市，太學生三千人，請以為師。弗許。康顧視日影，索琴彈之曰：昔袁孝尼嘗從吾學廣陵散，吾每靳固之。（謂自己吝惜不允）廣陵散於今絕矣。時年四十。海內之士，莫不痛之，帝尋悟而恨焉。

初康嘗遊乎洛西，暮宿華陽亭。引琴而彈。夜分，有客詣之，稱是古人。與康共談音律，辭致清辯。因索琴彈之，而為廣陵散。聲調絕倫，遂以授康。乃誓不傳人，亦不言姓字。

康善談理，又能屬文。其高情遠趣，率然玄遠。撰上古以來高士，為之傳贊。欲友其人於千載。又作太師箴，亦足以明帝王之道焉。復作「聲無哀樂論」，甚有條理。

（以上，引見《晉書》卷四十九「嵇康傳」。）

## 二、養生與釋私

嵇康有一道家養生之生命，復有一純音樂之生命，此與阮籍不同。籍比較顯情，康比較顯智，一屬文人型，一屬哲人型。其談名理之文，有「養生論」、「答難養生論」、「釋私論」，另有「聲無哀樂論」。

### ㈠養生

「養生論」承莊子養生之義而發揮，其大旨有二。

一是「導養可以延年，二是神仙不可力致。」[12]

---

12 按、謂神仙「似特受異氣，稟之自然，非積學所能致。」此與漢儒謂「聖人天縱，不可學而致」之思路類同。唯識宗有理佛性與事佛性之分。前者是理想主義，後者是命定主義（種性之說，便是限制原則）。宋儒順先秦之路肯定人皆可以為聖賢，但氣質之性，亦仍指點人之限制，使知成聖之不易。唯儒佛二家皆講論成聖成佛之道，肯定成聖成佛之可能。而道家則原本就無如儒家之性善論（性善之性，即成佛之性），亦無如佛家佛性之說，嵇康觸及之，而亦未進一步說明如何成仙，此是道家為教弱於儒佛之處。

此二句顯示智者之通達。養生雖是生理之事，但工夫必在心上做。所謂「清虛靜泰，少私寡欲」，亦即「虛一而靜」之義。又謂：

> 無為而得，體妙心玄。忘歡而後樂足，遺生而後身存。

由「無為」而歸於「自得」，體道之妙而心亦自然入於玄遠。忘歡謂忘懷歡娛（不隨情而蕩肆），如此心歸恬淡，逸樂自足。遺生而身存，則仍老子「忘其身而身存」之舊義。此數句皆由「清虛靜泰」而來之玄理妙境。一方在心上做工夫，一方在生理上做導養，不但可以延年益壽，即使真人、至人、神人、天人，亦不外於此。

向秀與嵇康過從甚密，「與康論養生，辭難往復，蓋欲發康高致」。向秀「難養生」之言，純就世間俗情而言，其文當是注莊以前之作，或是故作俗論，以引發嵇康高致之論，亦未可知。

嵇康之「答難養生論」，理致綿密，比原論更進一步。如論「智用」與「欲動」，須「藏於內」，勿「接於外」；如是，則——

> 動足資生，不濫於物；智正其身，不營於外。

意謂人之工作，足資維其生計即可，不必過動而濫用物類，以免欲求太盛；人之用智，能正其身即可，不必多營外務，以免耗智害生。所謂「渴者飲河，快然自足，不羡洪流」。意即人之所需，自足即可，不必貪慕廣大。故又曰：

> 不足者，雖養之天下，委以萬物，猶未愜也。然則足者不須外，不足者無外之不須。無不須，故無往而不乏。無所須，故無適而不足。

不足者，貪心大，雖養之天下，委以萬物，他仍然心有未愜。於此可看出：自足者，不須待於外；而不足者，則貪求一切外物。那些貪求之人，永不滿足，故「無往而不乏」（永遠覺得自己資財不夠多）。而自足之人，隨遇而安，無所貪求於外，故「無適而不足」。（時時地皆自足，而不妄求。）

上引各句，皆極美之文，極妙之理，此其所以為「高致」。

## ㈡釋私

嵇康的「釋私論」，是以道家思想辨公私。首先，他提出「君子」的新定義：

> 夫稱君子者，心無措乎是非，而行不違道者也。

又云：

> 言君子，則以無措為主，以通物為美。言小人，則以匿情為非，以違道為闕。

這是從內心「無措」以立論。無措（無所措意）也就是「無心」、「無為」[13]；有所措意，便是「有心」、「有為」。心有所隱匿，便是「私」。有私，便是小人；坦蕩無私（無措），方為君子。

「無措」（無心、無為）的關鍵，唯在「能忘」。「氣靜、神虛」，「體亮心達（亮、謂明通）」，能越名教而任自然」。如此，則可渾化而忘矣。此種「無心之用」，正是道家玄智之勝場。

按、在儒家，心必須應物，豈可不用？唯「廓然大公，物來順應」而已。而「公私」之辨，亦即「義利」之辨。自孟子以至陸象山，已言之深切而著明，但看吾人如何感受、如何契應、如何體現耳。

## 三、聲無哀樂論

嵇康「聲無哀樂論」，是從和聲當身之純美立論，是客觀的全美主義，有類於柏拉圖的「形式之美」（如幾何圖型之美）。

所謂「聲無哀樂」者，「心之與聲，明為二物」，「和聲無象，而哀心有主」（無象，言其無形質，不定著於哀樂。有主，謂主於情）。是以「託大同於聲音，歸眾變於人情」。「聲音自當以善惡（美惡）為主，則無關於哀樂；哀樂自當以情感而發，則無繫於聲音。」故善聽音樂者，當以內心不起漣漪，而與客觀純美之和聲冥契無間，方為欣趣之極致。

「和」以韻律之度而定，此即聲音之體性（本質）。但聲音是否只有「和」之通性？是否尚有具體而各別之色澤？聲音本身固無哀樂之情，但並非沒有具體的色澤，如高亢、低沉、急疾、舒緩、繁複、單純、和平、激越等，皆是具體之色澤，亦皆是和聲之內容。嵇康既承認「舒疾、單複、高埤」之色澤，能起靜躁專散之應（感應），又豈能抹去哀樂之應？

嵇康之意，是要說明人心中本有哀樂，故感於和聲而發，而聲音本身固無哀樂也。不過，心境平靜時，心中雖無哀樂，但亦可以因樂聲之特殊色澤（哀樂之質）而引發哀樂之情。尤其當喪禮奏哀樂時，不但當事人聞之而悲哭，在旁觀禮者亦無不悽然而感傷，這不是因聲而哀嗎？所謂「亡國之因哀以思」，固非虛語。

嵇康對聲音之普遍性（和）與特殊性（色澤）未作分別，而謂「靜躁聲之功，哀樂情之主」。以為聲音與哀樂全無關。此非堅強之論。

但嵇康之文，似涉及存有、體性、關係、普遍性、特殊性、具體、抽象等所成之思想格局。此是「存有形態」或「客觀形態」之格局，乃西方之所長，中土之所短。後來范縝「神

13 按、「無心」、「無為」，皆是「正言若反」，與無心之「心」、無為之「為」，皆是依「無」（無為）的方式，以顯發「心」與「為」之功能。這和王弼所謂「絕聖而後聖功全（全、亦作存）、棄仁而後仁德厚」，也是同一思路。前人有句云：無心恰恰用，用心恰恰時，恰恰不用心，恰恰用心時。

滅論」[14]所引起之爭辯，亦是此一格局中之問題。而當時之論辯，皆欠缺客觀獨立之意義。因為中國傳統哲學缺乏此一格局之故。

## 第四節　道家之不足及其自處之道[15]

王、嵇、向、郭之名理，雖對道家有貢獻，亦有學術之價值，然其影響所及——

(1)士大夫「祖尚虛浮」、「浮文妨要」，此即西晉以來之官僚名士。（除了敗壞政治，亦不利於老莊。）

(2)一般士人之生活放蕩，不遵禮法，此由竹林名士而來。入西晉又有所謂「八伯」、「八達」。

二者之基本精神，即是自然與名教（自由與道德）之衝突。

道家思想之不足處，是在政教方面。其總癥結唯在道家學術立言之初機。(1)外在方面是對「周文」之虛偽（有文無質）而發，故視仁義禮法為外在之桎梏，而直接加以否定，遂使其思想與仁義禮法形成本質而永恆之衝突。然而，(2)從內在生命說，則道家思想之本旨，是要消化一切人為造作，有如：

(1)生命之紛馳：感性之追逐，欲望之刺激，造成生命之支解破裂與矛盾衝突。

(2)意念之造作：所謂「妄念作狂，克念作聖」，意念造作形成大小羅網，作繭自縛。

(3)觀念之系統：系統之圈套、架格，形成框框界限，使得彼此不相通。（如宗教之排他性，便是顯例。）

人為造作消解之後，乃可達於自由、自在、自我解脫的「自然無為」之境界。這才是道家真正用心之所在。

但道家思想之定型，使道家永遠不能接觸到人的「內在道德心性」。因為道家只能作用地保存價值（而且必須工夫做到至人境界，才有效）；而不能創造道德以成就政教之價值。道家式的主觀修證，在客觀方面並無普遍的意義（儒家由內聖通外王，則有普遍的意義）。其用於政治，亦只能用於帝王個人，此即所謂人君南面之術。但官吏與各行各業，不可用此術。今人雖可作此工夫以嚮往真人、至人。但凡做此工夫，便不應做官。若身處公務之位，而又宅心虛無，不親所司，則「老莊」與「政治」兩皆受害。如此便是老莊之泛濫。

順道家之本性，則其自處之道，有三方面：

一、作純哲學談（西哲即是如此），做一個徹底清談之哲學家，則亦有其思想與學術之價值。

14 按、范縝之「神滅論」，意在破斥佛教生死輪迴之說。其言曰：「形者神之質，神者形之用。神之於質，猶利之於刀；形之於用，猶刀之於利。捨利無刀，捨刀無利，未聞刀沒而利存，豈容形亡而神在也？」

15 本節所論，多本之牟先生《才性與玄理》。

二、向帝王個人用，使之行無為之治，此即可以減殺君主權力之濫用，減少其對社會之騷擾。今日雖已無帝王，但民主政治實可視為道家政治思想之客觀形態（物各付物，各當其分）。以前向帝王用則是主觀形態。但無論主觀形態或客觀形態，皆是道家思想之附帶，而非其當身之本質。

三、順道家當身之本質，乃是服食養生，轉為道教。徹底消化人為造作，而達至自由自在、自我解脫之至人真人之境界。（王弼、向秀、郭象，乃哲學家之道家，嵇康則兼向養生之路走，阮籍則是文人式之道家。）

國家圖書館出版品預行編目資料

中國哲學史 上冊

蔡仁厚著. – 初版二刷. – 臺北市：臺灣學生，2011.09
冊；公分

ISBN 978-957-15-1529-8 (平裝)

1. 中國哲學史

120.9 100013176

中國哲學史 上冊

著作者：蔡仁厚
出版者：臺灣學生書局有限公司
發行人：楊雲龍
發行所：臺灣學生書局有限公司
臺北市和平東路一段七五巷十一號
郵政劃撥戶：〇〇〇二四六六八號
電話：（〇二）二三九二八一八五
傳真：（〇二）二三九二八一〇五
E-mail: student.book@msa.hinet.net
http://www.studentbook.com.tw

本書局登記證字號：行政院新聞局局版北市業字第玖捌壹號

印刷所：長欣印刷企業社
中和市永和路三六三巷四二號
電話：（〇二）二二二六八八五三

定價：平裝新臺幣五〇〇元

二〇〇九年七月初版
二〇一一年九月初版二刷

12041 
ISBN 978-957-15-1529-8 (平裝)